Recevoir vos amis à petit prix

Du même auteur
aux Éditions J'ai lu

Le plaisir à petit prix, *J'ai lu* 9343

JEAN-PIERRE COFFE
AVEC LAURE GASPAROTTO

Recevoir vos amis à petit prix

J'AI LU
Bienêtre

PRÉFACE

Merci à vous tous. Ces remerciements s'imposent car vous avez été fort nombreux à me manifester votre confiance en achetant mon dernier livre, *Le plaisir à petit prix*. Le succès n'est pas anodin : il démontre simplement que nous sommes encore beaucoup en France à vouloir sauver notre patrimoine culinaire en nous nourrissant bien avec des produits de qualité, à des prix compatibles avec le pouvoir d'achat.

Mais que sont des produits de qualité ? Avant tout des produits frais, de saison et le plus possible de proximité. Leur choix impose du courage et de la volonté car ces produits existent, et pas seulement sous le label de l'agriculture biologique. Je ne nie pas l'intérêt de cette dernière mais leur prix et les difficultés pour se les procurer aisément les rendent souvent – trop souvent – inaccessibles au plus grand nombre ; l'État se doit d'aider les petits producteurs en allégeant leurs charges et en créant un marché dédié. Courage et volonté, donc, en exigeant sur les marchés et chez les distributeurs un étiquetage clair et sans ambiguïté. La production régionale perdure, le maraîchage de proximité survit, notre devoir de consommateur est de les aider en les privilégiant pour nos achats. La citoyenneté, c'est aussi cela. En constatant le succès grandissant des AMAP (Associations pour le Maintien d'une Agriculture Paysanne) et autres formules parallèles, on peut aisément s'en convaincre.

Il n'a jamais été question de dénigrer les conserves et les surgelés, ils sont utiles, indispensables même. Ces fruits et légumes sont préférables, hors leur saison naturelle, à ceux produits sous serres ou dans des pays lointains cueillis ou récoltés avant maturité, pénalisés gustativement par des séjours en chambre froide. Les frais de transport sont exorbitants par avion, et leur acheminement par bateau a des graves conséquences sur les plans nutritionnel et vitaminique. Par exemple, une tomate en conserve sera toujours meilleure en hiver que le même fruit ayant supporté un long voyage. Ces exigences impliquent des efforts mais le plaisir est à ce prix.

La facilité des plats cuisinés est un leurre coûteux et peu satisfaisant quant à la traçabilité des produits utilisés. N'oublions pas que la législation européenne ne facilite en rien notre information sur l'origine et le traitement qu'ont subis les produits utilisés avant leur transformation. Un poulet brésilien ou un lapin chinois récupèrent la nationalité française dès l'instant où ils sont cuisinés par un industriel français. Sachant cela, ne parlons plus de traçabilité. Quand vous-même, ou votre mère ou grand-mère cuisinez, éprouvez-vous le besoin d'ajouter des améliorants : colorants, épaississants, arômes ? Non. Alors pourquoi accepter ces compléments chimiques ou naturels (même autorisés par le législateur) ? Certains industriels respectent ces règles, nous le faisons dans nos cuisines, cessons donc de nous « cancérigéner » à petite dose régulière.

Que sont des produits à prix compatibles avec le pouvoir d'achat ? Des prix justes, qui permettent aux consommateurs de les acheter, de se faire plaisir en se nourrissant convenablement sans léser les producteurs. La bataille – la guerre devrais-je écrire – à laquelle se livre la grande distribution est une hérésie. Certains n'y survivront pas. Les coopératives ont un comportement néfaste à l'égard de la production : elles sont discrètes sur la méthode ; souvent elles investissent et produisent à l'étranger les mêmes produits que ceux de la production nationale et les font intervenir sur le marché avant la saison. Autrement dit, elles cassent les prix en assassinant les producteurs nationaux. La distribution, grande ou petite, doit réapprendre à acheter en direct en supprimant les intermédiaires qui ne jouent pas le jeu de la libre concurrence. C'est aussi la raison pour laquelle il faut acheter des produits français, à la bonne saison.

Est-ce un vœu pieux ? Non, il est possible d'y arriver en ne concentrant pas systématiquement les achats au niveau national, mais au contraire en les régionalisant. Cette volonté de tout regrouper est néfaste aux consommateurs qui se trouvent victimisés par ces comportements. Pourquoi imposer des produits primeurs dès le mois de janvier alors qu'ils sont coûteux à produire sous serres, gourmands de chauffage et peu satisfaisants sur les plans gustatif et nutritionnel ? L'argument qui prétend que le consommateur l'exige est évidemment faux. Qui peut affirmer que nous préférons payer des aliments sans goût, alimentés artificiellement, à des prix exorbitants ? Personne, sinon les revendeurs et quelques gogos. Luttons contre ces dévoiements de la mondialisation et de la « dessaisonalisation » au détriment du goût et de la qualité.

Pourquoi ce livre ? Parce que la crise qui perdure ne doit pas nous priver du plaisir familial autant qu'amical de nous retrouver pour échanger. Je veux prouver qu'il est possible de se réunir autour d'une table pour partager simplement un bon repas, un vin de joie sans pour autant se ruiner. J'ai donc choisi une série de recettes à partir de plats conviviaux que je confectionne pour ma famille, mes amis, et qui se préparent pour la plupart à l'avance afin que la maîtresse ou le maître de maison soit à table avec ses invités. Ces propositions sont liées aux saisons et surtout faciles à réaliser (inutile de suivre des cours de cuisine coûteux pour les exécuter), un débutant doit y parvenir. Un conseil, toutefois : faites tout de même quelques gammes avant de lancer une invitation, car on est toujours stressé de présenter un plat sans l'avoir préparé au moins une fois.

Chaque recette est accompagnée d'un prix, le plus juste possible. Pour le calculer, nous avons acheté le même produit (quel qu'il soit) dans trois types de magasins, un commerçant indépendant de centre-ville, une grande surface (Carrefour, Auchan, Leclerc) et un « discounter », Leader

Price (évidemment). À partir de ces achats, nous avons établi un prix moyen par produit.

Comme il est inconcevable de partager un repas sans boire, j'ai demandé à Laure Gasparotto de m'aider à sélectionner des vins français de vignerons sérieux, capables de nous offrir du plaisir à prix modeste (aucun vin n'affiche plus de 5 euros et je rappelle qu'une bouteille permet de servir sept verres équitablement). Mes recettes ont été soumises à ma partenaire qui a établi les accords possibles entre les plats proposés et les vins choisis avec ses commentaires toujours avisés. Ces dégustations furent pleines de gaieté et je vous souhaite d'en éprouver autant que nous.

Tous les plats que je soumets à vos commentaires sont le plus souvent destinés à être uniques, ils ne demandent pas d'entrée ni de fromages laissés à votre appréciation, sachant qu'il n'y a rien de déshonorant à proposer un seul fromage, AOC (de préférence) et, dans ce cas, de le substituer aux desserts qui, eux aussi, se préparent à l'avance.

En espérant encore une fois vous aider dans votre quête du bon à prix juste, je vous souhaite de retrouver le plaisir de ces tables joyeuses, bon enfant, simples et généreuses.

Jean-Pierre COFFE

Mes traditionnels à partager…
J'ai le temps, je m'y mets !

Agneau confit aux aubergines et olives noires

Pour 8 personnes	
1,5 kg de collier d'agneau *(coupé en morceaux de 70/80 g)*	**13,00 €**
8 aubergines ou 4 grosses	**2,60 €**
200 g d'olives noires	**0,60 €**
8 gousses d'ail	**0,40 €**
1 botte de persil plat	**1,10 €**
6 oignons blancs	**1,29 €**
1 bouquet garni (thym, laurier)	**0,50 €**
1 demi-bouteille de vin blanc	**1,34 €**
4 cuillères à soupe d'huile d'olive	**0,21 €**
sel fin et poivre du moulin	
TOTAL	**21,04 €**
LA PART	2,63 €

• Préchauffez le four à 160 °C (th. 5/6).

• Dans une cocotte, faites revenir les aubergines lavées et coupées en gros dés dans 2 cuillères à soupe d'huile d'olive. Retirez les aubergines et faites subir le même traitement aux oignons émincés. Réservez. Rajoutez de l'huile, faites chauffer puis revenir les morceaux de collier.

• Déposez l'ensemble des ingrédients que vous venez de faire revenir dans une cocotte, ajoutez les olives, l'ail épluché grossièrement écrasé avec le plat d'un gros couteau, le sel, le poivre, le vin blanc. Mélangez. Fermez la cocotte et enfournez pour 2 bonnes heures. Vérifiez la cuisson, ajoutez un verre de vin blanc ou d'eau si le fond du plat venait à attacher.
• Servez dans la cocotte. Ce plat se réchauffe sans difficulté.

VINS ROSÉS

3,50 € – Château-Majoureau, Bordeaux clairet 2007 (voir p. 337)

4,70 € – Domaine Saint-André, Vin de Pays d'Oc, Rosé de Saignée 2007 (voir p. 341)

5,00 € – Domaine La Grange Tiphaine, Touraine rosé, Cuvée Riage Tournant 2008 (voir p. 342)

VINS ROUGES

3,70 € – Domaine Rabasse-Charavin, Vin de Pays de la Principauté d'Orange 2006 (voir p. 361)

4,40 € – Domaine Rabasse-Charavin, Côtes du Rhône 2006 (voir p. 361)

4,70 € – Cazes, Le Canon du Maréchal, Vin de Pays des Côtes Catalanes 2008 (voir p. 363)

4,00 € – Marquis de Seillan, Saint-Mont 2006 (voir p. 358)

4,00 € – Producteurs de Plaimont, Madiran Terroir de Tilhet 2006 (voir p. 358)

4,70 € – Vignoble de Gascogne, Saint-Mont-Batz-d'Autan 2006 (voir p. 359)

Alicuit

Pour 6 personnes	
20 ailerons de poulet	**5,00 €**
2 gousses d'ail	**0,10 €**
2 oignons	**0,56 €**
5 carottes	**1,55 €**
2 navets	**0,50 €**
2 tomates *(en conserve hors saison)*	**0,47 €**
2 cuillères à soupe de graisse d'oie	**0,38 €**
1 cuillère à soupe de farine	**0,01 €**
75 cl de bouillon de volaille	**0,09 €**
15 cl de vin blanc	**0,53 €**
1 bouquet garni (thym, laurier)	**0,50 €**
sel fin et poivre du moulin	
TOTAL	**9,69 €**
LA PART	1,62 €

• Épluchez les légumes et coupez-les en morceaux, puis hachez l'ail et les oignons.
• Dans une cocotte, mettez la graisse d'oie et faites revenir les ailerons de poulet, les carottes, les navets, l'ail et les oignons. Lorsque le tout est bien doré, saupoudrez de farine et mélangez.
• Ajoutez le vin blanc, le bouillon, les tomates pelées, épépinées et le bouquet garni.
• Salez et poivrez.
• Couvrez et laissez mijoter doucement pendant 1 heure.
• Servez chaud.

Baeckeofe

Pour 8 personnes	
500 g d'échine de porc désossée	**2,72 €**
500 g d'épaule de mouton désossée	**4,47 €**
500 g de paleron de bœuf	**4,77 €**
1 queue + 1 pied de porc *(facultatif)*	**6,89 €**
1 kg de pommes de terre à chair ferme *(type Charlotte, Belle de Fontenay ou Pompadour)*	**1,36 €**
4 gros oignons	**1,28 €**
3 gousses d'ail	**0,05 €**
1 bouquet garni (persil, thym, laurier)	**1,60 €**
2 blancs de poireaux	**0,31 €**
2 carottes	**0,62 €**
3 cuillères à soupe de farine	**0,04 €**
2 clous de girofle	**0,02 €**
50 à 75 cl de vin blanc d'Alsace	**3,08 €**
sel fin et poivre du moulin	
TOTAL	**27,21 €**
LA PART	3,40 €

• La veille, détaillez les viandes en gros cubes – 70 à 90 grammes chaque – et mettez-les à mariner pendant 24 heures avec le vin, 1 oignon et les carottes émincés, les clous de girofle, l'ail, les blancs de poireaux coupés en rondelles, le bouquet garni. Salez, poivrez.

• Le lendemain, préchauffez le four à 200 °C (th. 6/7).

• Disposez dans une cocotte en fonte, ou une terrine à baeckeofe en terre, une couche de pommes de terre émincées en rondelles de 1,5 centimètre d'épaisseur, une couche d'oignons émincés, puis les viandes. Continuez ainsi par couches successives, en salant entre chaque couche, et terminez par une couche de pommes de terre et d'oignons émincés.

• Mouillez avec la marinade passée au chinois ; ajoutez un verre d'eau et le bouquet garni.

• Faites cuire au four pendant 2 heures à 2 heures et demie.
• Présentez la cocotte sur la table, accompagnée d'une salade verte.

VINS ROUGES

4,75 € – Domaine des Combiers, Beaujolais-Villages, Cuvée Élégance 2008 (voir p. 347)

5,00 € – Domaine du Petit-Bondieu, Bourgueil, Cuvée du Vendôme 2007 (voir p. 353)

Blanquette de veau

Pour 6 personnes	
1 kg de viande de veau, moitié dans l'épaule, moitié dans le flanchet *(coupés en morceaux de 75 g chacun)*	**14,51 €**
2 oignons piqués de clous de girofle	**0,58 €**
1 bouquet garni (thym, laurier, queues de persil)	**1,60 €**
1 litre de bouillon de bœuf du commerce	**0,18 €**
3 cuillères à soupe de crème fraîche épaisse	**0,21 €**
2 jaunes d'œufs	**0,38 €**
4 tomates *(en conserve hors saison)*	**0,95 €**
50 g de beurre	**0,26 €**
30 g de farine	**0,02 €**
1 cuillère à soupe de gros sel	**0,01 €**
Quelques grains de poivre concassés	
TOTAL	**18,70 €**
LA PART	3,12 €

• Dans une cocotte en fonte, faites revenir dans le beurre les morceaux de veau. Ils doivent être dorés, croûtés.

• Retirez la viande et débarrassez le beurre de cuisson. Remettez la viande dans la cocotte, saupoudrez-la de farine en mélangeant bien. Laissez roussir la farine. Ajoutez le bouillon, louche par louche, en remuant et en grattant les sucs de cuisson dans le fond de la cocotte. Couvrez la viande avec le bouillon. Ajoutez les oignons piqués de clous de girofle, le bouquet garni, les queues de persil, les tomates pelées, épépinées et coupées en quartiers grossiers, la cuillère à soupe de gros sel et quelques grains de poivre concassés.
• Portez à ébullition, puis à bouillottement, couvrez. Laissez mijoter 1 heure et demie. Retirez le bouquet garni.
• Le lendemain : mettez à réchauffer, prélevez une louche du jus de cuisson, puis versez lentement sur les jaunes d'œufs préalablement mélangés avec la crème dans un bol.
• Hors du feu, ajoutez au contenu de la cocotte les œufs liés. Mélangez. Remettez doucement sur le feu.
• Servez avec un riz pilaf ou des pommes vapeur.

VIN ROUGE

4,10 € – Domaine de la Gabillière, Touraine-Amboise 2008 (voir p. 351)

Bœuf à la mode de Caen

Pour 8 personnes	
1,8 kg de bœuf dans le plat de côtes	**9,18 €**
1 pied de veau coupé en deux	**1,50 €**
6 carottes	**1,24 €**
4 oignons	**1,12 €**
1 gousse d'ail	**0,05 €**
3 cuillères à soupe d'huile	**0,15 €**
1 bouteille de cidre	**1,59 €**

2 clous de girofle	**0,02 €**
2 branches de thym	**0,10 €**
1 feuille de laurier	**0,05 €**
Sel fin et poivre du moulin	
TOTAL	**15,00 €**
LA PART	1,88 €

• Préchauffez le four à 260 °C (th. 8/9).
• Dans une grande poêle, faites chauffer l'huile et dorer très croûtée la pièce de bœuf.
• Dans une terrine à baeckeofe ou dans une grande cocotte, déposez un lit d'oignons épluchés et coupés en gros quartiers, de carottes pelées et coupées en rondelles de 2 centimètres d'épaisseur, puis posez la pièce de bœuf.
• Ajoutez le pied de veau coupé en deux, l'ail écrasé, le thym, les clous de girofle, le laurier, salez, poivrez.
• Versez la bouteille de cidre. Couvrez soigneusement et mettez au four pour 2 heures et demie.
• Sortez la viande du four, maintenez-la au chaud, passez le jus au chinois.
• Coupez la viande en tranches et servez-la nappée de sauce.
• Réchauffez avant de servir.

Bœuf en gelée au vin rouge

Pour 8 personnes

2 kg de jumeau à pot-au-feu *(ou de gîte arrière)*	**13,90 €**
50 g de beurre	**0,26 €**
4 cuillères à soupe d'huile	**0,21 €**
2 oignons	**0,56 €**
1 pied de veau	**1,50 €**
1 bouquet garni (thym, laurier, persil)	**1,60 €**

2 bouteilles de vin rouge tannique et corsé	**6,10 €**
800 g de carottes	**1,65 €**
3 gousses d'ail	**0,15 €**
4 clous de girofle	**0,04 €**
6 baies de genièvre	**0,06 €**
2 cuillères à café de sucre en poudre	**0,02 €**
1 cuillère à soupe de poivre en grains	**0,33 €**
Sel fin et poivre du moulin	
TOTAL	**26,38 €**
LA PART	3,30 €

• Dans une cocotte, faites revenir la pièce de viande dans le mélange beurre et huile.
• Ajoutez les oignons émincés, le pied de veau coupé en deux, les gousses d'ail grossièrement écrasées, les clous de girofle, le genièvre, le sucre, le poivre en grains et le bouquet garni. Salez légèrement.
• Ajoutez le vin rouge jusqu'à couvrir complètement la viande, complétez avec de l'eau. Portez à ébullition et laissez cuire 2 bonnes heures. 20 minutes avant la fin de la cuisson, ajoutez les carottes coupées en rondelles.
• Retirez la viande, les carottes, le bouquet garni, le pied de veau, filtrez le bouillon pour retirer facilement la graisse qui surnage.
• Coupez la viande en tranches un peu épaisses. Déposez-les dans une terrine. Garnissez les interstices avec les tranches de carottes et recouvrez avec le bouillon filtré et dégraissé. Placez au réfrigérateur pour 12 heures.
• Servez avec une salade croquante.

Braisé de porc

Pour 8 personnes	
1,8 kg de viande de porc dans l'échine (sans os)	**9,81 €**
2 cuillères à soupe de saindoux	**0,24 €**
2 cuillères à soupe de beurre, plus une belle noix pour cuire les oignons grelots	**0,26 €**
1 bouteille de vin rouge tannique	**3,05 €**
1 cuillère à soupe de farine	**0,01 €**
2 gros oignons	**0,56 €**
3 carottes	**0,92 €**
1 bouquet garni (thym, laurier)	**0,50 €**
20 petits oignons grelots	**1,76 €**
130 g de lardons fumés	**0,68 €**
1,5 kg de petits champignons de Paris bien calibrés	**4,21 €**
4 gousses d'ail	**0,20 €**
3 clous de girofle	**0,03 €**
3 morceaux de sucre	**0,02 €**
1 cuillère à soupe de sucre en poudre	**0,01 €**
3 cuillères à soupe d'eau	
1 demi-cuillère à café de poivre en grains	**0,10 €**
Sel fin et poivre du moulin	
TOTAL	**22,36 €**
LA PART	2,80 €

• Découpez la viande en morceaux d'environ 75 g.
• Mettez-les dans une terrine (ou un saladier) avec les oignons et les carottes épluchées et émincées, les gousses d'ail écrasées mais non épluchées, le bouquet garni, les clous de girofle et le poivre en grains. Salez. Ajoutez le vin rouge après l'avoir porté à ébullition et laissé refroidir, puis mettez au réfrigérateur, à couvert, pendant 24 heures.
• Sortez les morceaux de viande, épongez-les avec un papier absorbant. Égouttez les légumes. Réservez la marinade.

• Chauffez le saindoux et le beurre dans la cocotte, puis faites dorer les morceaux de viande ; ils doivent être bien croûtés sur toutes les faces. Réservez.
• Jetez la matière grasse restante. Mettez les légumes de la marinade dans la cocotte, couvrez et laissez étuver à feu doux pendant 10 minutes. Ajoutez la viande, saupoudrez de farine, remuez avec une cuillère en bois. Ajoutez la marinade, porter à ébullition sans cesser de remuer, puis ramenez à petit bouillottement. Couvrez et laissez mijoter sur feu doux pendant 1 heure et demie.
• Pendant ce temps, épluchez les oignons grelots, mettez-les dans une petite casserole avec une belle noix de beurre, 2 cuillères à soupe d'eau et 1 cuillère à soupe de sucre en poudre. Laissez confire à feu doux pendant 20 minutes.
• Mettez les lardons dans une casserole d'eau froide, portez à ébullition pendant 3 minutes, égouttez puis faites dorer les lardons à sec dans une poêle.
• Coupez le bout terreux des champignons, lavez-les sous un filet d'eau, séchez-les rapidement au torchon, coupez-les en deux ou quatre selon la taille des champignons et faites-les revenir dans la poêle avec la matière grasse libérée par les lardons.
• Le temps de cuisson de la viande écoulé, retirez les morceaux de porc de la cocotte, réservez-les. Filtrez la sauce au travers d'une passoire fine ou d'un chinois, remettez-la dans la cocotte, ajoutez les morceaux de sucre et laissez réduire à feu moyen. Ajoutez alors la viande, les lardons, les oignons grelots et les champignons. Rectifiez l'assaisonnement et maintenez la cuisson à découvert pendant quelques minutes pour que l'ensemble soit bien chaud.
• Servez dans un plat creux avec des pommes vapeur ou un gratin dauphinois.

Canapota

La caponata est une recette sicilienne constituée d'un mélange de légumes. J'ai adapté cette recette à mon goût en y substituant les courgettes par des poivrons et l'ai renommée Canapota.

Pour 8 personnes	
600 g d'aubergines	**0,98 €**
600 g de poivrons verts	**1,39 €**
2 oignons	**0,56 €**
4 tomates	**0,95 €**
150 g d'olives vertes dénoyautées	**0,50 €**
60 g de câpres	**0,86 €**
1 côte de céleri	**0,16 €**
2 cuillères à soupe de vinaigre de vin	**0,02 €**
1 demi-verre d'eau	
2 cuillères à soupe de sucre en poudre	**0,03 €**
5 cuillères à soupe de d'huile d'olive	**0,26 €**
sel fin et poivre du moulin	
TOTAL	**5,71 €**
LA PART	0,71 €

• Lavez les aubergines sans les éplucher. Coupez-les en petits dés de 1 centimètre de côté environ, puis faites-les revenir 15 minutes à feu vif dans 1 cuillère à soupe d'huile d'olive. Salez, poivrez. Réservez.

• Lavez les poivrons, épluchez-les grossièrement avec un couteau économe. Ouvrez chacun en deux, ôtez les graines et le filament blanc. Coupez-les en lanières d'environ 1 centimètre de large, puis faites-les revenir 15 minutes dans 1 cuillère à soupe d'huile d'olive. Réservez.

• Rajoutez si nécessaire un peu d'huile dans la poêle et faites revenir les oignons coupés en fines lamelles. Ils doivent rester blonds pendant toute la cuisson. Lorsque l'oignon est bien fondu, ajoutez les tomates pelées, épépinées et coupées en morceaux. Quand l'ensemble est souple et fondu, ajoutez les olives, les câpres, la côte de céleri coupée en petits dés. Mélangez. Ajoutez ensuite les aubergines et les poivrons et remuez l'ensemble pendant 5 minutes environ.

• Ajoutez à ce mélange (ou au contenu de la poêle) le vinaigre, le demi-verre d'eau et le sucre. Versez dans un saladier, remuez et mettez la préparation au frais pendant 24 heures.

• Ce plat se conserve au frais 2 à 3 jours et se mange froid. Plus il attendra, meilleur il sera.

VIN BLANC

4,75 € – Gérard Neumeyer, Edelzwicker 2006 (voir p. 331)

Carbonade de bœuf à la bière et pain d'épices

Pour 8 personnes	
1,5 kg de macreuse à pot-au-feu *(ne pas confondre avec la macreuse à bifteck)*	**16,38 €**
3 oignons	**0,85 €**
2 carottes	**0,62 €**
2 cuillères à soupe de farine	**0,03 €**
1 grande bouteille de bière de garde	**1,83 €**
40 g de cassonade	**0,08 €**
2 feuilles de laurier	**0,10 €**
2 branches de thym	**0,10 €**
3 tranches de pain d'épices	**1,02 €**
2 cuillères à soupe de moutarde forte	**0,14 €**
30 g de beurre	**0,15 €**
sel fin et poivre du moulin	
TOTAL	**21,30 €**
LA PART	2,66 €

• Faites détailler la macreuse par le boucher en tranches de 75 grammes.
• Émincez les oignons et coupez les carottes en fines rondelles.
• Dans une cocotte, faites fondre le beurre à feu vif sans le laisser brûler. Ajoutez les morceaux de viande salés et poivrés et faites-les revenir et dorer de tous les côtés. Ajoutez la cassonade pour caraméliser la viande, puis incorporez les oignons et les carottes. Saupoudrez de farine et faites légèrement roussir en mélangeant bien le tout.
• Mouillez avec la bière, faites bouillonner en tournant le tout pour assurer la liaison. Ajoutez le thym et le laurier. Portez à petit bouillottement et laissez cuire 30 minutes.
• Tartinez de moutarde les tranches de pain d'épices, enfouissez-les dans la carbonade et laissez cuire encore 1 heure. La viande doit être bien tendre.
• Si le jus de cuisson est un peu trop épais, détendez-le avec un peu d'eau.
• Le lendemain, réchauffez ; puis dans un plat un peu creux, disposez les morceaux de viande, couvrez-les de rondelles de carottes et d'oignons. Couvrez avec la sauce, retirez le thym. Réchauffez.
• Servez bien chaud accompagné de pâtes ou de pommes vapeur.

VINS ROUGES

4,80 € – Domaine de la Gabillière, Touraine-Amboise, Cuvée François Ier 2007 (voir p. 352)

5,00 € – Domaine du Petit-Bondieu, Bourgueil, Cuvée du Vendôme 2007 (voir p. 353)

Cassoulet

Pour 6 personnes	
1 kg de haricots blancs secs	**2,79 €**
1 oignon blanc piqué de 2 clous de girofle	**0,30 €**
2 gros oignons blancs émincés	**0,56 €**
5 gousses d'ail	**0,25 €**
1 bouquet garni (thym, laurier, queues de persil et vert de poireau)	**1,75 €**
150 g de couenne	**0,22 €**
6 morceaux d'épaule d'agneau d'environ 90 g chacun	**5,66 €**
1 jambonneau demi-sel de 800 g	**6,87 €**
6 saucisses de Toulouse	**3,75 €**
2 cuisses d'oie confites avec la graisse	**3,80 €**
150 g de chapelure	**0,32 €**
1 grand verre d'eau	
Sel fin et poivre du moulin	
TOTAL	**26,27 €**
LA PART	4,38 €

• La veille, mettez le jambonneau dans un faitout d'eau froide avec la couenne et portez à ébullition. Faites cuire à feu vif une dizaine de minutes.
• Ajoutez un grand verre d'eau fraîche. Écumez. Ajoutez l'oignon piqué de clous de girofle et le bouquet garni.
• Comptez 2 heures de cuisson à frémissement. Laissez refroidir.
• Retirez le bouquet garni et l'oignon. Filtrez la cuisson dans une passoire fine. Réservez couenne et jambonneau.
• Rincez les haricots à l'eau froide, puis mettez-les dans une casserole avec la cuisson filtrée. Salez, poivrez. Laissez cuire à frémissement 1 heure et demie.
• Dans 1 cuillère à soupe de graisse d'oie, faites revenir sur chaque face, à la poêle, les morceaux d'agneau, puis laissez cuire environ 15 minutes. Rangez-les dans une cocotte ou dans une terrine en terre.

• Faites cuire doucement les oignons émincés dans la graisse de cuisson de l'agneau. Ajoutez l'oignon à la terrine ainsi que la couenne du jambonneau cuit, coupée en petits morceaux de 2 centimètres, les gousses d'ail épluchées et les haricots avec les deux tiers de leur jus de cuisson. Couvrez et mettez à four doux, 180 °C (th. 6) pour 1 heure.
• Faites dorer les saucisses de Toulouse à la poêle avec 1 cuillère de graisse d'oie.
• Ajoutez-les, avec le jambonneau cuit la veille et les cuisses d'oie confites, à la terrine dans le four.
• Saupoudrez de chapelure et remettez au four la cocotte ou la terrine, pour 30 minutes, à découvert. Servez en l'état sur la table.

VINS ROUGES

4,10 € – Domaine de la Gabillière, Touraine-Amboise 2008 (voir p. 351)

4,50 € – Château-Soubiran, Côtes du Marmandais 2006 (voir p. 357)

4,00 € – Producteurs de Plaimont, Madiran, Terroir de Tilhet 2006 (voir p. 358)

Chou farci

Pour 8 personnes	
300 g de petit salé	**3,07 €**
300 g de poitrine demi-sel	**2,55 €**
300 g de macreuse de bœuf *(ou de flanchet de veau)*	**2,80 €**
1 beau morceau de barde	**0,80 €**
3 œufs	**0,54 €**
1 gros chou vert de 1,2 kg à 1,4 kg	**1,50 €**

3 oignons	**0,85 €**
1 bouquet de persil	**1,10 €**
1 bouquet garni (3 feuilles de laurier, 2 branches de thym)	**0,65 €**
2 gousses d'ail	**0,10 €**
1 cuillère à soupe de bicarbonate de soude	**0,10 €**
1 bouillon du commerce *(ou des os de veau ou de bœuf)*	**0,09 €**
Sel fin et poivre du moulin	
Gros sel	
Poivre en grains	
TOTAL	**14,15 €**
LA PART	1,77 €

• Dans une marmite (3 litres d'eau), mettez le bouillon du commerce – ou des os de veau ou de bœuf –, le bouquet garni, le petit salé, la poitrine et la macreuse de bœuf, ajoutez la branche de thym supplémentaire, les 2 feuilles de laurier restantes et le poivre en grains.

• Portez à ébullition, laissez bouilloter 1 heure.

• Pendant ce temps, faites blanchir le chou – après l'avoir soigneusement lavé – dans un faitout d'eau bouillante avec le gros sel durant 7 minutes – ne pas oublier le bicarbonate pour éviter les flatulences.

• Égouttez et rincez le chou à l'eau froide.

• Épluchez les oignons. Hachez les viandes (petit salé, poitrine et macreuse), les oignons, le bouquet de persil et les gousses d'ail.

• Ajoutez les œufs entiers, mélangez, rectifiez l'assaisonnement.

• Tapissez le fond d'une cocotte avec la barde, étalez une couche de chou, puis de hachis, renouvelez plusieurs fois l'opération et terminez par une couche de chou.

• Arrosez le tout – avec trois louches – de bouillon de cuisson des viandes.

• Faites cuire sur feu doux, cocotte ouverte, pendant 1 heure et demie, le chou doit dorer.

• Servez dans la cocotte sur la table ou démoulez dans un plat creux.
• Ce plat peut être servi avec un coulis de tomate (voir recette p. 55).

Vins blancs

4,60 € – Vignoble du Chant d'Oiseaux, Orléans blanc 2008 (voir p. 323)

4,75 € – Gérard Neumeyer, Edelzwicker 2006 (voir p. 331)

Civet d'agneau

Pour 8 personnes	
1,5 kg de viande d'agneau dans le collier ou l'épaule *(coupée en morceaux de 60 à 70 g)*	**15,73 €**
2 carottes	**0,62 €**
2 oignons	**0,56 €**
3 échalotes	**0,21 €**
2 gousses d'ail	**0,10 €**
6 cuillères à soupe d'huile d'olive	**0,31 €**
30 g de beurre	**0,15 €**
2 cuillères à soupe de farine	**0,03 €**
15 grains de poivre	**0,01 €**
1 bouquet garni (thym, laurier)	**0,50 €**
1 bouteille de vin rouge très tannique	**3,05 €**
Sel fin et poivre du moulin	
TOTAL	**21,27 €**
LA PART	2,66 €

• La veille, préparez la marinade.
• Mettez le vin rouge à bouillir, flambez, puis laissez refroidir.

• Épluchez et coupez les carottes en rondelles, pelez et émincez les échalotes, les oignons, et écrasez les gousses d'ail.
• Passez un pinceau d'huile d'olive sur les morceaux de viande. Salez, poivrez.
• Mettez-le tout dans un saladier avec les grains de poivre, le thym, le laurier. Versez le vin, et placez au réfrigérateur pour 24 heures.
• Le jour de la cuisson, égouttez la viande, filtrez la marinade.
• Préchauffez le four à 210 °C (th. 7).
• Beurrez, huilez une cocotte allant au four et faites revenir les morceaux de viande dans la matière grasse bien chaude. Retirez-les quand ils sont dorés. Jetez le gras de cuisson. Remettez la viande, saupoudrez de farine, puis faites roussir à feu moyen. Versez la marinade, mélangez, portez à ébullition, puis enfournez la cocotte fermée pendant 1 heure et demie. Vérifiez la cuisson en remuant de temps en temps.
• Le lendemain, dégraissez si nécessaire, réchauffez, puis retirez les morceaux de viande et faites réduire la sauce à feu vif.
• Servez avec des croûtons et un gratin de macaronis.

Vins rouges

5,00 € – Domaine Giraudon, Bourgogne Chitry 2008 (voir p. 348)

4,05 € – Les Vignerons d'Estézargues, Côtes du Rhône Les Grandes Vignes 2008 (voir p. 360)

4,40 € – Domaine Rabasse-Charavin, Côtes du Rhône 2006 (voir p. 361)

3,60 € – Château-Bonhomme, Minervois Tradition 2006 (voir p. 365)

Cocotte d'hiver

Pour 6 personnes	
6 saucisses de Toulouse	**3,75 €**
6 fines tranches de poitrine fumée	**2,04 €**
1 chou de Milan	**1,21 €**
4 carottes	**1,24 €**
1 demi-boule de céleri-rave	**0,76 €**
3 pommes, fermes et légèrement acidulées *(genre Belle de Boskoop)*	**0,93 €**
40 cl de bouillon de volaille	**0,09 €**
1 cuillère à soupe de graisse d'oie ou de saindoux	**0,12 €**
1 cuillère à soupe de bicarbonate de soude	**0,10 €**
1 douzaine de grains de cumin	**0,05 €**
1 poignée de gros sel	
TOTAL	**10,29 €**
LA PART	1,72 €

• Épluchez et lavez le chou feuille par feuille. Égouttez.
• Plongez les feuilles de chou entières dans 3 litres d'eau portée à ébullition, additionnée d'une poignée de gros sel et de 1 cuillère à soupe de bicarbonate de soude pendant 3 à 4 minutes. Retirez les feuilles à l'aide d'une écumoire, égouttez, puis rafraîchissez le chou dans un récipient d'eau glacée. Égouttez à nouveau.
• Préchauffez le four à 180 °C (th. 6).
• Pendant la cuisson du chou, épluchez les carottes, les pommes et le céleri. Coupez la demi-boule de céleri en deux, puis émincez à la mandoline le céleri, les pommes et les carottes en tranches de 3 à 4 millimètres d'épaisseur.
• Faites fondre la matière grasse dans le fond d'une cocotte en fonte, puis badigeonnez les bords à l'aide d'un pinceau.
• Tapissez la jupe et le fond de la cocotte avec une première couche de feuilles de chou et déposez successivement les

tranches de céleri, celles de pommes et enfin les tranches de carottes.

- Parsemez les carottes de grains de cumin.
- Posez soigneusement les tranches de poitrine fumée sur la couche de carottes, puis les saucisses de Toulouse. Recouvrez ensuite d'une couche de carottes, puis de pommes, et de céleri. Terminez avec les feuilles de chou restantes.
- Arrosez du bouillon de volaille.
- Fermez la cocotte avec son couvercle, enfournez et laissez cuire 1 heure et demie.
- Servez dans la cocotte.
- Pour une bonne soupe consistante : passez les restes de la recette au mixeur avec le jus. Versez dans la cocotte. Ajoutez du bouillon de volaille ou de bœuf (du commerce si vous n'en avez pas). Portez à ébullition. Servez avec des croûtons de pain.

Vin blanc

4,85 € – Gérard Neumeyer, Sylvaner Vieilles Vignes 2006 (p. 331)

Vins rouges

4,95 € – Dominique Jambon, Régnié 2008 (voir p. 347)

5,00 € – Domaine Giraudon, Bourgogne Chitry 2008 (voir p. 348)

4,80 € – Domaine de la Gabillière, Touraine-Amboise, Cuvée François 1er 2007 (voir p. 352)

3,25 € – Cave de Saint-Désirat, Vin de Pays de l'Ardèche, Syrah 2006 (voir p. 359)

Compotée de lapin à l'estragon

Pour 8 personnes

1 lapin de 1,6 kg à 1,8 kg à la graisse bien blanche, coupé en morceaux au couteau *(surtout jamais à la feuille)*	**12,96 €**
4 carottes	**1,24 €**
3 cuillères à soupe d'huile d'olive	**0,15 €**
2 feuilles de laurier	**0,10 €**
1 branche de thym	**0,05 €**
2 bouquets d'estragon	**2,58 €**
1 demi-pied de veau	**1,44 €**
1 demi-litre de vin blanc sec	**1,78 €**
Sel fin et poivre du moulin	
TOTAL	**20,30 €**
LA PART	2,54 €

• Caressez au pinceau de cuisine les morceaux de lapin avec de l'huile d'olive. Salez, poivrez.

• Déposez-les dans une cocotte en fonte avec le laurier, le thym, un bouquet d'estragon.

• Ajoutez le demi-pied de veau, arrosez de vin blanc, complétez avec de l'eau si le lapin n'est pas couvert. Fermez la cocotte. Faites cuire à feu doux pendant 1 heure et demie.

• Épluchez les carottes, coupez-les en tranches fines et ajoutez-les dans la cocotte pour 20 minutes.

• Vérifiez que le lapin soit bien cuit et fondant. Retirez ensuite les carottes et les morceaux de lapin. Laissez-les tiédir pour ensuite effilocher les chairs. Éventuellement, réduisez la taille des morceaux de moitié.

• Rectifiez l'assaisonnement du jus de cuisson, puis filtrez-le.

• Dans une terrine, répartissez harmonieusement la chair de lapin, les carottes et le second bouquet d'estragon effeuillé.

• Recouvrez avec le jus de cuisson et réservez au réfrigérateur pendant au moins 12 heures. La gelée sera prise et les chairs parfumées.

VIN BLANC

4,40 € – Vincent Stoeffler, Sylvaner 2008 (voir p. 333)

Daube

Chaque région de France est propriétaire d'une recette de daube. Le principe est toujours le même : viandes à braiser, vin rouge, cuisson longue. On peut selon les régions y ajouter de l'orange, du pied de veau, etc.
Vous trouverez ci-dessous une recette classique, à charge pour vous d'innover et d'y ajouter votre touche personnelle.

Pour 8 personnes	
1,5 kg de viande de bœuf à braiser *(macreuse ou jumeau à pot-au-feu)*	**16,38 €**
2 kg de carottes	**4,12 €**
1 kg d'échalotes	**2,38 €**
200 g de poitrine demi-sel	**1,70 €**
100 g de beurre	**0,52 €**
2 cuillères à soupe d'huile	**0,10 €**
1 bouteille de vin rouge corsé tannique	**3,05 €**
10 cl d'eau-de-vie *(cognac ou armagnac)*	**1,72 €**
1 bouquet garni (thym, laurier, persil)	**1,60 €**
1 pied de veau blanchi et fendu en deux	**2,88 €**
Sel fin et poivre du moulin	
TOTAL	**34,45 €**
LA PART	4,31 €

- Demandez au boucher de couper la viande en morceaux de 50 à 70 g.
- Faites chauffer le vin dans une casserole, à ébullition ajoutez l'alcool, faites flamber. Laissez refroidir.
- Pelez, coupez les carottes en rondelles. Réservez.
- Épluchez, puis émincez les échalotes. Réservez.
- Coupez la poitrine en lardons, puis faites-les blanchir pendant 5 minutes à l'eau bouillante. Égouttez.
- Dans une cocotte, mettez à chauffer l'huile et la moitié du beurre. Faites dorer les morceaux de viande sur tous les côtés. Réservez.
- Ajoutez dans la cocotte un peu de beurre et faites revenir les carottes. Réservez.
- Déposez dans la cocotte les lardons et les échalotes, faites-les revenir. Réservez.
- Retirez la graisse de cuisson.
- Remettez tous les ingrédients dans la cocotte, puis couvrez avec le vin. Salez, poivrez. Ajoutez le bouquet garni et le pied de veau. Couvrez et laissez mijoter pendant 3 heures à feu très doux. L'idéal est de cuire la daube dans le four, la cocotte fermée hermétiquement, à 120 °C (th. 4) pendant 4 heures.
- Réchauffez le lendemain après avoir dégraissé.
- Servez avec des pommes de terre vapeur, du riz, des pâtes au beurre ou une purée de carottes.

VINS ROUGES

4,80 € – Domaine de la Gabillière, Touraine-Amboise, Cuvée François Ier 2007 (voir p. 352)

4,05 € – Les Vignerons d'Estézargues, Côtes du Rhône, Les Grandes Vignes 2008 (voir p. 360)

4,40 € – Domaine Rabasse-Charavin, Côtes du Rhône 2006 (voir p. 361)

Endives au jambon

Pour 6 personnes	
12 endives	**2,50 €**
1 demi-verre d'eau	
1 citron	**0,22 €**
3 cuillères à soupe de beurre	**0,30 €**
6 grandes tranches de jambon « maison » ou supérieur découenné	**3,31 €**
Sel fin et poivre du moulin	
Pour la sauce :	
1 demi-litre de lait	**0,36 €**
3 jaunes d'œufs	**0,54 €**
2 cuillères à soupe de beurre	**0,26 €**
2 cuillères à soupe de fécule de maïs ou de pomme de terre	**0,12 €**
Noix de muscade râpée	**0,05 €**
Sel fin et poivre du moulin	
TOTAL	**7,66 €**
LA PART	1,28 €

Il est souhaitable de faire cuire les endives la veille.

• Choisissez des endives fermées, blanches. Coupez le pied. Si ce sont des endives de pleine terre, passez-les à l'eau rapidement, puis rangez-les dans une cocotte en fonte. Arrosez avec le jus de citron, la moitié du beurre, l'eau. Salez et poivrez. Couvrez. Mettez sur le feu et faites cuire doucement pendant environ 45 minutes. Veillez à ce qu'elles ne brûlent pas, sinon ajoutez quelques gouttes d'eau. Les endives doivent être tendres et sèches.

• Coupez chaque tranche de jambon en deux. Enroulez chaque endive avec les demi-tranches de jambon. Beurrez un plat à gratin puis disposez les endives côte à côte. Réservez au réfrigérateur.

• Le lendemain, préchauffez le four à 220 °C (th. 7/8).

• Versez tous les ingrédients destinés à la sauce ci-dessus énumérés, à froid dans une casserole. Mettez sur le feu, remuez sans arrêt jusqu'à ébullition. Aux premiers bouillons, versez la sauce sur les endives. Ajoutez les morceaux de beurre restants. Glissez au four et faites cuire 20 minutes.
• Passez le plat quelques minutes sous le gril du four pour donner à l'ensemble une belle couleur dorée.
• Servez bien chaud.
Nota : réchauffez les endives au jambon en protégeant la partie gratinée d'un papier d'aluminium.

Suggestion : les endives peuvent être remplacées par des blancs de poireaux coupés en tronçons ; la recette est la même.

Vin blanc

5,00 € – Albert Seltz, Pinot blanc 2008 (offre spéciale du vigneron) (voir p. 332)

Vin rouge

5,00 € – Domaine du Petit-Bondieu, Bourgueil, Cuvée du Vendôme 2007 (voir p. 353)

Épaule de mouton

Pour 8 personnes

1 épaule de mouton de 2 kg, désossée par le boucher mais pas roulée *(précisez que vous souhaitez conserver la crosse)*	**20,98 €**
300 g de champignons de Paris	**0,84 €**

100 g d'oignons	**0,28 €**
100 g de beurre	**0,52 €**
1 cuillère à soupe de farine	**0,01 €**
1 cuillère à soupe de crème fraîche	**0,07 €**
Sel fin et poivre du moulin	
TOTAL	**22,70 €**
LA PART	2,84 €

• Préchauffez le four à 200 °C (th. 6/7).
• Épluchez et hachez grossièrement les oignons et les champignons.
• Dans une poêle, faites fondre 50 g de beurre, puis revenir le hachis d'oignons et de champignons. Saupoudrez de farine. Mélangez. Ajoutez la crème fraîche, remuez. Salez, poivrez. Laissez cuire à petit bouillottement 2 à 3 minutes, puis retirez du feu et laissez refroidir.
• Salez, poivrez abondamment l'épaule.
• Posez la farce sur la partie découpée, roulez, puis ficelez grossièrement.
• Mettez le restant du beurre dans une cocotte. Faites revenir la viande sur toutes ses faces et laissez cuire pendant 1 heure et demie. Laissez refroidir.
• Servez avec une salade d'haricots verts légèrement oignonés ou échalotés.

Farcis ou galettes de porc

Les farcis ou galettes n'ont pas d'origine précise car toutes les régions de France en revendiquent la paternité. On peut les servir en guise de hors-d'œuvre ou en plat de résistance copieux avec une salade verte légèrement aillée.

Pour 8 personnes

400 g d'échine de porc	**2,90 €**
400 g de lard gras de bardière *(pesé sans couenne)*	**2,10 €**
1 barde	**0,45 €**
Crépine	**0,20 €**
300 g de foie de porc	**1,79 €**
2 chicorées frisées	**3,80 €**
1 bouquet de persil plat	**1,10 €**
2 œufs	**0,36 €**
50 g de saindoux	**0,24 €**
6 feuilles de sauge fraîche	**0,50 €**
Sel fin et poivre du moulin	
TOTAL	**13,44 €**
LA PART	1,68 €

• Épluchez, lavez les salades. Plongez-les dans un grand faitout d'eau salée en ébullition. 5 minutes après la reprise de l'ébullition, égouttez, rafraîchissez les salades sous l'eau froide pour raviver la couleur, puis égouttez fortement à nouveau.

• Coupez le lard gras et l'échine de porc en bandes ou lanières de 2 centimètres de large environ. Éliminez soigneusement la peau et les vaisseaux du foie. Coupez-le en lanières plus fines que celles des viandes précédentes.

• Passez au hachoir à grille moyenne les viandes, la salade et le persil. Salez, poivrez. Incorporez les 2 œufs entiers.

• Trempez la crépine dans l'eau tiède pour l'assouplir et l'étirer facilement.

• Coupez la crépine en 16 morceaux de 20 centimètres environ. Sur chaque morceau posez le 1/16e de la farce. Enveloppez-la dans la crépine pour lui donner la forme de petits pâtés ressemblant à des fricandeaux.

• Préchauffez le four à 150/160 °C (th. 5/6).

• Graissez le plat généreusement avec le saindoux. Posez côte à côte les petits farcis. Sur chacun, posez la moitié d'une feuille de sauge et un petit morceau de barde de 3 à 4 centimètres de côté.

• Laissez cuire dans le four pendant 1 heure et demie. Vérifiez la cuisson.
• Laissez refroidir dans le plat.
• Servez froid avec une salade croquante légèrement aillée.

VIN BLANC

4,40 € – Vincent Stoeffler, Sylvaner 2008 (voir p. 333)

Gigot de sept heures

Qui ne cuit que cinq heures...

Pour 8 personnes	
1 gigot de 3 kg paré	**41,04 €**
1 grosse poignée d'os et de déchets de mouton	
3 oignons	**0,85 €**
3 carottes	**0,51 €**
1 branche de thym	**0,05 €**
2 feuilles de laurier	**0,10 €**
1 branche de céleri	**0,16 €**
4 tomates	**0,95 €**
1 bouquet de persil	**1,10 €**
2 têtes d'ail	**0,75 €**
3 verres de vin blanc sec	**2,14 €**
2 litres de consommé de bœuf ou de volaille	**0,36 €**
1 cuillère à soupe de beurre	**0,13 €**
3 cuillères à soupe d'huile d'arachide	**0,11 €**
TOTAL	**48,25 €**
LA PART	6,03 €

• Épluchez les oignons et les carottes, coupez-les en rondelles épaisses de 1 centimètre environ.
• Dans une large poêle, mettez l'huile à chauffer, ajoutez le beurre. Lorsqu'ils grésillent, faites revenir sur toutes ses faces le gigot. Il doit être doré et croustillant. Emballez-le et ficelez-le dans un torchon et mettez-le en attente. Simultanément, mettez les os et les parures dans une cocotte et faites-les suer à feu moyen.
• Ajoutez les oignons et les carottes avec la matière grasse de cuisson du gigot. Faites prendre de la couleur.
• Ajoutez le vin blanc. Remuez et grattez le fond de la cocotte pour récupérer tous les sucs. Ajoutez le bouillon, le thym, le laurier, la branche de céleri, le bouquet de persil, les 4 tomates coupées en quatre et les 2 têtes d'ail écrasées au pilon. Portez à ébullition.
• Préchauffez le four à 180 °C (th. 6).
• Dans une terrine, posez le gigot et versez le contenu de la cocotte.
• Posez le couvercle et lutez avec une pâte constituée de farine et d'eau. Les interstices entre le couvercle et le récipient doivent être intégralement bouchés. Mettez à four doux pendant 5 heures.
• Retirez du four. Cassez le lut.
• Retirez délicatement le gigot de la terrine et maintenez-le à température à l'entrée du four couvert d'un papier d'aluminium.
• Passez la sauce au chinois en pressant bien tous les ingrédients de cuisson. Versez le jus ainsi obtenu dans une casserole et faites réduire.
• Sur un plat de service bien chaud, faites glisser le gigot hors du torchon.
• Servez avec une cuillère, accompagné de la sauce et d'un gratin dauphinois, d'épinards, de macaronis ou de blettes, ou d'une purée de haricots blancs, de céleri, de pommes de terre, d'épinards ou de chou-fleur.

VINS ROUGES

4,10 € – Domaine de la Gabillière, Touraine-Amboise 2008 (voir p. 351)

4,50 € – Château-Majoureau, Bordeaux Supérieur 2006 (voir p. 354)

4,00 € – Marquis de Seillan, Saint-Mont 2006 (voir p. 358)

5,00 € – Aimery-Sieur d'Arques, Limoux 2006 (voir p. 364)

4,20 € – Château-Coupe-Roses, Minervois, La Bastide 2007 (voir p. 364)

Gratin de macaronis

Pour 8 personnes	
700 g de macaronis	**0,74 €**
200 g de fromage râpé *(comté, beaufort, emmental en mélange)*	**2,88 €**
150 g de beurre	**0,78 €**
4 cuillères à soupe de chapelure	**0,32 €**
Noix de muscade râpée	**0,05 €**
Sel fin et poivre du moulin	
TOTAL	**4,77 €**
LA PART	0,60 €

• Faites cuire les macaronis (ou autres pâtes) en suivant le mode d'emploi indiqué sur l'emballage. Égouttez.
• Préchauffez le four à 220 °C (th. 7/8).
• Dans un moule à soufflé, déposez une couche de macaronis, couvrez de petites noisettes de beurre, salez, poivrez, ajoutez la muscade puis une couche de fromage râpé.
• Continuez jusqu'à épuisement des ingrédients. Terminez par le fromage, déposez quelques copeaux de beurre, la

chapelure. Enfournez. 10 minutes de cuisson sont largement suffisantes.

Gratin de pommes de terre au lard

Pour 8 personnes	
1,5 kg de pommes de terre	**2,04 €**
300 g de poitrine fumée coupée en lardons	**2,04 €**
4 oignons	**1,12 €**
60 g de beurre	**0,30 €**
50 cl de bouillon de bœuf ou de volaille	**0,09 €**
3 pincées de noix de muscade râpée	**0,05 €**
10 tours de moulin à poivre	
TOTAL	**5,64 €**
LA PART	0,71 €

• Pelez et lavez les pommes de terre, puis coupez-les en tranches de 3 millimètres d'épaisseur.
• Préchauffez le four à 180 °C (th. 6).
• Beurrez un plat à gratin et disposez au fond une couche de pommes de terre. Parsemez de lardons et d'oignons finement émincés. Continuez ainsi jusqu'à épuisement des ingrédients en terminant par une couche de lardons. Saupoudrez de noix de muscade râpée. Arrosez le plat avec le bouillon chaud poivré. Parsemez de noisettes de beurre et enfournez pour 1 heure.
• Piquez une lame de couteau dans le plat afin de vérifier le degré de cuisson des pommes de terre. Prolongez la cuisson si nécessaire.
• Servez le gratin bien chaud, accompagné d'une salade verte.

VIN BLANC

4,95 € – La Chapinière de Châteauvieux, Touraine Sauvignon 2008 (voir p. 322)

VINS ROUGES

4,95 € – Dominique Jambon, Régnié 2008 (voir p. 347)

4,00 € – Producteurs de Plaimont, Madiran, Terroir de Tilhet 2006 (voir p. 358)

5,00 € – Aimery-Sieur d'Arques, Limoux 2006 (voir p. 364)

Hachis de bœuf à la provençale

Pour 8 personnes	
1,3 kg de bœuf haché	**13,09 €**
800 g de ratatouille en conserve *(ou 1 reste de ratatouille fraîche)*	**1,96 €**
4 oignons	**1,12 €**
3 gousses d'ail	**0,15 €**
3 cuillères à soupe d'huile d'olive	**0,15 €**
20 g de beurre	**0,13 €**
50 g de chapelure	**0,11 €**
50 g de parmesan	**0,91 €**
TOTAL	**17,62 €**
LA PART	2,20 €

- Préchauffez le four à 240 °C (th. 8).
- Épluchez, hachez les oignons.
- Pelez et écrasez les gousses d'ail.
- Dans une poêle, faites chauffer l'huile d'olive et le beurre, ajoutez les oignons et l'ail, quand ils grésillent,

faites cuire la viande à feu vif pendant une dizaine de minutes.
• Mélangez la viande hachée avec un bocal de ratatouille ou une ratatouille que vous aurez préparée selon la recette (voir recette p. 260, *cf. Ratatouille niçoise*).
• Étalez le mélange ratatouille et viande dans un plat à gratin préalablement beurré.
• Recouvrez de chapelure et de parmesan. Enfournez pour 15 minutes.

Vins rosés

3,30 € – Cave de Tain-l'Hermitage, Vin de Pays des collines rhodaniennes, Syrah rosé 2008 (voir p. 338)

4,90 € – Domaine Ogereau, Rosé de Loire 2008 (voir p. 343)

Vins rouges

5,00 € – Domaine du Petit-Bondieu, Bourgueil, Cuvée du Vendôme 2007 (voir p. 353)

4,40 € – Domaine Rabasse-Charavin, Côtes du Rhône 2006 (voir p. 361)

Hachis Parmentier

Pour 6 personnes

500 g de restes de viande de bœuf	**5,46 €**
150 g de foie de génisse	**0,70 €**
500 g de pommes de terre à chair farineuse *(type Bintje, Manon)*	**0,68 €**
2 oignons	**0,56 €**
1 demi-botte de persil	**0,55 €**

200 g de beurre	**1,03 €**
1 verre de lait	**0,15 €**
Sel fin et poivre du moulin	
TOTAL	**9,13 €**
LA PART	1,52 €

• Débarrassez la viande de la peau, du gras et des parties nerveuses, passez-la au hachoir avec le foie de génisse. Réservez dans un saladier.
• Épluchez les pommes de terre, démarrez la cuisson à l'eau froide. Faites cuire 20 minutes. Salez 10 minutes avant la fin de la cuisson.
• Dans une casserole, faites fondre 50 g de beurre, ajoutez les oignons pelés et hachés en les faisant fondre très doucement. Quand les oignons sont colorés, ajoutez le hachis de bœuf et de foie de génisse et le persil haché. Salez, poivrez.
• Préchauffez le four à 200 °C (th. 6/7).
• Étalez le hachis dans le fond d'un plat à gratin beurré.
• Préparez la purée avec le restant du beurre et le lait.
• Étalez la purée sur le hachis.
• Mettez au four pendant 25 à 30 minutes.
• Servez accompagné d'une salade verte, croquante, endives ou scarole.

VINS ROUGES

5,00 € – Domaine de la Chanaise, Beaujolais-Villages 2007 (voir p. 349)

4,20 € – Château-Coupe-Roses, Minervois, La Bastide 2007 (voir p. 364)

Irish stew

Pour 8 personnes	
1 kg de collier de mouton	**8,68 €**
1 kg de poitrine de mouton *(ou de haut de côtes)*	**7,42 €**
1 kg de pommes de terre à chair ferme *(type Charlotte, Belle de Fontenay)*	**1,36 €**
500 g d'oignons	**1,40 €**
4 gousses d'ail	**0,20 €**
4 échalotes	**0,28 €**
6 verres de bouillon du commerce	**0,18 €**
1 bouquet garni (thym, laurier)	**0,50 €**
1 poignée de persil avec ses queues	**1,10 €**
1 rasade de Worcestershire sauce *(facultatif)*	
Sel fin et poivre du moulin	
TOTAL	**21,12 €**
LA PART	2,64 €

• Faites découper par le boucher le collier et la poitrine en morceaux de 70 g environ.
• Préchauffez le four à 180 °C (th. 6).
• Épluchez les pommes de terre et les oignons, émincez-les au robot.
• Épluchez les gousses d'ail et les échalotes, laissez-les entières.
• Salez et poivrez sur chaque face les morceaux de viande.
• Dans une cocotte en fonte ou dans une terrine en terre, mélangez viandes, pommes de terre, oignons, ail et échalotes, bouquet garni et persil.
• Mouillez avec le bouillon, couvrez, enfournez pour 2 heures.
• 15 minutes avant la fin de la cuisson, retirez le bouquet garni et le persil ; ajoutez la Worcestershire sauce.

• Servez brûlant dans le plat de cuisson avec une salade croquante.

VINS ROUGES

5,00 € – Domaine de la Chanaise, Beaujolais-Villages 2007 (voir p. 349)

4,50 € – Château-Majoureau, Bordeaux Supérieur 2006 (voir p. 354)

4,20 € – Château-Coupe-Roses, Minervois, La Bastide 2007 (voir p. 366)

3,60 € – Château-Bonhomme, Minervois Tradition 2006 (voir p. 365)

2,04 € – Château-Bonhomme, Vin de Pays des Coteaux de Peyriac 2006 (voir p. 365)

Jambonneaux aux lentilles

Pour 8 personnes

4 jambonneaux *(arrière de préférence)* demi-sel de 500 g chacun	**17,16 €**
2 carottes	**0,62 €**
2 gros oignons jaunes	**0,56 €**
1 bouquet garni (thym, laurier)	**0,50 €**
2 gousses d'ail	**0,05 €**
2 cuillères à soupe de persil plat haché + quelques queues de persil	**0,55 €**
700 g de lentilles vertes du Puy	**2,03 €**
100 g de beurre	**0,52 €**
2 cuillères à soupe de saindoux	**0,24 €**

3 litres de bouillon de volaille ou de bœuf du commerce	**0,54 €**
Sel fin et poivre du moulin	
TOTAL	**22,77 €**
LA PART	2,85 €

• Faites dessaler les jambonneaux 4 heures dans l'eau claire.
• Préparez le bouillon.
• Pelez les oignons et les carottes, coupez-les en rondelles de 1 centimètre environ. Laissez-les fondre dans une cocotte avec le saindoux et la moitié du beurre pendant une dizaine de minutes, à feu doux, à couvert.
• Ajoutez l'ail épluché et écrasé. Remuez bien avec la cuillère en bois. Versez le bouillon et plongez les jambonneaux. Portez doucement à ébullition. Écumez si nécessaire. Ajoutez le bouquet garni, les queues de persil.
• Faites cuire à feu doux 1 heure 40 minutes, voire 2 heures, la cocotte couverte aux trois quarts. Après 1 heure et demie, ajoutez les lentilles. Laissez-les cuire pendant 25 minutes.
• Retirez le bouquet garni, déposez les jambonneaux coupés en deux sur un plat de service maintenu chaud.
• Ajoutez le reste du beurre aux lentilles, vérifiez l'assaisonnement (attention, même dessalés les jambonneaux restent salés), parsemez de persil grossièrement coupé avec les ciseaux.

Suggestion : les jambonneaux sont savoureux un peu rôtis. Après 1 heure 40 minutes de cuisson, passez-les 15 minutes au four préchauffé à 180 °C (th. 6) et réunissez-les aux lentilles 10 minutes avant de servir.

VINS ROUGES

5,00 € – Domaine de la Chanaise, Beaujolais Villages 2007 (voir p. 349)

4,50 € – Château-Majoureau, Bordeaux Supérieur 2006 (voir p. 354)

4,75 € – Château-La Mothe du Barry, Bordeaux Supérieur 2007 (voir p. 355)

2,70 € – Domaine de l'Oisellerie, Vin de Pays Charentais (voir p. 356)

Jarret de veau aux tomates

Pour 8 personnes	
1 jarret de veau de 1,6 à 1,7 kg ou 2 jarrets *(les restes permettent de confectionner une salade avec des pommes de terre et un peu de verdure)*	**25,24 €**
2 oignons	**0,56 €**
1 kg de tomates *(en conserve hors saison)*	**1,83 €**
3 cuillères à soupe d'huile d'olive	**0,15 €**
1 bouquet garni (thym, laurier)	**0,50 €**
1 demi-bouteille de vin blanc	**1,34 €**
4 gousses d'ail écrasées	**0,20 €**
2 bols de bouillon de volaille du commerce	**0,18 €**
Sel fin et poivre du moulin	
TOTAL	**30,00 €**
LA PART	3,75 €

• Dans une cocotte, faites chauffer l'huile et dorer le jarret de veau sur toutes les faces.

• Ajoutez les oignons et les tomates pelées, épépinées et concassées, le bouquet garni, l'ail écrasé. Mélangez. Ajoutez le vin blanc et le bouillon. Mélangez. Couvrez et laissez cuire à 1 heure et demie à 2 heures à feu doux.

• À la fin de la cuisson, retirez le couvercle et laissez réduire le jus. Rectifiez l'assaisonnement si nécessaire.
• Sortez le jarret, désossez-le, coupez-le en morceaux rustiques.
• Remettez-le dans la cocotte pour le service ou dans un plat entouré de la garniture.
• Servez avec des pâtes fraîches au beurre.

Vins rosés

3,30 € – Cave de Tain-l'Hermitage, Vin de Pays des Collines Rhodaniennes, Syrah rosé 2008 (voir p. 338)

4,70 € – Domaine Saint-André, Vin de Pays d'Oc Rosé de Saignée 2007 (voir p. 341)

Vin rouge

4,20 € – Château-Coupe-Roses, Minervois, La Bastide 2007 (voir p. 364)

Jarret de veau en gelée

Pour 8 personnes

1 jarret de veau de 1,6 à 1,7 kg ou 2 jarrets *(les restes permettent de confectionner une salade avec des pommes de terre et un peu de verdure)*	**25,24 €**
1 pied de veau coupé en deux	**2,88 €**
1 bouquet garni (thym, laurier, persil plat avec les queues, le vert de 1 poireau et si possible 1 branche de céleri)	**1,91 €**

2 têtes d'ail non épluchées, coupées en deux	**0,75 €**
4 carottes	**1,24 €**
2 oignons	**0,56 €**
1 bouquet d'estragon	**1,29 €**
2 clous de girofle	**0,02 €**
15 grains de poivre	**0,01 €**
1 poignée de gros sel	**0,02 €**
TOTAL	**33,92 €**
LA PART	4,24 €

• Dans un faitout rempli d'eau froide, ajoutez sel, poivre, bouquet garni et légumes épluchés. À ébullition déposez le jarret entier, les clous de girofle et le pied de veau. *Si vous voulez privilégier le bouillon, mettez le jarret à cuire à l'eau froide, sinon pour maintenir les sucs dans la viande, il est préférable de le placer dans l'eau bouillante.*

• Lorsque l'écume apparaît, ajoutez un verre d'eau très froide pour faire remonter toutes les impuretés. Écumez.

• Laissez cuire environ 4 heures selon la taille du jarret de veau. Filtrez le bouillon en laissant tout le dépôt dans le fond du faitout.

• Dégraissez le bouillon en surface, puis versez-en une couche dans le fond d'une terrine. Lorsque la gelée commence à prendre, ajoutez le jarret désossé et coupé en morceaux grossiers, parsemez abondamment de feuilles d'estragon, puis couvrez avec le bouillon.

• Placez au réfrigérateur 12 à 24 heures. La gelée doit être ferme mais souple et parfumée.

• Ce plat se sert froid avec une sauce ravigote ou rémoulade.

Lapin sauté chasseur

Pour 6 personnes	
1,5 kg de lapin découpé au couteau *(jamais au hachoir)*	**10,80 €**
200 g de poitrine fumée	**1,36 €**
350 g de champignons de Paris	**0,98 €**
1 oignon	**0,28 €**
1 bouquet garni (thym, laurier, persil plat avec les queues)	**1,60 €**
1 verre de vin blanc	**0,71 €**
1 verre de bouillon de volaille	**0,09 €**
2 cuillères à soupe de beurre	**0,26 €**
Sel fin et poivre du moulin	
TOTAL	**16,08 €**
LA PART	2,68 €

- Retirez la couenne de la poitrine fumée, coupez-la en petits dés de 2 centimètres de côté.
- Épluchez et hachez l'oignon.
- Dans une cocotte, à feu moyen, faites fondre 1 cuillère à soupe de beurre, quand il grésille, ajoutez l'oignon haché, remuez bien ; il ne doit pas colorer plus que blond. Réservez.
- Ajoutez la poitrine fumée et faites rissoler doucement. Lorsque les lardons sont colorés, retirez-les avec une écumoire. Réservez.
- Faites fondre la deuxième cuillère à soupe de beurre, quand il grésille, déposez les morceaux de lapin, et faites dorer lentement de tous côtés.
- Ajoutez les lardons et l'oignon, versez le vin blanc et le bouillon. Portez à ébullition. Ajoutez le thym, le laurier et le persil. Salez, poivrez. Maintenez la cuisson à couvert sur feu doux pendant 1 h 15.
- Préparez les champignons, coupez le bout terreux, essuyez-les et coupez-les en deux ou quatre selon leur taille.

• Faites-les sauter dans une poêle. Ajoutez-les 5 minutes avant la fin de la cuisson. Retirez le thym et le laurier, puis les morceaux de lapin pour les maintenir au chaud. Faites réduire la sauce. Grattez le fond de la cocotte pour récupérer tous les sucs. Vous devez obtenir une sauce courte et sirupeuse. Vérifiez l'assaisonnement. Remettez les morceaux de lapin dans la cocotte et servez accompagné de pâtes ou de pommes de terre sautées.
• Ce plat peut sans problème être réchauffé, dans ce cas, les champignons seront ajoutés à la dernière minute.

Vin blanc

4,85 € – Domaine Régina, Côtes de Toul 2008 (voir p. 342)

Vins rouges

5,00 € – Domaine de la Chanaise, Beaujolais-Villages 2007 (voir p. 349)

4,20 € – Château-Coupe-Roses, Minervois, La Bastide 2007 (voir p. 364)

Lasagnes au porc et aux champignons

Pour 8 personnes	
500 g de lasagnes	**1,42 €**
600 g de chair à saucisse	**4,50 €**
500 g de champignons de Paris	**1,40 €**
1 coulis de tomate maison	**2,51 €**
60 g de parmesan râpé	**1,09 €**
2 carottes	**0,62 €**
2 échalotes	**0,14 €**

2 gousses d'ail	**0,10 €**
2 branches de céleri	**0,32 €**
1 bouquet de persil plat	**1,10 €**
1 verre de vin blanc sec	**0,71 €**
6 cuillères à soupe d'huile d'olive	**0,31 €**
1 cuillère à soupe de beurre	**0,13 €**
1 demi-litre de béchamel	**0,42 €**
Sel fin et poivre du moulin	
TOTAL	**14,77 €**
LA PART	1,85 €

• Préparez un coulis de tomate (voir recette p. 54, *cf. moussaka*).

• Épluchez les carottes, le céleri, l'échalote. Hachez finement ces légumes, puis faites-les revenir dans 2 cuillères à soupe d'huile d'olive et 1 cuillère à soupe de beurre.

• Ajoutez la chair à saucisse, faites revenir et dorer. Versez le verre de vin blanc, laissez réduire. Ajoutez le coulis de tomate. Salez, poivrez. Couvrez et laissez cuire 30 minutes environ à feu doux. N'oubliez pas de mélanger régulièrement pour éviter que la préparation n'attache. Réservez.

• Dans 4 à 5 litres d'eau bouillante salée, faites cuire les lasagnes selon le temps indiqué sur l'emballage. Pensez à remuer régulièrement pour éviter qu'elles ne collent. Égouttez les lasagnes. Étalez-les sur un torchon humide et couvrez avec un autre torchon humide pour éviter qu'elles ne se dessèchent.

• Épluchez l'ail, faites revenir dans une poêle avec l'huile restante, ajoutez les champignons coupés grossièrement et le persil haché. Salez, poivrez et laissez cuire pendant 5 minutes.

• Préparez une béchamel (voir recette p. 174, *cf. pain de poisson*), sinon vous pouvez acheter une béchamel prête à l'emploi, certaines sont excellentes si on leur rajoute 1 ou 2 cuillères à soupe de crème mélangée à un jaune d'œuf. Retirez du feu, ajoutez les champignons.

• Préchauffez le four à 200 °C (th. 6/7).

• Beurrez un plat à four. Étalez une couche de lasagnes, une de viande de porc, puis une de béchamel ; renouvelez l'opération jusqu'à épuisement. Terminez par une couche de parmesan.
• Enfournez pour 25 minutes, puis faites dorer sous le gril du four 5 minutes. Servez.

VIN ROSÉ

4,50 € – La Cévenole, Chatus rosé 2008 (voir p. 338)

VIN ROUGE

4,80 € – Domaine de la Gabillière, Touraine-Amboise, Cuvée François Ier 2007 (voir p. 352)

Moussaka

Pour 8 personnes	
10 aubergines longues, fermes, brillantes	**6,52 €**
1,3 kg d'agneau maigre *(épaule, par exemple, à faire hacher par le boucher si l'on n'a pas de hachoir chez soi)*	**13,64 €**
8 cuillères à soupe d'huile d'olive	**0,41 €**
4 oignons hachés	**1,12 €**
1 poignée de feuilles de menthe fraîche	**0,50 €**
1 coulis de tomate maison	**2,51 €**
Sel fin et poivre du moulin	
TOTAL	**24,70 €**
LA PART	3,09 €

Pour le coulis de tomate :

600 g de tomates *(en conserve hors saison)*	**1,10 €**
2 oignons blancs	**0,56 €**
3 gousses d'ail	**0,15 €**
2 cuillères à soupe d'huile d'olive	**0,10 €**
1 bouquet garni (thym, laurier)	**0,50 €**
40 cl de bouillon de volaille ou d'eau	**0,09 €**
2 cuillères à café de sucre en poudre	**0,01 €**
Sel fin et poivre du moulin	
TOTAL	**2,51 €**

• La veille, pelez les aubergines et coupez-les en tranches de 1 centimètre d'épaisseur dans le sens de la longueur. Faites-les dégorger dans de l'eau ou du lait salé pendant 2 heures. Épongez soigneusement.

• Dans une poêle, versez 2 cuillères à soupe d'huile d'olive. Dès qu'elle est chaude, ajoutez les tranches d'aubergine. Faites dorer sur chaque face l'ensemble des tranches. Mettez à égoutter sur du papier absorbant.

• Le jour de la recette, commencez par préparer le coulis de tomate. Coupez les tomates en petits morceaux. Chauffez 2 cuillères à soupe d'huile dans une casserole avec les oignons hachés et les gousses d'ail non épluchées, légèrement écrasées. Faites suer à couvert 5 minutes, puis ajoutez les tomates, le bouquet garni, le sucre, le bouillon de volaille (ou l'eau), salez, poivrez.

• Laissez bouillotter un bon quart d'heure en remuant de temps en temps. Retirez l'ail et le bouquet garni et passez la préparation au mixeur. Si le coulis est trop liquide, faites-le réduire à feu doux jusqu'à obtenir la consistance désirée. Réservez.

• Faites dorer les oignons hachés dans 2 cuillères à soupe d'huile et couvrez-les jusqu'à ce qu'ils deviennent transparents. Montez la puissance du feu, ajoutez la viande hachée, faites dorer en remuant. Ajoutez le coulis de tomate, la menthe fraîche, le sel, le poivre. Mélangez bien et laissez mijoter à couvert pendant 20 minutes. Réservez.

• Préchauffez le four à 250 °C (th. 8/9).

• Beurrez un plat à gratin. Posez une couche de tranches d'aubergine dans le fond du plat. Étalez une couche de viande hachée tomatée.
• Couvrez d'une autre couche d'aubergines et ainsi de suite jusqu'à épuisement des ingrédients.
• Chauffez à feu doux l'huile restante dans la poêle de cuisson des aubergines.
• Grattez pour décoller les sucs et arroser le plat à gratin. Passez au four pendant 25 minutes, puis 5 minutes sous le gril pour faire gratiner.
• Servez dans le plat de cuisson, en entrée ou en plat de résistance.

Nota : le plat peut être préparé la veille et réchauffé doucement au four, la surface recouverte d'un papier d'aluminium.

Vin rosé

5,00 € – Château-Suau, Bordeaux rosé 2008 (voir p. 337)

Vins rouges

5,00 € – Domaine du Petit-Bondieu, Bourgueil, Cuvée du Vendôme 2007 (voir p. 353)

4,00 € – Producteurs de Plaimont, Madiran, Terroir de Tilhet 2006 (voir p. 358)

Navarin ou ragoût de mouton

Pour 8 personnes

2 kg de viande de mouton, répartie dans la poitrine, le collier et les basses côtes *(demandez au boucher de découper des morceaux d'environ 70 g chacun)* **20,81 €**

80 g de beurre	**0,41 €**
4 cuillères à soupe d'huile d'arachide *(ou 120 g de saindoux ou de graisse d'oie)*	**0,20 €**
3 tomates *(en conserve hors saison)*	**0,71 €**
2 cuillères à soupe de concentré de tomate	**0,12 €**
1 bouquet garni (thym, laurier)	**0,50 €**
50 g de farine	**0,03 €**
100 g de sucre en poudre	**0,08 €**
3 gousses d'ail	**0,15 €**
2 oignons	**0,56 €**
1 litre de consommé	**0,18 €**
Sel fin et poivre du moulin	
TOTAL	**23,75 €**
LA PART	2,97 €

• Salez, poivrez, sucrez chaque morceau de viande.

• Mettez l'huile d'arachide et le beurre à chauffer dans une cocotte en fonte, quand elle grésille, ajoutez la viande. Faites-la rissoler de tous côtés. Jetez la graisse de cuisson. Saupoudrez les morceaux de viande de farine. Laissez roussir pour cuire la farine. Ajoutez le consommé, les tomates pelées et épépinées, le bouquet garni, les gousses d'ail légèrement écrasées, le concentré de tomate et les oignons épluchés et coupés en gros quartiers. Rectifiez l'assaisonnement en sel et poivre. Portez à ébullition et laissez bouillotter doucement, à feu doux, pendant 1 heure. Au bout d'une heure, arrêtez la cuisson.

• Le lendemain, dégraissez soigneusement la sauce, puis ajoutez les pommes de terre ou les légumes de printemps, couvrez et laissez cuire 30 minutes. Les pommes de terre doivent rester entières. Faites un peu réduire. Servez dans le plat de cuisson.

Suggestion : À partir de la recette ci-dessus on peut aussi faire un navarin printanier. Simplement après une heure de cuisson, rajoutez 500 g de navets épluchés, 500 g de petits pois frais, une botte d'oignons nouveaux épluchés, 500 g de carottes et 500 g de petites pommes de terre nouvelles préalablement frottées dans un torchon avec du gros sel (cette technique évite l'épluchage mais implique un abondant rinçage). Dégraissez et servez comme pour la recette précédente.

VINS ROUGES

5,00 € – Domaine Giraudon, Bourgogne Chitry 2008 (voir p. 348)

4,75 € – Château-La Mothe du Barry, Bordeaux Supérieur 2007 (voir p. 355)

Palette de porc confite

Pour 8 personnes	
1 grosse palette de porc de 1,5 kg environ fraîche *(ou demi-sel)*	**9,87 €**
2 kg de saindoux ou de graisse d'oie ou de canard qui resserviront	**9,92 €**
12 gousses d'ail	**0,60 €**
5 feuilles de sauge	**0,50 €**
2 feuilles de laurier	**0,10 €**
6 à 8 grains de genièvre	**0,05 €**
50 g de sucre en poudre	**0,04 €**
1 verre à moutarde de gros sel *(si la palette est fraîche)*	**0,80 €**
1 cuillère à soupe de poivre moulu	**0,33 €**
TOTAL	**22,21 €**
LA PART	2,78 €

• La veille, roulez la palette fraîche dans le mélange de sucre et de gros sel. *Si la palette est demi-sel, il suffit de la passer rapidement sous l'eau froide et de l'essuyer avant de la frotter de sucre seulement.*

• Hachez les gousses d'ail avec les feuilles de sauge et de laurier, ajoutez les grains de genièvre grossièrement concassés, le sucre et le poivre. Mélangez les différentes épices et roulez la palette dans ce mélange.

• Emballez la palette avec tous ses aromates sous un film alimentaire et maintenez au frais pendant toute la nuit.

• Le lendemain, dans une cocotte, faites fondre le saindoux ou la graisse de canard ou d'oie, portez lentement à ébullition, plongez la palette dans la graisse et laissez frémir pendant 1 heure et demie. Retirez du feu. Sortez la palette et laissez-la reposer au-dessus d'une grille pour que la graisse s'égoutte. Si vous souhaitez conserver la palette pendant plusieurs jours, avant de la servir, lorsque la graisse est refroidie et à peine molle, enfoncez la viande dans celle-ci et conservez au réfrigérateur.

• Avant la dégustation, sortez la palette de la graisse froide et essuyez-la avec du papier absorbant.

• Tiède ou froid (j'ai une préférence pour le plat froid), servez ce plat avec une grosse salade croquante échalotée ou aillée, des cornichons croquants, des cerises au vinaigre ou des pickles.

Parmentier d'agneau

Pour 8 personnes

1,6 kg d'agneau coupé en gros morceaux *(poitrine, collier, haut de côtes, épaule)*	**16,78 €**
1,2 kg de pommes de terre à chair ferme *(type Charlotte, Belle de Fontenay)*	**2,04 €**
8 gousses d'ail	**0,40 €**
50 g de noisettes *(entières ou en poudre)*	**0,78 €**
20 cl de crème fraîche	**0,40 €**

1 cuillère à soupe d'huile	**0,05 €**
2 cuillères à soupe de vinaigre	**0,02 €**
2 cuillères à soupe de miel liquide	**0,15 €**
4 branches de romarin	**0,20 €**
2 verres de bouillon de bœuf du commerce (40 cl)	**0,09 €**
4 cuillères à soupe de chapelure	**0,32 €**
1 cuillère à soupe de gros sel	**0,02 €**
Sel fin et poivre du moulin	
TOTAL	**21,25 €**
LA PART	2,66 €

• La veille, salez et poivrez les morceaux de viande, ajoutez une branche de romarin, dessus et dessous. Emballez le tout dans un film alimentaire et mettez au réfrigérateur.

• Le jour même, 2 heures avant la mise en route de la recette, sortez la viande pour l'amener à température ambiante.

• Préchauffez le four à 180 °C (th. 6).

• Dans une cocotte, faites chauffer l'huile, déposez les morceaux d'agneau et faites-les dorer sur toutes les faces. Retirez la viande et mettez dans la cocotte le vinaigre, les gousses d'ail entières, simplement écrasées, et une branche de romarin ; grattez le fond avec une cuillère en bois pour récupérer les sucs. Ajoutez le miel, puis la viande, enfin le bouillon. Portez à ébullition. Couvrez. Mettez au four 2 heures (vérifiez la cuisson et prolongez-la si nécessaire).

• Pendant la cuisson, passez au mixeur les noisettes entières, une dizaine de feuilles de romarin, la chapelure, jusqu'à obtenir une poudre très fine. Réservez.

• Épluchez et lavez les pommes de terre. Mettez-les à cuire dans une casserole d'eau froide salée ; portez à ébullition ; couvrez et laissez bouillotter 20 minutes environ. Égouttez et passez au presse-purée (*surtout pas au mixeur, elle deviendrait élastique*). Incorporez la crème, mélangez. Rectifiez l'assaisonnement.

• Sortez la viande de la cocotte à l'aide d'une écumoire, réservez.

• Versez le bouillon à travers un chinois au-dessus d'une casserole en pressant avec le dos de l'écumoire, et faites-le réduire sur feu vif jusqu'à l'obtention d'une consistance sirupeuse.
• Effilochez la viande, retirez les os. Au besoin, coupez en deux ou trois les morceaux les plus longs.
• Répartissez la viande effilochée dans un plat à gratin.
• Arrosez avec une partie de la sauce réduite. Recouvrez de purée. Saupoudrez du mélange romarin/noisettes/chapelure.
• Passez le plat au four une quinzaine de minutes pour réchauffer la préparation et faire dorer la couverture.
• Servez avec le restant de sauce dans un bol ou une saucière, accompagné d'une salade croquante (scarole, frisée, endives). Ce plat se réchauffe facilement recouvert d'une feuille de papier aluminium.

Vins rouges

4,75 € – Domaine des Combiers, Beaujolais-Villages, Cuvée Élégance 2008 (voir p. 347)

3,25 € – Cave de Saint-Désirat, Vin de Pays de l'Ardèche, Syrah 2006 (voir p. 359)

Parmentier de patates douces au boudin

Pour 8 personnes

900 g de patates douces	**1,97 €**
1 kg de boudin noir	**6,09 €**
20 cl de lait	**0,15 €**
70 g de beurre + quelques noix de beurre	**0,41 €**
3 cuillères à soupe de chapelure	**0,32 €**
1 poignée de gros sel	**0,02 €**

Noix de muscade râpée	**0,05 €**
Sel fin et poivre du moulin	
TOTAL	**9,01 €**
LA PART	1,13 €

- Préchauffez le four à 210 °C (th. 7/8).
- Épluchez, coupez les patates douces en gros morceaux, rincez-les à l'eau froide. Mettez à cuire dans une grande casserole d'eau froide salée pour 20 minutes. Égouttez, puis passez au moulin à légumes. Versez le lait chaud, ajoutez le beurre et la noix de muscade en poudre, mélangez. Rectifiez l'assaisonnement.
- Beurrez le plat à gratin. Déposez dans le fond du plat le boudin noir, sans la peau, puis recouvrez de purée. Parsemez de chapelure et de quelques noix de beurre.
- Enfournez pour 15 à 20 minutes, puis quelques minutes sous le gril pour dorer le dessus.

VINS ROUGES

4,75 € – Domaine des Combiers, Beaujolais-Villages, Cuvée Élégance 2008 (voir p. 347)

4,05 € – Les Vignerons d'Estézargues, Côtes du Rhône, Les Grandes Vignes 2008 (voir p. 360)

2,04 € – Château-Bonhomme, Vin de Pays des Coteaux de Peyriac 2006 (voir p. 365)

Petit salé aux lentilles

Pour 8 personnes

1,6 à 1,8 kg de poitrine demi-sel, de palette demi-sel, de jambonneau arrière demi-sel	**12,24 €**

600 g de lentilles	**0,83 €**
2 carottes	**0,62 €**
3 oignons	**0,85 €**
5 gousses d'ail	**0,20 €**
1 bouquet garni (thym, laurier, 1 bouquet de persil)	**1,60 €**
1 cuillère à café de clous de girofle écrasés ou en poudre	**0,05 €**
1 cube de bouillon de volaille ou de bœuf du commerce	**0,09 €**
70 g de beurre	**0,41 €**
Sel fin et poivre du moulin	
TOTAL	**16,89 €**
LA PART	2,11 €

• Demandez à votre charcutier si les morceaux de porc demi-sel ont été beaucoup salés, en fonction de sa réponse mettez les viandes à tremper dans de l'eau froide, changez l'eau plusieurs fois.

• Le jour de la recette, dans un faitout rempli d'eau froide, déposez les pièces de viande ou la pièce choisie. Au bout de 10 minutes d'ébullition, retirez les viandes, jetez l'eau. Remettez les viandes dans un faitout d'eau bouillante pour 2 heures.

• Préparez le bouillon. Réservez.

• Épluchez et émincez les légumes, à l'exception des gousses d'ail qu'il est préférable de laisser entières, juste écrasées du plat d'un couteau ou de la main.

• Dans une cocotte, faites rissoler dans le beurre les oignons et la poudre de girofle. Quand les oignons sont translucides et fondus, ajoutez les carottes, les lentilles et le bouquet garni, couvrez avec le bouillon. *Il n'est pas conseillé de saler car les viandes le sont, mais on peut poivrer à discrétion.* Faites cuire 30 minutes.

• Ajoutez les viandes aux lentilles avec un peu de leur eau de cuisson et laissez cuire 15 minutes à couvert.

• Retirez le bouquet garni, coupez les viandes et servez avec les lentilles.

• Ce plat se réchauffe sans difficulté.

5,00 € – Domaine Giraudon, Bourgogne Chitry 2008 (voir p. 348)

2,04 € – Château-Bonhomme, Vin de Pays des Coteaux de Peyriac 2006 (voir p. 365)

Pintade braisée au chou

Pour 6 personnes	
1 pintade de 1,6 à 1,8 kg avec ses abattis	**13,43 €**
1 chou vert de 1,2 kg environ	**1,25 €**
4 carottes	**1,24 €**
6 tranches de poitrine de porc fumée de l'épaisseur d'un doigt	**3,27 €**
1 oignon	**0,26 €**
2 petits-suisses	**0,26 €**
1 cuillère à soupe de graisse d'oie *(ou de canard)*	**0,19 €**
1 cuillère à soupe de bicarbonate de soude	**0,10 €**
1 branche de thym	**0,05 €**
Sel fin et poivre du moulin	
TOTAL	**20,05 €**
LA PART	3,34 €

• La veille, salez et poivrez intérieur et extérieur de la pintade. Glissez la branche de thym à l'intérieur et réservez au réfrigérateur pour la nuit.

• Le lendemain, sortez la pintade, lavez les feuilles du chou à grande eau, puis plongez-le 5 minutes dans l'eau bouillante à laquelle vous aurez ajouté le bicarbonate. Passez le chou dans de l'eau glacée, égouttez et émincez-le comme pour une chiffonnade de laitue.

• Hachez grossièrement le foie de la pintade, mélangez-le avec les petits-suisses et fourrez l'intérieur de la volaille en conservant la branche de thym.
• Dans une cocotte, faites grésiller la graisse d'oie (ou de canard), faites revenir les pattes d'abord puis les abattis, ajoutez l'oignon épluché et émincé. Quand il est translucide, retirez l'ensemble, ajoutez les tranches de poitrine fumée, faites-les dorer sur les deux faces, retirez-les, ajoutez la pintade, faites-la dorer sur toutes les faces puis sortez-la.
• Ajoutez le chou, les carottes épluchées et tronçonnées en morceaux de 2 à 3 centimètres, mélangez avec la matière grasse, retirez une partie des choux, répartissez l'oignon, posez la pintade, entourez-la des tranches de poitrine fumée, recouvrez avec le restant du chou, couvrez et laissez cuire 1 heure en retournant la volaille de temps en temps.
• Découpez la volaille, posez-la sur le chou avec les tranches de poitrine fumée.

Suggestion : si vous êtes huit, vous pouvez rajouter une saucisse de Morteau ou deux de Montbéliard que vous aurez posées sur les choux une demi-heure avant la fin de la cuisson.

Porc aux olives

Pour 8 personnes	
1,4 kg de porc dans l'échine *(ou palette)*	**9,21 €**
4 gousses d'ail	**0,20 €**
2 gros oignons	**0,56 €**
5 tomates *(en conserve hors saison)*	**1,19 €**
250 g d'olives noires de Nice	**0,75 €**
1 verre d'huile d'olive	**0,70 €**

1 bouquet garni (thym, laurier)	**0,50 €**
Sel fin et poivre du moulin	
TOTAL	**13,11 €**
LA PART	1,64 €

• Dans une cocotte, chauffez l'huile d'olive, puis faites dorer les oignons épluchés et émincés ; lorsqu'ils sont transparents, réservez et faites revenir la viande sur toutes ses faces.
• Ajoutez les tomates pelées, épépinées et coupées en quartiers, les oignons, le bouquet garni ainsi que l'ail épluché et écrasé. Salez, poivrez.
• Couvrez et laissez cuire pendant 1 heure et demie à petit feu. En fin de cuisson, ajoutez les olives avec leur jus.
• Rectifiez l'assaisonnement en sel et poivre, retirez le bouquet garni.
• Servez tranché, entouré des olives et accompagné d'un gratin d'aubergines.

VIN ROSÉ

3,30 € – Cave de Tain-l'Hermitage, Vin de Pays des collines rhodaniennes, Syrah rosé 2008 (voir p. 338)

VIN ROUGE

3,00 € – La Cévenole, Coteaux de l'Ardèche, Ducs de Joyeuse 2008 (voir p. 362)

Potée lorraine

Pour 8 à 10 personnes	
1 palette de porc fumée	**9,87 €**
500 g de lard de poitrine demi-sel	**2,62 €**
500 g de lard de poitrine fumée	**3,40 €**

1 saucisson de Morteau	**3,92 €**
1 cervelas de Lyon	**1,87 €**
1 beau chou vert bien pommé de 1,5 kg	**1,50 €**
800 g de carottes	**1,65 €**
500 g de navets	**0,85 €**
1 demi-litre de bouillon de volaille	**0,09 €**
80 g de saindoux ou de graisse d'oie	**0,10 €**
2 oignons moyens piqués chacun de 2 ou 3 clous de girofle	**0,62 €**
2 branches de thym et 2 feuilles de laurier	**0,20 €**
1 cuillère à soupe de bicarbonate de soude	**0,10 €**
15 grains de poivre	
TOTAL	**26,79 €**
LA PART	2,68 €

• Préchauffez le four à 180 °C (th. 6).

• Épluchez le chou en éliminant les feuilles extérieures les plus vertes, lavez les feuilles à plusieurs eaux, puis blanchissez-les à l'eau bouillante en ayant pris soin d'ajouter 1 cuillère à soupe de bicarbonate de soude pour éviter les effets flatulents du chou. Rincez à l'eau froide et égouttez.

• Dans une terrine en terre, faites fondre le saindoux ou la graisse d'oie. Posez une couche de chou sur la matière grasse, répartissez la palette et les deux morceaux de poitrine, les carottes et les navets épluchés et coupés en morceaux, le poivre, le thym, le laurier et les oignons piqués de clous de girofle. Recouvrez du reste de chou. Mouillez avec la moitié du bouillon de volaille. Fermez la terrine avec son couvercle et enfournez pendant 1 heure.

• Au bout d'une heure de cuisson, ajoutez les saucisses sous la première couche de chou, vérifiez que le fond de la terrine n'attache pas, sinon arrosez avec le reste du bouillon. Laissez cuire au four à même température pendant une bonne heure encore. Davantage si nécessaire.

• Servez dans la terrine après avoir coupé les viandes et les saucisses.

Poule au pot

Pour 8 personnes	
3 litres d'eau froide	
2 cubes de bouillon de volaille du commerce	**0,18 €**
1 poule de 2,6 kg ou 2 de 1,3 kg *(avec cous, pattes, gésiers et abattis)* de volaille	**11,85 €**
1 os de veau *(si possible une crosse)*	
8 carottes moyennes	**2,48 €**
8 navets moyens	**2,04 €**
1 dizaine de poireaux	**1,50 €**
2 oignons piqués chacun de 2 clous de girofle	**0,60 €**
1 tête d'ail	**0,75 €**
1 bouquet garni (1 bouquet de persil avec les queues, laurier, thym, le vert de 3 poireaux, 1 petite branche de céleri)	**2,23 €**
Sel fin et poivre au moulin	
TOTAL	**21,63 €**
LA PART	2,70 €

• Déposez la poule, les cous, les pattes, les gésiers, les abattis, l'os de veau dans une grande marmite. Ajoutez l'eau froide et les cubes de bouillon. Portez à ébullition. Écumez. Salez, poivrez. Ajoutez 1 navet et 1 carotte épluchés et coupés en quatre, le vert d'un poireau et les aromates du bouquet garni, les oignons piqués de clous de girofle et la tête d'ail, non épluchée, écrasée. Portez à nouveau à ébullition. Ajoutez un verre d'eau froide pour faire remonter les impuretés. Lorsque l'ébullition reprend, écumez. La cuisson doit s'effectuer lentement et à couvert. Laissez cuire pendant 1 heure et demie à petit bouillottement en écumant à plusieurs reprises. Retirez la poule. Après refroidissement, mettez-la dans un papier aluminium au réfrigérateur. Filtrez le bouillon. Mettez-le au frais pour le dégraisser.

• Le lendemain, remettez la poule dans le bouillon dégraissé. Goûtez pour vérifier l'assaisonnement et rectifiez en sel et poivre. Ajoutez les carottes et les navets restants épluchés et coupés en quatre et, 15 minutes plus tard, les poireaux. Laissez cuire environ 30 minutes.

• Servez sur un plat bien chaud la poule découpée avec les légumes, arrosés d'un peu de bouillon gras. Accompagnez d'une garniture de riz, cuit dans le bouillon dégraissé de la poule.

Suggestion : Pour une poule à la crème, procédez comme ci-dessus jusqu'à la fin de la cuisson, puis préparez la sauce à la crème : dans une casserole, versez 1 demi-litre de bouillon de cuisson de la volaille. Laissez réduire de moitié. Dans un bol, mélangez 4 jaunes d'œufs et 100 g de crème. Prélevez 1 cuillère de bouillon, mélangez avec la liaison crème-œufs. Versez doucement cette préparation dans le bouillon de cuisson de la volaille réduit. Baissez le feu, laissez chauffer jusqu'à épaississement. La sauce doit couvrir la cuillère. Ajoutez quelques gouttes de jus de citron. Vérifiez l'assaisonnement. Poivrez au moulin. Servez dans une saucière à part. Ce plat se sert avec du riz. Vous pouvez aussi rajouter 4 cuillères à soupe de curcuma ou de curry en poudre dans le mélange crème/œufs.

Vin blanc

5,00 € – Bitouzet-Prieur, Bourgogne Aligoté 2006 (voir p. 324)

Vin rouge

4,55 € – Thierry Descombes, Beaujolais-Jullié 2007 (voir p. 350)

Poule au vin

Pour 8 personnes

1 poule de 2,6 kg ou 2 de 1,3 kg *(avec ses abattis)*	**11,85 €**
2 grosses tomates *(en conserve hors saison)*	**0,47 €**
2 carottes	**0,62 €**
2 oignons	**0,56 €**
3 échalotes	**0,21 €**
3 gousses d'ail	**0,15 €**
1 bouquet garni (laurier, thym, queues de persil, céleri branche et 1 vert de poireau)	**1,91 €**
3 cuillères à soupe de graisse d'oie *(ou 2 cuillères à soupe de beurre et 1 cuillère d'huile d'arachide)*	**0,58 €**
4 cuillères à soupe de farine	**0,06 €**
2 bouteilles de vin rouge corsé	**6,10 €**
1 bouteille de vin blanc sec	**2,68 €**
2 cuillères à soupe de cognac	**0,80 €**
Sel fin et poivre du moulin	
TOTAL	**25,99 €**
LA PART	3,25 €

• Faites couper les poules en 14 ou 16 morceaux par le volailler. Récupérez cous et abattis.

• Épluchez carottes, oignons, échalotes et coupez-les en gros dés.

• Dans un vaste cul-de-poule ou un grand saladier, posez les morceaux de poule. Répartissez les légumes coupés, les gousses d'ail non épluchées mais écrasées, le bouquet garni. Versez le vin blanc et le vin rouge et laissez mariner au minimum 24 heures.

• Préchauffez le four à 200/220 °C (th. 7/8).

• Retirez les morceaux de poule de la marinade, essuyez-les.

• Dans une poêle, faites chauffer la graisse d'oie ou le beurre et l'huile. Salez et poivrez les morceaux de poule et faites-les revenir bien croustillants et bien dorés dans la poêle, puis déposez-les dans une cocotte. Faites revenir les abattis avec la garniture de légumes ayant servi à la marinade. Versez-les sur la poule dans la cocotte. Saupoudrez le contenu de la cocotte de farine. Mélangez 2 à 3 minutes. Mettez la cocotte au four.
• Versez la marinade dans une casserole. Portez à ébullition. Écumez. Laissez réduire pendant 15 minutes. Assaisonnez.
• Sortez la cocotte du four. Versez le cognac, flambez, ajoutez le vin réduit et le bouquet garni. Salez, poivrez. Couvrez la cocotte et mettez au four à 180 °C (th. 6) pour environ 2 à 3 heures. Vérifiez la cuisson en piquant la lame d'un couteau dans la chair de la poule.
• Si la sauce est trop liquide, laissez réduire ou liez avec 2 cuillères de beurre mélangées à 2 cuillères de farine.
• Servez dans un grand plat creux avec une garniture de croûtons frits au beurre, d'oignons grelots cuits avec sel, sucre et un peu d'eau, et des lardons de poitrine demi-sel ou fumée blanchis et sautés au beurre.
• Accompagnement : pâtes fraîches ou pommes vapeur.

Vins rouges

5,00 € – Domaine du Petit-Bondieu, Bourgueil, Cuvée du Vendôme 2007 (voir p. 353)

4,75 € – Château-La Mothe du Barry, Bordeaux Supérieur 2007 (voir p. 355)

4,05 € – Les Vignerons d'Estézargues, Côtes du Rhône, Les Grandes Vignes 2008 (voir p. 360)

Ragoût d'agneau aux olives

Pour 8 personnes	
1,5 kg d'épaule d'agneau ou de collier	**15,73 €**
8 tomates *(en conserve hors saison)*	**1,90 €**
250 g de grosses olives noires	**0,75 €**
4 oignons	**1,12 €**
1 dizaine de gousses d'ail	**0,50 €**
1 demi-litre de vin blanc sec	**1,79 €**
1 branche de thym	**0,05 €**
2 cuillères à soupe de farine	**0,03 €**
6 cuillères à soupe d'huile d'olive	**0,31 €**
Sel fin et poivre du moulin	
TOTAL	**22,18 €**
LA PART	2,77 €

• Demandez au boucher de découper l'épaule ou le collier en morceaux de 60 à 70 g. N'hésitez pas à laisser un peu de gras sur la viande.
• Dans une cocotte, faites revenir les oignons hachés grossièrement avec les gousses d'ail épluchées, écrasées ; les oignons doivent juste blondir, pas au-delà.
• Retirez les oignons et l'ail, puis ajoutez les morceaux d'agneau, salés et poivrés sur chaque face. Faites-les revenir bien dorés, bien croustillants. Saupoudrez de farine, mélangez.
• Versez le vin blanc, laissez réduire de moitié.
• Plongez les tomates 15 à 30 secondes dans de l'eau bouillante, puis dans de l'eau glacée pour les rafraîchir. Pelez-les, coupez-les en deux, épépinez-les puis coupez-les grossièrement. Ajoutez-les avec le thym et les olives. Couvrez et laissez cuire à feu doux pendant 1 heure et demie.
• Réchauffez le plat préparé la veille.

Vins rosés

3,30 € – Cave de Tain-l'Hermitage, Vin de Pays des Collines Rhodaniennes, Syrah rosé 2008 (voir p. 338)

2,50 € – Château-La Tour de Béraud, Costières de Nîmes 2008 (voir p. 341)

4,90 € – Domaine Ogereau, Rosé de Loire 2008 (voir p. 343)

Vins rouges

4,00 € – La Vieille Tour de Seguin, Bordeaux 2007 (voir p. 357)

4,40 € – Domaine Rabasse-Charavin, Côtes du Rhône 2006 (voir p. 361)

Ragoût de mouton bonne femme

Pour 8 personnes	
1,6 kg d'épaule de mouton coupée en morceaux de 60 à 70 g	**16,78 €**
300 g de poitrine fraîche	**1,57 €**
6 tomates *(en conserve hors saison)*	**1,43 €**
2 gros oignons	**0,56 €**
2 gousses d'ail	**0,10 €**
4 cuillères à soupe de farine	**0,06 €**
1 bouquet garni (1 bouquet de persil avec les queues, laurier, thym, le vert de 3 poireaux, 1 petite branche de céleri)	**2,23 €**
4 cuillères à soupe d'huile	**0,21 €**
40 g de beurre	**0,21 €**
1 litre de bouillon de volaille ou de bœuf du commerce	**0,18 €**

12 pommes de terre de taille moyenne, à chair ferme *(type Charlotte, Belle de Fontenay)*	**2,44 €**
30 oignons grelots	**2,64 €**
Sel fin et poivre du moulin	
TOTAL	**28,41 €**
LA PART	3,55 €

• Épluchez et pelez les oignons, puis coupez-les en rondelles épaisses.
• Épluchez les gousses d'ail, puis écrasez-les.
• Plongez les tomates 15 à 30 secondes dans de l'eau bouillante, puis dans de l'eau glacée pour les rafraîchir. Pelez-les, coupez-les en deux, épépinez-les puis coupez-les en petits morceaux.
• Chauffez l'huile dans une grande cocotte, mettez les oignons émincés et les morceaux de mouton à dorer à feu vif en les retournant. Saupoudrez de farine et remuez vivement. Ajoutez l'ail écrasé, les tomates et le bouquet garni. Salez, poivrez. Mouillez à hauteur avec le bouillon et laissez cuire pendant 1 heure à couvert et à petit feu.
• Pendant ce temps, pelez les pommes de terre et les petits oignons.
• Coupez le lard en bâtonnets. Plongez-les 3 minutes dans de l'eau en ébullition. Égouttez-les. Faites-les ensuite dorer 3 minutes dans le beurre.
• La viande ayant cuit 1 heure, ajoutez dans la cocotte les pommes de terre, les oignons et les lardons. Couvrez et poursuivez la cuisson 30 minutes. Retirez le bouquet garni avant de servir ce ragoût bien chaud.
• Ce plat se réchauffe facilement.

Rôti de porc à la moutarde

Pour 6 personnes	
1,2 kg de rôti de porc dans l'échine	**8,85 €**
1 crépinette	**0,20 €**
40 g de beurre	**0,21 €**
50 cl de cidre	**1,06 €**
4 carottes	**1,24 €**
2 oignons	**0,56 €**
1 bouquet garni (thym, laurier)	**0,50 €**
5 cuillères à soupe de moutarde forte	**0,35 €**
60 g de crème fraîche	**0,12 €**
Sel fin et poivre du moulin	
TOTAL	**13,09 €**
LA PART	2,18 €

• Épluchez les carottes, puis coupez-les en rondelles.
• Pelez et émincez les oignons.
• Chauffez le beurre dans une cocotte, quand il grésille faites revenir le rôti sur toutes ses faces. Retirez-le de la cocotte, tartinez-le de moutarde forte, emballez-le dans une crépinette, puis remettez-le dans la cocotte.
• Salez et poivrez.
• Ajoutez les légumes, le bouquet garni et le cidre. Couvrez et laissez cuire à feu doux pendant 1 heure et demie.
• Retirez le rôti de la cocotte. Réservez au chaud dans un plat.
• Passez au mixeur le jus de cuisson et les légumes. Faites réduire cette sauce à feu vif, puis ajoutez le reste de moutarde et la crème fraîche. Mélangez bien et remettez à chauffer 1 minute avant de la servir avec le rôti.
• Accompagnez de choux de Bruxelles, d'endives braisées ou de céleri-rave coupé en dés et sauté à la poêle.

Nota : Quelques amis en plus à dîner, pour un rôti de 2 kilos, comptez 20 minutes de cuisson en plus. Si vous avez des restes, servez-les froids avec une mayonnaise bien moutardée.

Shiffala

Pour 8 personnes	
1 palette de porc demi-sel de 1,5 kg	**9,87 €**
3 carottes	**0,77 €**
1 bouteille de Sylvaner ou d'Edelzwicker	**3,08 €**
1 litre d'eau	
3 petits oignons	**0,85 €**
1 demi-céleri-rave	**0,76 €**
1 poireau	**0,15 €**
1 bouquet garni (thym, laurier)	**0,50 €**
25 grains de poivre	**0,02 €**
TOTAL	**16,00 €**
LA PART	2,00 €

• Faites dessaler la palette dans un récipient d'eau froide pendant au moins 5 heures en la posant sur une assiette retournée dans le fond d'un saladier (le sel glissera sous l'assiette) et en changeant l'eau à plusieurs reprises.
• Dans un faitout, mettez la palette, le céleri et les oignons épluchés et coupés grossièrement, le poireau lavé et émincé, le bouquet garni et le poivre.
• Couvrez avec l'eau et le vin. Portez à ébullition et laissez cuire à petit bouillottement 1 heure et demie environ. Vérifiez avec une aiguille à brider ou l'extrémité d'un couteau que la viande est cuite. Laissez refroidir la palette dans le bouillon.
• Servez en tranches avec une salade de pommes de terre tiède, bien échalotée et relevée.

Tomates farcies à la viande

Pour 6 personnes	
12 tomates à farcir	**2,86 €**
600 g de farce de porc	**4,50 €**
1 gros oignon blanc	**0,28 €**
1 gousse d'ail	**0,05 €**
1 petite poignée de persil plat	**1,10 €**
2 œufs	**0,36 €**
1 cuillère à soupe d'huile	**0,05 €**
1 cuillère à soupe de beurre	**0,13 €**
1 petit bouquet garni (thym, laurier, queues de persil)	**1,60 €**
Sel fin et poivre du moulin	
TOTAL	**10,93 €**
LA PART	1,82 €

• Décalottez les tomates, creusez l'intérieur avec une cuillère en prenant soin de ne pas les percer, éliminez les graines et conservez les chairs. Salez l'intérieur des tomates et retournez-les afin qu'elles perdent une partie de leur eau de végétation.

• Préchauffez le four à 200 °C (th. 6/7).

• Dans une cocotte, chauffez l'huile et le beurre ; quand ils grésillent, ajoutez l'ail et l'oignon émincés, le bouquet garni, le persil et les chairs des tomates. Laissez cuire à feu doux jusqu'à évaporation du liquide. Enlevez le bouquet garni. Réservez.

• Déposez la farce dans la cocotte, faites revenir 10 minutes. Salez, poivrez.

• Ajoutez la garniture d'oignon/tomate à la viande, mélangez, chauffez à feu moyen quelques minutes. Ajoutez les œufs, mélangez. Rectifiez l'assaisonnement.

• Remplissez les tomates avec la farce. Couvrez de la calotte et rangez-les dans un plat à gratin. Ajoutez 2 ou

3 cuillères à soupe d'eau dans le fond du plat avec un peu de beurre. Enfournez pour une petite heure.

• Retirez les tomates et posez-les sur un plat de service. Récupérez le jus de cuisson dans une casserole, faites-le réduire à feu vif, 3 à 4 minutes. Arrosez les tomates avec ce jus réduit.

Nota : les ingrédients sont indiqués pour un plat complet. Pour une entrée, réduisez les proportions de moitié.
Suggestion : on peut faire des tomates farcies en associant à la farce de porc un reste de viande de pot-au-feu.

VINS ROSÉS

4,50 € – La Cévenole, Chatus rosé 2008 (voir p. 338)

4,25 € – Domaine des Combiers, Beaujolais, Cuvée Rosé des Granits 2008 (voir p. 346)

VINS ROUGES

4,70 € – Vignoble de Gascogne, Saint-Mont-Batz-d'Autan 2006 (voir p. 359)

4,20 € – Château-Coupe-Roses, Minervois, La Bastide 2007 (voir p. 364)

Veau Marengo

Pour 8 personnes

1,4 kg de poitrine de veau *(demandez au boucher de couper des morceaux de 70 cm environ)*	**17,50 €**
7 cuillères à soupe d'huile d'olive	**0,36 €**
1 demi-bouteille de vin blanc sec parfumé	**1,79 €**

2 cuillères à café de farine	**0,02 €**
6 gousses d'ail	**0,30 €**
6 tomates *(en conserve hors saison)*	**1,43 €**
6 échalotes	**0,42 €**
1 gros oignon	**0,28 €**
16 petits oignons grelots	**1,40 €**
250 g d'olives vertes dénoyautées	**0,84 €**
400 g de champignons de Paris	**1,12 €**
1 bouquet garni (thym, laurier)	**0,50 €**
Le zeste d'une orange	**0,23 €**
Sel fin et poivre du moulin	
TOTAL	**26,19 €**
LA PART	3,27 €

• Pelez les gousses d'ail et écrasez-les sous une lame de couteau. Épluchez les échalotes et les petits oignons. Nettoyez les champignons et coupez-les en deux ou quatre selon leur taille.
• Salez, poivrez la viande. Dans une cocotte, chauffez 5 cuillères à soupe d'huile d'olive. Mettez la viande à dorer à feu vif.
• Ajoutez l'ail. Saupoudrez de farine et remuez vivement. Mouillez avec le vin blanc. Ajoutez le bouquet garni, couvrez et laissez mijoter 1 heure à feu doux.
• Ajoutez alors les échalotes, l'oignon épluché et émincé, les champignons, les olives, les tomates pelées, épépinées et coupées en morceaux, le zeste d'orange coupé en fines lamelles, et poursuivez la cuisson 45 minutes.
• Versez le contenu de la cocotte dans un grand plat creux. Accompagnez de cœurs de céleris braisés.

Waterzoï de poulet

Pour 6 à 8 personnes	
1 poularde découpée en 8 morceaux (1,8 à 2 kg)	**12,00 €**
1,5 litre de consommé de volaille *(ou 2 tablettes du commerce)*	**0,45 €**
2 oignons	**0,56 €**
4 carottes	**1,24 €**
4 petits poireaux	**0,31 €**
1 pied de céleri branche	**0,81 €**
1 poignée de persil	**1,10 €**
3 œufs	**0,54 €**
25 cl de crème fraîche liquide	**0,70 €**
1 citron	**0,22 €**
Sel fin et poivre du moulin	
TOTAL	**17,93 €**
LA PART	2,24 €

• Dans une cocotte, faites chauffer le consommé.
• Épluchez et taillez les légumes en bâtonnets légèrement plus gros qu'en julienne.
• Faites-les pocher avec le persil et les oignons dans le bouillon de volaille.
• Égouttez-les dès qu'ils sont *al dente*. Réservez.
• Gardez les oignons et le persil dans la cocotte et laissez bouillotter 45 minutes.
• Plongez les morceaux de poularde dans le bouillon. Retirez les ailes au bout de 5 minutes et poursuivez la cuisson 10 minutes supplémentaires pour les cuisses. Disposez les morceaux dans un plat creux à l'entrée du four, recouverts d'un papier d'aluminium.
• Dans un saladier, mélangez soigneusement les 3 œufs avec la crème et le jus du citron.
• Passez le persil au cutter. Reversez la purée ainsi obtenue dans le bouillon et ajoutez les bâtonnets de légumes. Portez à bouillottements, ajoutez le mélange œufs et crème sans cesser de remuer.

• Rectifiez l'assaisonnement. Versez la préparation sur les morceaux de poularde.
• Ce plat se sert dans des assiettes creuses.

Les abats, on aime ça, on partage !

Cœurs de veau aux citrons confits et aux carottes

Pour 8 personnes	
2 cœurs de veau, d'environ 600 à 700 g	**5,16 €**
1 crépine	**0,23 €**
800 g de carottes	**1,64 €**
4 citrons confits	**8,37 €**
3 échalotes	**0,21 €**
3 gousses d'ail entières	**0,15 €**
2 cuillères à café de fleur de thym	**0,05 €**
1 bouquet de thym frais	**0,10 €**
2 branches d'estragon	**0,10 €**
1 botte de persil	**1,10 €**
40 cl de vin blanc	**1,43 €**
1 grand verre de bouillon de volaille du commerce	**0,09 €**
3 cuillères à soupe de beurre	**0,39 €**
1 cuillère à soupe d'huile	**0,05 €**
2 cuillères à café de sel fin	
10 tours de moulin à poivre	
TOTAL	**19,07 €**
LA PART	2,38 €

• La veille, assaisonnez les cœurs avec sel, poivre et fleur de thym. Emballez-les dans la crépine et réservez pour la nuit au réfrigérateur.
• Le lendemain, sortez la viande une bonne heure avant de la cuisiner.
• Dans une cocotte, faites chauffer d'abord l'huile, quand elle grésille, ajoutez le beurre (cela évite de brûler le beurre), déposez les cœurs entiers et les gousses d'ail écrasées. Faites dorer pendant 5 minutes, puis ajoutez les échalotes, le thym, 1 branche d'estragon, 1 poignée de persil et une partie du vin blanc. Laissez cuire une vingtaine de minutes à feu doux, à couvert.
• Ajoutez les carottes épluchées et coupées en bâtonnets et les citrons confits coupés en quatre, le restant du vin blanc et le consommé. Maintenez la cuisson à découvert, à feu doux, pendant une demi-heure.
• Sortez les cœurs de la cocotte, emballez-les dans une feuille de papier aluminium, et placez-les à l'entrée du four tiède pour les maintenir au chaud.
• Grattez le fond de la cocotte pour récupérer tous les sucs. Ajoutez un morceau de beurre fouetté pour émulsionner. Ajoutez un bouquet de fines herbes hachées (persil et estragon).
• Découpez le cœur en tranches fines. Nappez avec le jus réduit de moitié. Servez.

VIN ROUGE

4,50 € – Château-Labourdette, Bordeaux 2005 (voir p. 355)

Haricots aux couennes gratinés

Ce plat se prépare exclusivement pour des amateurs, sinon s'abstenir.

Pour 10 personnes

1 kg de couenne de porc frais	**1,50 €**
1 kg de haricots blancs secs *(de préférence à peau fine, type Tarbais, cocos de Paimpol ou Mojettes)*	**2,79 €**
2 carottes	**0,62 €**
2 oignons	**0,56 €**
4 gousses d'ail	**0,20 €**
1 cuillère à soupe de graisse d'oie ou de canard	**0,19 €**
2 feuilles de laurier	**0,10 €**
2 branches de thym	**0,10 €**
6 tomates moyennes *(en conserve hors saison)*	**1,43 €**
5 cuillères à soupe d'huile d'olive	**0,26 €**
1 cuillère à soupe de sucre en poudre	**0,03 €**
50 g de beurre	**0,26 €**
200 g de chapelure	**0,43 €**
1 consommé de volaille ou de bœuf	**0,09 €**
1 cuillère à soupe de gros sel	
20 tours de moulin à poivre	
TOTAL	**8,56 €**
LA PART	0,86 €

• Coupez les couennes en morceaux carrés, rectangulaires ou en lanières.

• Dans une casserole d'eau bouillante, faites blanchir les couennes pendant 7 à 8 minutes.

• Dans une autre casserole, mettez les haricots, couvrez d'eau froide, portez à ébullition, couvrez et laissez reposer 15 minutes (cette solution évite de faire tremper les haricots la veille).

• Égouttez les couennes et les haricots.

• Épluchez et coupez en rondelles les carottes. Épluchez et émincez finement les oignons.

• Dans une cocotte, faites fondre la graisse d'oie et faites revenir les oignons et les carottes pendant 5 à 7 minutes à feu moyen.

• Ajoutez la couenne, remuez, puis ajoutez les haricots. Mouillez jusqu'à 2 ou 3 centimètres au-dessus des haricots avec le consommé. Ajoutez 3 gousses d'ail hachées, une branche de thym et une feuille de laurier. Portez doucement à ébullition, et laissez cuire à frémissement pendant 2 heures, voire 2 heures et demie (*vérifiez la cuisson des haricots qui ne doivent en aucun cas tomber en purée, mais rester moelleux, fondants*). Salez avec le gros sel.

• Retirez les haricots de la cocotte. Égouttez-les, conservez le jus.

• Maintenez la cuisson de la couenne pendant environ 20 minutes. Vérifiez la cuisson, elle doit être très fondante. Égouttez.

• Plongez les tomates 15 à 30 secondes dans de l'eau bouillante, puis dans de l'eau glacée pour les rafraîchir. Pelez-les, coupez-les en deux, épépinez-les, puis concassez-les grossièrement.

• Hachez la gousse d'ail qui reste.

• Dans la cocotte, faites chauffer l'huile d'olive et fondre doucement le mélange d'ail et de tomates, le sucre, le thym et le laurier. Ajoutez une grosse louche de jus de cuisson des haricots et laissez mijoter pendant une dizaine de minutes pour obtenir une fondue de tomates.

• Dans la cocotte, mélangez les couennes avec les haricots et la fondue de tomates. Versez dans un plat à gratin un peu haut, saupoudrez de chapelure. Ajoutez quelques noisettes de beurre et passez sous le gril une dizaine de minutes pour obtenir une croûte dorée. Servez à la sortie du four.

VIN BLANC

4,10 € – Domaine de l'Écu, Gros Plant du Pays nantais 2007 (voir p. 320)

VINS ROUGES

5,00 € – Lycée Viticole de Beaune, Bourgogne Passetout-grain 2008 (voir p. 348)

4,75 € – Château-La Mothe du Barry, Bordeaux Supérieur 2007 (voir p. 355)

4,50 € – Château-Soubiran, Côtes du Marmandais 2006 (voir p. 357)

Joues de bœuf à la languedocienne

Pour 8 personnes

1,6 à 1,8 kg de joues de bœuf paré	**16,32 €**
1 tête d'ail entière	**0,37 €**
1 kg de tomates *(en conserve hors saison)*	**1,83 €**
1 branche de romarin	**0,05 €**
1 botte de persil	**1,10 €**
1 bouteille de vin rouge tannique *(cahors, madiran)*	**3,05 €**
1 cuillère à soupe de sucre en poudre	**0,03 €**
3 cuillères à soupe d'huile d'olive	**0,15 €**
2 cuillères à soupe de gros sel	**0,02 €**
1 vingtaine de tours de moulin à poivre	
TOTAL	**22,92 €**
LA PART	2,87 €

• Faites couper par votre boucher les joues de bœuf en morceaux d'environ 50 à 70 g.
• Plongez les tomates 15 à 30 secondes dans de l'eau bouillante, puis dans de l'eau glacée pour les rafraîchir. À l'aide d'un petit couteau pointu, retirez la peau. Coupez-les en deux ou en quatre, puis retirez soigneusement les pépins. Concassez-les grossièrement en prenant soin de garder le jus.
• Épluchez la tête d'ail, puis écrasez les gousses, à l'exception de 3, avec le plat d'un couteau. Dans une cocotte,

faites chauffer 3 cuillères à soupe d'huile d'olive. Quand elle grésille, déposez les morceaux de joues de bœuf, faites-les bien croustiller avec l'ail et le brin de romarin.

- Préchauffez le four à 160 °C (th. 5/6).
- Arrosez avec la bouteille de vin rouge tannique. Portez à petit bouillottement. Laissez réduire d'un quart. Ajoutez les tomates, saupoudrez d'une cuillère à soupe de sucre, salez, poivrez. Couvrez et laissez mijoter tout doucement au four.
- Hachez assez finement les trois gousses d'ail restantes, ainsi que la moitié de la botte de persil. Au moment de servir, rectifiez l'assaisonnement et saupoudrez le plat d'ail et de persil.
- Ce plat se réchauffe facilement. Servez-le avec des coquillettes, des tagliatelles ou autres pâtes.

VINS ROUGES

4,50 € – Château-Labourdette, Bordeaux 2005 (voir p. 355)

3,25 € – Cave de Saint-Désirat, Vin de Pays de l'Ardèche, Syrah 2006 (voir p. 359)

4,70 € – Cazes, Le Canon du Maréchal, Vin de Pays des Côtes Catalanes 2008 (voir p. 363)

Joues de bœuf en daube

Pour 8 personnes	
1,8 kg de joues de bœuf	**16,32 €**
2 cuillères à soupe de saindoux ou de graisse de canard	**0,24 €**
2 oignons	**0,56 €**
2 carottes	**0,62 €**
3 gousses d'ail	**0,15 €**
1 bouquet garni (thym, laurier)	**0,50 €**

1 bouteille de vin rouge très tannique *(Madiran, Cahors ou vin d'Algérie)*	**3,05 €**
10 grains de poivre	**0,01 €**
2 cuillères à café de sel fin	
TOTAL	**21,45 €**
LA PART	2,68 €

• La veille, versez le vin dans une casserole, portez à ébullition, flambez et laissez refroidir.

• Épluchez les oignons, les carottes et les gousses d'ail, puis hachez-les grossièrement. Mettez les joues de bœuf dans un cul-de-poule ou un saladier avec les légumes émincés, ajoutez le bouquet garni et le poivre en grains. Versez le vin rouge et laissez mariner pendant 24 heures dans le réfrigérateur en prenant soin de retourner deux ou trois fois les morceaux de joue.

• Le jour de la recette : faites chauffer le saindoux ou la graisse de canard dans une cocotte (elle devra aller au four). Salez, poivrez les joues puis faites-les revenir sur toutes leurs faces jusqu'à ce qu'elles soient dorées et croûtées. Retirez la viande.

• Préchauffez le four à 210 °C (th. 7).

• Ajoutez la garniture aromatique égouttée dans la cocotte et faites colorer pendant 5 bonnes minutes. Retirez la garniture, éliminez la graisse et remettez la viande dans la cocotte. Ajoutez la marinade filtrée par-dessus et le bouquet garni, portez à petit bouillottement, couvrez et enfournez la cocotte à mi-hauteur du four pour 2 heures et demie.

• Vérifiez la cuisson de la viande, retirez le bouquet garni, vérifiez l'assaisonnement, versez la viande dans un plat chaud ou servez directement dans la cocotte accompagné d'un gratin de macaronis (il peut être préparé d'avance).

VINS ROUGES

4,55 € – Thierry Descombes, Beaujolais-Jullié 2007 (voir p. 350)

5,00 € – Domaine du Petit-Bondieu, Bourgueil, Cuvée du Vendôme 2007 (voir p. 353)

4,40 € – Domaine Rabasse-Charavin, Côtes du Rhône 2006 (voir p. 361)

Joues de porc au vin

Pour 8 personnes	
16 joues de porc (1,6 kg)	**14,02 €**
3 carottes	**0,77 €**
2 oignons	**0,56 €**
3 gousses d'ail	**0,15 €**
2 clous de girofle	**0,02 €**
50 g de farine	**0,03 €**
2 cuillères à soupe d'huile d'olive	**0,10 €**
1 cuillère à soupe de concentré de tomate	**0,06 €**
1 morceau de sucre	**0,01 €**
Sel fin et poivre du moulin	
Pour la marinade :	
2 carottes	**0,62 €**
1 oignon	**0,28 €**
2 gousses d'ail	**0,10 €**
1 bouteille de vin rouge tannique *(Cahors, Madiran)*	**3,05 €**
2 cuillères à soupe d'huile d'olive	**0,10 €**
20 grains de poivre	**0,01 €**
1 bouquet garni (thym, laurier)	**0,50 €**
TOTAL	**20,38 €**
LA PART	2,55 €

• La veille, préparez la marinade : épluchez les 2 carottes et l'oignon. Hachez-les en gros mirepoix, puis écrasez

2 gousses d'ail. Avec un pinceau, caressez les joues de porc d'huile d'olive.

• Dans un saladier, versez la bouteille de vin rouge sur les joues de porc, les carottes, l'oignon, les gousses d'ail, la viande, le bouquet garni et les grains de poivre. Laissez mariner au frais pendant 24 heures.

• Le lendemain, retirez les joues de la marinade, séchez-les soigneusement. Salez, poivrez. Dans une cocotte, faites-les revenir doucement dans l'huile. Ajoutez les carottes, les oignons et l'ail épluchés et grossièrement hachés, les clous de girofle, le bouquet garni de la marinade et laissez suer à couvert pendant 10 à 15 minutes. Saupoudrez de farine. Mélangez. Laissez roussir. Ajoutez le vin rouge de la marinade filtrée, le concentré de tomate et le sucre.

• Portez à ébullition et laissez à petit bouillottement pendant 1 heure. Vérifiez la cuisson avec la pointe d'un couteau.

• Retirez les joues. Passez la sauce au chinois, puis laissez-la réduire de moitié. Rectifiez l'assaisonnement. Servez avec une purée de pommes de terre, de chou-fleur ou de haricots blancs.

• Ce plat se prépare la veille et se réchauffe sans problème.

VIN ROUGE

4,55 € – Thierry Descombes, Beaujolais-Jullié 2007 (voir p. 350)

Joues de porc confites aux lentilles

Pour 8 personnes

16 joues de porc (1,6 kg)	**14,02 €**
350 g de lentilles vertes	**1,01 €**

2 carottes	**0,62 €**
3 gousses d'ail	**0,15 €**
1 blanc de poireau et un peu de vert	**0,15 €**
1 oignon	**0,28 €**
4 carottes	**1,24 €**
4 feuilles de sauge	**0,50 €**
2 gousses d'ail	**0,10 €**
1 tomate *(en conserve hors saison)*	**0,24 €**
150 g de saindoux	**0,74 €**
4 cuillères à soupe de gros sel	**0,04 €**
Poivre du moulin	
1 cuillère à café de sel fin	
4 tours de moulin à poivre	
TOTAL	**19,09 €**
LA PART	2,39 €

• Salez généreusement et poivrez les joues de porc. Hachez grossièrement les feuilles de sauge et parsemez-en les joues.
• Déposez les joues de porc dans un plat, couvrez d'un film alimentaire et laissez-les reposer pendant 12 heures en remuant deux ou trois fois pour bien les imprégner des aromates.
• Le lendemain, passez les joues sous un filet d'eau froide. Séchez-les parfaitement, puis mettez-les à confire dans 150 g de saindoux fondu pendant 1 heure environ.
• Dans une cocotte, déposez les lentilles, l'oignon émincé grossièrement, les carottes coupées en rondelles ou en longueur et la tomate pelée, épépinée et coupée en petits morceaux.
• Couvrez d'eau jusqu'à affleurer les lentilles. Ajoutez les gousses d'ail. Salez, poivrez. Laissez cuire 20 minutes à petit bouillottement.
• Retirez les joues de porc du saindoux. Laissez-les reposer au-dessus d'une grille pour que la graisse s'égoutte, puis rajoutez-les aux lentilles pour 25 minutes avec le poireau lavé et émincé. Si vous souhaitez conserver les joues pendant plusieurs jours, avant de les servir, lorsque la graisse

est refroidie, à peine molle, enfoncez la viande dans celle-ci et conservez au réfrigérateur.

- Avant la dégustation, sortez les joues de la graisse froide et essuyez-les avec du papier absorbant.
- Servez chaud ou froid avec une vinaigrette moutardée.
- Ce plat se prépare la veille et se réchauffe sans problème.

VIN BLANC

3,25 € – Cave de Saint-Désirat, Vin de Pays de l'Ardèche 2008 (voir p. 334)

VINS ROUGES

4,55 € – Thierry Descombes, Beaujolais-Jullié 2007 (voir p. 350)

4,05 € – Les Vignerons d'Estézargues, Côtes du Rhône, Les Grandes Vignes 2008 (voir p. 360)

4,70 € – Cazes, Le Canon du Maréchal, Vin de Pays des Côtes Catalanes 2008 (voir p. 363)

2,04 € – Château-Bonhomme, Vin de Pays des Coteaux de Peyriac 2006 (voir p. 365)

Joues de porc en fricassée

Pour 8 personnes	
16 joues de porc (1,6 kg)	**14,02 €**
50 cl de vin blanc sec	**1,79 €**
2 gros oignons	**0,56 €**
4 carottes	**1,24 €**
10 gousses d'ail	**0,50 €**
200 g de poitrine fumée	**1,36 €**
1 cuillère à soupe de beurre	**0,13 €**

3 feuilles de sauge	**0,50 €**
1 cuillère à soupe de moutarde forte	**0,07 €**
2 cuillères à soupe d'huile d'olive	**0,10 €**
1 cuillère à café de sel fin	
1 vingtaine de tours de poivre du moulin	
TOTAL	**20,27 €**
LA PART	2,53 €

• Lavez, épluchez, émincez grossièrement les carottes et les oignons.
• Caressez les joues de porc de moutarde forte de Dijon.
• Dans une cocotte, faites revenir la poitrine de porc coupée en lardons de 2 centimètres environ de large. Retirez les lardons. Faites chauffer l'huile, lorsqu'elle grésille ajoutez le beurre puis faites revenir les joues de porc. Quand elles sont bien dorées, retirez-les. Ajoutez les légumes ainsi que les gousses d'ail juste écrasées non épluchées et les feuilles de sauge. Faites suer à couvert pendant une dizaine de minutes. Rajoutez les joues de porc, arrosez du vin blanc, remuez. Salez, poivrez. Portez à ébullition. Couvrez. Ramenez à petit bouillottement pendant 1 heure et demie. Vérifiez la cuisson et l'assaisonnement.
• Servez avec des pommes sautées, un gratin dauphinois, une purée de lentilles ou de pois chiche.
• À préparer la veille ou le matin, et réchauffez au dernier moment.

Pieds de mouton à la sauce poulette

Plat royal, réservé aux amateurs.
Les pieds de mouton s'achètent chez le tripier : prenez soin de les commander à l'avance et demandez-lui de bien les gratter.

Pour 6 personnes

24 pieds de mouton bien grattés	**12 €**
40 g de farine	**0,02 €**
3 litres d'eau	
1 bouquet garni	**0,50 €**
1 gros oignon piqué de 2 clous de girofle	**0,30 €**
3 cuillères à soupe de vinaigre d'alcool	**0,04 €**
3 cuillères à soupe de sel	**0,04 €**
10 grains de poivre	

Pour la sauce :

1 litre de bouillon de bœuf ou de volaille, froid	**0,18 €**
2 cuillères à soupe de farine	**0,03 €**
50 g de beurre	**0,26 €**
200 g de champignons de Paris	**0,56 €**
1 botte de petits oignons blancs (une quinzaine)	**1,29 €**
2 jaunes d'œufs	**0,36 €**
3 cuillères à soupe de crème fraîche	**0,21 €**
1 jus de citron	**0,22 €**
Sel fin et poivre du moulin	
TOTAL	**16,01 €**
LA PART	2,67 €

• Placez les pieds dans une marmite remplie d'eau froide, portez à ébullition et laissez frémir 15 minutes. Égouttez et rafraîchissez sous l'eau du robinet.

• Déposez les pieds dans une cocotte et recouvrez d'eau froide passée à travers la passoire contenant la farine (ce qu'on appelle fond blanc). Ajoutez le vinaigre, le bouquet garni, l'oignon piqué de clous de girofle, le sel et le poivre. Laissez cuire à découvert pendant 3 heures à feu doux. Vérifiez la tendreté des chairs en piquant un des pieds avec un couteau pointu. N'interrompez la cuisson que lorsqu'elle est complètement aboutie.

• Pendant la cuisson, faites fondre le beurre à feu doux dans une casserole et adjoignez-y les 2 cuillères de farine.

Laissez cuire quelques minutes à feu très doux, en remuant sans cesse et en évitant que ce roux ne prenne couleur. Incorporez ensuite le bouillon. Ajoutez les champignons lavés et coupés en quatre et les petits oignons épluchés.

• Laissez réduire trois quarts d'heure à découvert, la casserole étant posée sur une plaque isolante.

• Délayez les jaunes d'œufs dans la crème fraîche, ajoutez le jus du citron.

• Prélevez une louche de la sauce, ajoutez-la à la préparation crème-œufs, puis mélangez le tout au contenu de la casserole. Ne laissez pas bouillir. Vérifiez l'assaisonnement.

• Posez les pieds de mouton sur un plat chaud et nappez de sauce chaude.

VIN BLANC

3,25 € – Cave de Saint-Désirat, Vin de Pays de l'Ardèche 2008 (voir p. 334)

Pot-au-feu de joues de bœuf simplifié

Pour 8 personnes

1,8 kg de joues de bœuf	**16,32 €**
Quelques os de bœuf ou de veau *(facultatif)*	
1 bouquet garni (thym, laurier, des queues de persil, 1 petite branche de céleri)	**1,76 €**
2 oignons piqués de clous de girofle	**0,58 €**
3 cuillères à soupe de gros sel	**0,03 €**
1 cuillère à soupe de poivre en grains	**0,01 €**

Pour la garniture :

12 carottes	**3,72 €**
8 navets	**2,04 €**
12 pommes de terre à chair ferme *(type Belle de Fontenay, Roseval)*	**2,45 €**
1 poignée d'estragon	**0,50 €**
1 bol de vinaigrette	**1,40 €**
TOTAL	**28,81 €**
LA PART	3,60 €

• Dans un faitout, déposez les joues de bœuf entières, et si possible les quelques os. Couvrez d'eau froide, portez à ébullition à feu moyen.
• Épluchez les oignons, piquez-les de clous de girofle.
• Lavez la branche de céleri et préparez le bouquet garni.
• Après 35 minutes de cuisson, ajoutez un grand verre d'eau froide pour créer un choc thermique qui fera remonter toutes les impuretés à la surface.
• À la reprise de l'ébullition, écumez.
• Lorsque l'eau du consommé est propre et qu'aucune écume ne remonte, ajoutez le céleri, le persil, le thym, les oignons, le laurier, le gros sel, le poivre en grains et laissez bouillotter (*un pot-au-feu sourit, frémit, bouillotte mais jamais ne bout*). Après 1 heure et quart à 1 heure et demie de cuisson, prélevez quelques louches du consommé et faites pocher les carottes et les navets entiers ou coupés grossièrement pendant 15 minutes. Ils doivent rester fermes et croquants. Dans une casserole à part, faites cuire les pommes de terre. Préparez une vinaigrette à base d'huile de noix ou d'huile de tournesol et de vinaigre de vin à laquelle il sera bon d'ajouter une poignée d'estragon (ou de cerfeuil haché ou de ciboulette).
• Sortez la viande. Coupez-la en tranches.
• Posez-la sur un plat, ajoutez les légumes autour en garniture et servez la vinaigrette à part.

Vins rouges

5,00 € – Domaine de la Chanaise, Beaujolais Villages 2007 (voir p. 349)

2,04 € – Château-Bonhomme, Vin de Pays des Coteaux de Peyriac 2006 (voir p. 365)

Tête de porc de tante Paulette

Commandez à l'avance chez un charcutier ou un tripier de connaissance une tête de porc coupée en deux accompagnée de 2 pieds. Veillez à ce que la langue soit parfaitement conservée mais retirée de la tête.

Pour 8 personnes

1 tête de porc coupée en deux, 2 pieds, la langue	**10,00 €**
200 g d'oignons	**0,56 €**
100 g d'échalotes	**0,24 €**
10 gousses d'ail	**0,50 €**
2 branches de thym	**0,10 €**
2 feuilles de laurier	**0,10 €**
1 botte de persil simple	**1,10 €**
1 bouteille et demie de vin blanc sec	**4,02 €**
1 verre de melflor (vinaigre alsacien) ou de vinaigre d'alcool	**0,34 €**
1 grosse poignée de gros sel	**0,02 €**
1 cuillère à soupe de poivre en grains	**0,33 €**
TOTAL	**17,31 €**
LA PART	2,16 €

• Dans une marmite conséquente, mettez les deux moitiés de la tête de porc et les deux pieds.
• Réservez la langue. Couvrez d'eau froide salée.

• Émincez grossièrement les oignons, les échalotes et l'ail. Mettez-les dans un nouet ou dans un sac en toile avec le poivre en grains, le thym, le laurier, le persil. Portez à ébullition sur feu moyen.
• Après 30 minutes de légère ébullition, ajoutez un verre d'eau froide pour faire remonter les impuretés. À la reprise de l'ébullition, écumez. Quand le bouillon est clair, suspendez le nouet à la poignée du faitout avec le bouquet garni et maintenez un léger bouillottement pendant 6 heures et demie.
• Rajoutez la langue pour 20 minutes de cuisson puis retirez toutes les viandes. Passez le bouillon au travers d'un linge glacé pour dégraisser au maximum.
• Ajoutez le vin dans le nouveau bouillon, un verre de melflor ou un demi-verre de vinaigre d'alcool.
• Réintégrez le nouet dans le bouillon filtré.
• Retirez tous les os de la tête et des pieds. Coupez les chairs en cubes de 5 à 8 centimètres. Enlevez la peau et le cornet de la langue. Maintenez-la entière. Vérifiez l'assaisonnement du bouillon, rectifiez si nécessaire.
• Dans un saladier ou une terrine, versez deux louches de bouillon pour napper la paroi et faire prendre en gelée.
• Les viandes doivent recuire encore 30 minutes dans le bouillon, puis sortez-les. Coupez la langue en tranches. Remplissez le saladier ou la terrine avec toutes les viandes en veillant à ce que les morceaux de maigre et de gras alternent.
• Versez le bouillon jusqu'à hauteur des viandes en faisant bien descendre tous les morceaux, si possible mettez un poids sur une planchette de la taille de la terrine. Laissez refroidir.
• Placez au réfrigérateur pour 24 à 36 heures.
• Trempez le fond de la terrine dans de l'eau bouillante pendant quelques secondes pour démouler et permettre à chacun de se servir abondamment.
• Servez avec des cornichons et une salade croquante, toujours les bienvenus pour accompagner ce fromage de tête.

Vin blanc

2,70 € – Domaine de l'Oisellerie, Vin de Pays Charentais (voir p. 328)

Vin rosé

4,25 € – Domaine des Combiers, Beaujolais, Cuvée Rosé des Granits 2008 (voir p. 346)

Tripes à la mode de Caen

Les produits triperie s'achètent chez un tripier…

Pour 6 personnes	
1 kg de gras-double	**8,50 €**
1 pied de bœuf	**3,00 €**
1 pied de veau	**2,88 €**
150 g de couennes de lard	**0,22 €**
3 carottes	**0,77 €**
4 oignons	**1,12 €**
1 bouquet garni (thym, laurier)	**0,50 €**
1 branche de céleri	**0,16 €**
2 gousses d'ail	**0,10 €**
5 clous de girofle	**0,05 €**
1 verre de vinaigre d'alcool	**0,07 €**
1 bouteille de cidre	**1,59 €**
1 verre de calvados	**6,08 €**
Sel fin et poivre du moulin	
TOTAL	**25,04 €**
LA PART	4,17 €

• Préchauffez le four à 170/180 °C (th. 5/6).

• Nettoyez parfaitement le gras-double en le lavant dans plusieurs eaux, dont la dernière vinaigrée (1 verre à eau de vinaigre d'alcool).
• Faites-le cuire 30 minutes dans de l'eau bouillante non salée. Égouttez-le, épongez-le puis découpez-le en carrés.
• Grattez les carottes et détaillez-les en rondelles de moyenne épaisseur.
• Épluchez les oignons et coupez-les en quartiers.
• Pelez les gousses d'ail.
• Dans le fond d'une cocotte, déposez les morceaux de couenne, puis les pieds de veau et de bœuf, les carottes, les oignons, le céleri, le bouquet garni, les gousses d'ail, les clous de girofle, salez, poivrez et terminez avec le gras-double. Arrosez avec le cidre et le calvados. Fermez la cocotte.
• Portez à ébullition. Couvrez et enfournez pour 8 heures.
• Au moment de servir, sortez les pieds et coupez-les en morceaux grossiers, retirez les os, les morceaux de couenne, le bouquet garni et les clous de girofle. Mettez les tripes dans un plat creux et arrosez-les avec leur jus de cuisson.
• Servez les tripes à la mode de Caen dans des assiettes creuses accompagnées de pommes de terre vapeur.
• Ce plat préparé à l'avance se garde plusieurs jours au réfrigérateur et se réchauffe facilement.

Tripes de Saragosse

Pour 8 personnes

1 kg de tripes précuites, achetées chez le tripier	**5,95 €**
800 g de haricots secs	**2,23 €**
1 chorizo	**4,61 €**
700 g de tomates *(en conserve hors saison)*	**1,28 €**

2 carottes	**0,62 €**
1 petite boîte de concentré de tomate	**0,42 €**
3 oignons	**0,85 €**
5 gousses d'ail	**0,25 €**
1 bouquet garni (laurier, thym, queues de persil)	**1,60 €**
TOTAL	**17,81 €**
LA PART	2,23 €

• La veille, faites tremper les haricots dans un récipient d'eau froide. Le lendemain, rincez puis égouttez les haricots, et mettez-les dans une casserole recouverts d'eau froide. Portez à ébullition. Écumez. Ajoutez les carottes coupées en rondelles, un oignon piqué d'un clou de girofle et le bouquet garni. Laissez cuire pendant 2 heures à feu doux.
• Hachez les oignons et l'ail, puis faites-les revenir dans une cocotte à feu doux. Ajoutez les tomates pelées, épépinées et concassées, le chorizo coupé en rondelles d'environ 3 centimètres d'épaisseur, les tripes coupées en lanières, le concentré de tomate puis rajoutez l'ensemble aux haricots. Ajoutez un verre d'eau. Laissez cuire environ 45 minutes à feu moyen. Rectifiez l'assaisonnement et servez très chaud.
• Ce plat se prépare la veille et se laisse réchauffer.

Vin blanc

3,30 € – Château de Nages, Terres de Molines Sauvignon (voir p. 329)

Vins rouges

4,55 € – Thierry Descombes, Beaujolais-Jullié 2007 (voir p. 350)

4,50 € – Château-Soubiran, Côtes du Marmandais 2006 (voir p. 357)

Soupes

Bisque d'étrilles

Pour 4 personnes	
1,5 kg d'étrilles	**17,25 €**
1 carotte	**0,31 €**
1 oignon blanc	**0,28 €**
1 échalote	**0,07 €**
2 gousses d'ail	**0,10 €**
1 bouquet garni (thym, laurier, queues de persil, 1 branche de céleri, 1 vert de poireau, 1 branche d'estragon)	**1,96 €**
3 tomates bien mûres *(en conserve hors saison)*	**0,47 €**
1 cuillère à soupe de concentré de tomate	**0,06 €**
1,5 litre d'eau	
1 cuillère à soupe de crème fraîche	**0,07 €**
1 cuillère à café de fécule de maïs	**0,03 €**
50 g de beurre	**0,26 €**
2 cuillères à soupe d'huile d'olive	**0,10 €**
Sel fin et poivre du moulin	
TOTAL	**20,96 €**
LA PART	5,24 €

• Chauffez le beurre et l'huile dans une cocotte, ajoutez les étrilles bien lavées.

• Laissez colorer à feu vif jusqu'à ce que les étrilles deviennent rouges.
• Ajoutez carotte, oignon, échalote et ail coupés en morceaux. Faites cuire 5 minutes en remuant.
• Ajoutez les tomates pelées, épépinées et coupées en morceaux (inutile si vous utilisez des tomates en conserve), le concentré de tomate, le bouquet garni et l'eau. Salez, poivrez. Versez l'eau et laissez cuire 40 minutes à couvert sur feu doux.
• Écrasez les étrilles pour en exprimer tout le jus parfumé. Passez le jus de cuisson.
• Délayez la fécule de maïs avec un peu d'eau froide, versez dans la cocotte pour lier la bisque et ajoutez, hors du feu, la crème fraîche. Rectifiez l'assaisonnement.
• Servez avec des croûtons frits.

Chorba

Soupe originaire d'Algérie.

Pour 6 à 8 personnes	
500 g de collier d'agneau	**4,34 €**
6 tomates *(en conserve hors saison)*	**1,42 €**
3 oignons	**0,84 €**
100 g d'abricots secs	**0,57 €**
2 piments rouges	**0,57 €**
75 g de vermicelles	**0,10 €**
2 litres d'eau (ou de bouillon de volaille)	
50 g de saindoux	**0,25 €**
1 poignée de feuilles de menthe	**1,31 €**
1 demi-botte de coriandre	**0,63 €**
Sel fin et poivre du moulin	
TOTAL	**10,03 €**
LA PART	1,25 €

• Plongez les tomates 15 à 30 secondes dans de l'eau bouillante, puis dans de l'eau glacée pour les rafraîchir. Pelez-les, coupez-les en deux, épépinez-les, puis hachez-les grossièrement.
• Épluchez, hachez finement les oignons.
• Dans une cocotte, faites fondre le saindoux et revenir à feu doux la chair des tomates et les oignons. Ajoutez les feuilles de menthe et les piments hachés. Versez l'eau, salez, poivrez. Ajoutez les abricots et la viande. Portez à ébullition, puis faites cuire à petit bouillottement pendant 1 heure et demie.
• Retirez la viande et les os. Coupez-la en petits morceaux, puis remettez-la dans le bouillon de la soupe. Ajoutez la coriandre finement ciselée. Versez les vermicelles dans la soupe, mélangez et comptez 10 minutes à partir de la reprise de l'ébullition. Servez aussitôt.
• Cette recette se prépare à l'avance et se réchauffe sans difficulté.

Gaspacho

Pour 6 personnes

2 kg de tomates fraîches *(type Cœur de bœuf, Noir de Crimée, Rose de Berne)*	**3,66 €**
1 concombre	**1,66 €**
1 poivron rouge	**0,58 €**
1 poivron vert	**0,58 €**
3 gousses d'ail	**0,15 €**
3 oignons	**0,85 €**
125 g de pain très rassis *(seulement la mie)*	**0,49 €**
4 cuillères à soupe de vinaigre de vin ou de xérès	**0,04 €**
10 cl d'huile d'olive	**0,34 €**
10 cl d'eau glacée	

2 cuillères à café de sel fin	
10 de tours de moulin à poivre	
TOTAL	**8,35 €**
LA PART	1,39 €

• Plongez les tomates 15 à 30 secondes dans de l'eau bouillante, puis dans de l'eau glacée pour les rafraîchir. Pelez-les, coupez-les en deux, épépinez-les puis hachez-les grossièrement. Réservez dans un saladier.
• Épluchez le concombre, les poivrons, l'ail et les oignons. Retirez les pépins des poivrons. Émincez grossièrement tous les légumes. Ajoutez-les aux tomates.
• Écrasez la mie de pain rassise. Mélangez avec les légumes.
• Ajoutez l'huile, le vinaigre, l'eau, le sel et le poivre. Mélangez.
• Laissez reposer 1 heure au réfrigérateur. Passez l'ensemble au mixeur d'abord puis au moulin à légumes ou au chinois. Rectifiez l'assaisonnement. Mettez le gaspacho au réfrigérateur dans un récipient hermétique.
• Servez froid.

Minestrone

Pour 6 personnes	
150 g de haricots blancs secs	**0,42 €**
50 cl d'eau	
3 pommes de terre à chair farineuse *(type Bintje, Manon)*	**0,61 €**
1/4 de boule de céleri-rave	**0,38 €**
3 tomates	**0,71 €**
2 carottes	**0,62 €**
2 poireaux	**0,31 €**
2 courgettes	**0,90 €**

2 gousses d'ail	**0,10 €**
4 branches de basilic	**0,50 €**
1 poignée de persil	**1,10 €**
1 branche de thym	**0,05 €**
2 litres de bouillon de bœuf	**0,36 €**
4 cuillères à soupe d'huile d'olive	**0,21 €**
1 poignée de vermicelles	**0,13 €**
Un bol de parmesan	**4,54 €**
Sel fin et poivre du moulin	
TOTAL	**10,94 €**
LA PART	1,82 €

• La veille, faites tremper les haricots secs dans de l'eau froide.
• Après les avoir égouttés, déposez-les dans une casserole contenant 50 cl d'eau froide. Couvrez, portez à ébullition, puis baissez le feu pour ramener à petit bouillottement pendant 30 minutes.
• Pendant ce temps, épluchez les pommes de terre, le céleri-rave et les carottes. Réservez.
• Retirez la barbe des poireaux ainsi que les feuilles vertes. Nettoyez les blancs soigneusement. Réservez.
• Rincez les courgettes. Réservez.
• Plongez les tomates 15 à 30 secondes dans de l'eau bouillante, puis dans de l'eau glacée pour les rafraîchir. Pelez et épépinez-les, puis coupez-les en quatre ou huit morceaux selon leur grosseur.
• Coupez les courgettes, les pommes de terre, les carottes et le céleri-rave en petits dés.
• Dans une cocotte, faites chauffer l'huile d'olive et fondre les légumes à feu doux.
• Pelez et écrasez l'ail, avant de l'ajouter aux légumes dans la cocotte avec le bouillon chaud.
• Versez les haricots et leur jus de cuisson. Ajoutez le persil et le thym. Couvrez et laissez cuire 30 minutes. Salez, poivrez.
• Jetez les pâtes dans le faitout, et prolongez la cuisson pour 5 minutes.

• Retirez les herbes aromatiques.
• Versez dans une soupière, parsemez de feuilles de basilic déchirées à la main.
• Servez accompagné de parmesan râpé. Ce plat réalisé à l'avance se réchauffe rapidement.

Potage aux endives

Pour 8 personnes	
500 g d'endives	**0,95 €**
350 g de pommes de terre à chair farineuse *(type Bintje, Manon)*	**0,48 €**
2 litres de bouillon de bœuf ou de consommé du commerce	**0,36 €**
60 g de beurre	**0,30 €**
1 cuillère à soupe de cerfeuil haché	**0,50 €**
1 cuillère à café de sucre	**0,01 €**
Sel fin et poivre de moulin	
TOTAL	**2,60 €**
LA PART	0,33 €

• Choisissez des endives bien fermées, bien blanches et plutôt joufflues, rondouillardes et courtes. Coupez le pied. Passez-les à l'eau rapidement si elles sont terreuses. Émincez-les.
• Épluchez, lavez et coupez les pommes de terre en rondelles.
• Étuvez les endives : rangez-les dans une cocotte en fonte, ajoutez le beurre, mouillez avec un fond d'eau. Salez et poivrez. Couvrez et mettez à feu doux pendant 20 minutes. Surveillez qu'elles ne brûlent pas, sinon ajoutez quelques gouttes d'eau. Les endives doivent être très tendres et il ne doit plus rester de jus de cuisson dans la cocotte.

• Ajoutez dans la cocotte les pommes de terre émincées, le sel et le sucre, le bouillon. Couvrez et faites repartir la cuisson pour 30 minutes.
• Passez l'ensemble au mixeur. Rectifiez l'assaisonnement.
• Versez le potage dans la soupière. Parsemez de cerfeuil haché.
• Ce potage préparé à l'avance se réchauffe rapidement.

Potage basque

Pour 8 personnes	
500 g de pommes de terre à chair farineuse *(type Bintje, Manon)*	**0,68 €**
500 g de tomates bien mûres *(en conserve hors saison)*	**0,91 €**
1 aubergine	**0,65 €**
1 oignon	**0,28 €**
1 gousse d'ail	**0,05 €**
2 litres d'eau	
3 cuillères à soupe d'huile d'olive	**0,15 €**
5 grains de poivre	
Sel fin et poivre du moulin	
TOTAL	**2,72 €**
LA PART	0,34 €

• Plongez les tomates 15 à 30 secondes dans de l'eau bouillante, puis dans de l'eau glacée pour les rafraîchir. Pelez-les, coupez-les en quatre ou huit selon leur grosseur, puis épépinez-les.
• Dans une casserole, versez 2 cuillères à soupe d'huile et faites fondre les tomates. Quand elles se délitent, ajoutez les pommes de terre épluchées, coupées en morceaux, lavées et séchées, l'oignon épluché et émincé, l'ail écrasé,

le poivre en grains et le sel fin. Versez un grand verre d'eau et laissez mijoter à feu doux pendant 20 minutes.

• Passez l'ensemble au mixeur. Versez le restant d'eau, mélangez, puis portez à ébullition. Baissez le feu de manière à tenir le potage chaud.

• Lavez, coupez l'aubergine en petits dés, et faites-les revenir dans une poêle avec l'huile d'olive restante.

• Versez les dés d'aubergine dans la soupière, puis le potage. Vérifiez l'assaisonnement avant de servir.

Potage de potiron et carottes au cumin

Pour 8 personnes	
500 g de potiron	**0,99 €**
500 g de carottes	**1,03 €**
1 pomme de terre à chair farineuse *(type Bintje, Manon)*	**0,20 €**
1 cuillère à soupe d'huile d'olive	**0,05 €**
1 orange	**0,23 €**
1 tablette de bouillon de volaille	**0,09 €**
1 litre d'eau	
2 cuillères à café de cumin en poudre *(ou curry ou curcuma)*	**0,14 €**
Sel fin et poivre du moulin	
TOTAL	**2,73 €**
LA PART	0,34 €

• Pelez le potiron, les carottes et la pomme de terre, lavez-les, puis coupez-les en morceaux.

• Faites chauffer l'huile dans un faitout et faites suer les légumes pendant 10 minutes en remuant.

• Pressez l'orange, versez le jus sur les légumes. Délayez le bouillon dans 1 litre d'eau chaude, versez dans le faitout, et ajoutez le cumin. Salez, poivrez.
• Couvrez et laissez bouillotter à feu moyen 25 minutes.
• Mixez, rectifiez l'assaisonnement et servez bien chaud.

VIN BLANC

3,65 € – André et Michel Bregeon, Muscadet Sèvre-et-Maine-sur-Lie – AOC – 2007 (voir p. 319)

Soupe à l'oignon gratinée

Pour 8 personnes	
5 gros oignons blancs	**1,41 €**
70 g de beurre	**0,36 €**
2 cuillères à soupe d'huile	**0,10 €**
70 g de farine	**0,04 €**
2 litres et demi de bouillon	**0,45 €**
5 œufs	**0,90 €**
250 g de fromages râpés *(1/3 beaufort, 1/3 comté, 1/3 emmental)* ou un seul mais de bonne qualité, AOC de préférence	**3,60 €**
32 rondelles de pain rassis, passées au beurre	**0,90 €**
Sel fin et poivre du moulin	
TOTAL	**7,76 €**
LA PART	0,97 €

• Épluchez et coupez les oignons en rondelles.
• Dans une cocotte, faites chauffer le beurre et l'huile. Ajoutez les oignons et laissez étuver pendant 10 minutes. Saupoudrez de farine, mélangez et laissez cuire 5 minutes en remuant.

• Ajoutez le bouillon. Salez, poivrez. Portez à ébullition, puis laissez à petit bouillottement, à couvert, pendant 30 minutes.
• Pendant ce temps, dans un saladier, battez les œufs et la moitié du ou des fromages râpés.
• Versez le potage brûlant sur la préparation à base d'œufs, puis remettez le tout dans la casserole.
• Faites chauffer, sans bouillir. Rectifiez l'assaisonnement.
• Allumez le gril du four.
• Remplissez les bols à gratin aux trois quarts, répartissez les croûtons sur la soupe et saupoudrez le pain avec le restant de fromage râpé. Enfournez et laissez gratiner 6 à 7 minutes. Servez.
• Vous pouvez faire ce plat la veille et le réchauffer au moment de le faire gratiner.

Soupe au chou

Pour 8 personnes	
1 beau chou vert	**1,25 €**
5 pommes de terre à chair farineuse *(type Bintje, Manon)*	**1,00 €**
3 carottes	**0,77 €**
2 navets	**0,50 €**
2 poireaux	**0,31 €**
1 gros oignon	**0,28 €**
400 g de lard demi-sel ou 2 jarrets arrière demi-sel	**2,11 €**
1 clou de girofle	**0,01 €**
3 litres d'eau	
1 cuillère à soupe de bicarbonate de soude	**0,10 €**
6 tranches de pain de campagne	**0,90 €**
Gros sel, poivre blanc	
TOTAL	**7,23 €**
LA PART	0,90 €

• Dans un faitout, déposez le lard ou les jarrets et remplissez avec 3 litres d'eau froide.
• Portez à ébullition et laissez frémir 20 minutes en écumant. Ajoutez un verre d'eau froide pour faire remonter toutes les impuretés à la surface.
• Épluchez le chou, lavez-le et coupez-le en quatre.
• Dans une casserole d'eau additionnée de bicarbonate, faites blanchir le chou. Comptez 5 minutes à partir de la reprise d'ébullition. Égouttez.
• Épluchez les carottes, les navets, les poireaux, lavez-les, puis coupez-les en morceaux. Épluchez l'oignon et piquez-le du clou de girofle.
• Ajoutez dans le faitout tous les légumes. Faites repartir l'ébullition, ajoutez le gros sel et le poivre. Couvrez et laissez cuire à petit bouillottement pendant 45 minutes (comptez 1 heure pour les jarrets arrière).
• Épluchez les pommes de terre, coupez-les en quatre, puis rincez-les à l'eau courante avant de les faire cuire à part pour ne pas troubler le bouillon.
• Servez avec des tranches de pain grillé.

VIN BLANC

4,40 € – Vincent Stoeffler, Sylvaner 2008 (voir p. 333)

Velouté de poireaux safrané au cerfeuil

Pour 6 personnes

3 pommes de terre à chair farineuse *(type Bintje, Manon)*	**0,61 €**
3 poireaux	**0,47 €**
40 g de beurre	**0,21 €**
2 oignons fanes	**0,56 €**

2 bouquets de cerfeuil	**2,54 €**
1 gousse d'ail	**0,05 €**
1,5 litre de bouillon de volaille	**0,27 €**
2 jaunes d'œufs	**0,36 €**
15 cl de crème fraîche liquide	**0,42 €**
1 pincée de safran en poudre (ou de curcuma)	**0,50 €**
Sel fin et poivre du moulin	
TOTAL	**5,99 €**
LA PART	1,00 €

• Rincez le cerfeuil à l'eau froide, séchez-le, puis détachez les feuilles en pluches et hachez les queues.
• Coupez le pied des poireaux et retirez les feuilles vertes ligneuses. Lavez les poireaux. Émincez-les en fines rondelles, passez-les rapidement sous l'eau, égouttez.
• Dans une casserole, faites fondre le beurre, quand il grésille ajoutez les oignons hachés, la gousse d'ail écrasée et les poireaux émincés. Faites fondre pendant 5 minutes, en remuant régulièrement, sans les laisser colorer.
• Pendant ce temps, épluchez les pommes de terre, lavez-les, puis coupez-les en cubes. Ajoutez les dés de pomme de terre, les queues de cerfeuil et un tiers des pluches de cerfeuil dans la casserole. Remuez pendant 2 à 3 minutes sur feu doux, puis versez le bouillon. Salez, poivrez et poursuivez la cuisson sur feu moyen.
• Au bout de 30 minutes environ, passez le contenu de la casserole au moulin à légumes. Remettez le potage dans la casserole sur feu doux.
• Dans un bol, délayez les jaunes d'œufs avec 10 cl de crème fraîche liquide et le safran (ou le curcuma). En remuant, ajoutez 3 cuillères à soupe de potage chaud. Versez ce mélange dans la casserole et liez en remuant sur feu doux sans laisser bouillir.
• Versez le potage dans une soupière. Ajoutez le reste de crème et de pluches de cerfeuil frais. Servez aussitôt.

Vins blancs

3,65 € – André et Michel Bregeon, Muscadet Sèvre-et-Maine-sur-Lie – AOC – 2007 (voir p. 319)

4,60 € – Vignoble du Chant d'Oiseaux, Orléans blanc 2008 (voir p. 323)

Poissons et coquillages

Brandade de morue

Pour 4 à 6 personnes	
1 kg de morue salée	**9,90 €**
70 cl d'huile d'olive	**1,72 €**
30 cl de lait	**0,22 €**
2 gousses d'ail	**0,10 €**
3 brins de thym	**0,15 €**
3 feuilles de laurier	**0,15 €**
Le jus de un demi-citron	**0,22 €**
1 pincée de noix de muscade râpée	**0,05 €**
Sel fin et poivre blanc	
TOTAL	**12,51 €**
LA PART	2,09 €

• Faites dessaler la morue pendant 24 heures minimum, en renouvelant l'eau plusieurs fois.
• Coupez la morue en morceaux.
• Démarrez la cuisson à l'eau froide, laissez frissonner sans bouillir avec les aromates (thym, laurier) pendant 8 minutes. Écumez. Égouttez, retirez la peau et les arêtes, puis effeuillez les morceaux de poisson.
• Faites chauffer dans une casserole à fond épais 20 cl d'huile d'olive avec les 2 gousses d'ail écrasées, en évitant

qu'elle ne fume. Quand l'huile est chaude, retirez l'ail, ajoutez la morue et travaillez le mélange sur feu doux avec une cuillère en bois. Lorsque vous obtenez une pâte fine, continuez de la travailler en ajoutant petit à petit, sans cesser de remuer, le reste d'huile en alternance avec le lait tiède, jusqu'à la consistance d'une purée crémeuse et homogène. Retirez du feu de temps en temps pendant ce mélange.

• Vérifiez l'assaisonnement, salez si besoin, ajoutez une pincée de poivre blanc, le jus de ½ citron et une pointe de muscade râpée.

• Dressez la brandade dans un plat creux.

• Servez avec des croûtons frits dans l'huile d'olive.

• Vous pouvez préparer ce plat la veille, à condition de le réchauffer très doucement sur une plaque.

VIN BLANC

4,95 € – Château-Ducla, Entre-Deux-Mers 2008 (voir p. 328)

Bulots en aïoli

Pour 8 personnes

2 kg de bulots	**18,50 €**
1 bouquet garni (thym, feuille de laurier, queues de persil)	**1,60 €**
2 cuillères à café d'apéritif anisé ou de graines de fenouil	**0,16 €**
4 clous de girofle	**0,04 €**
1 demi-litre de vin blanc sec	**1,79 €**
8 pommes de terre à chair ferme *(type Charlotte, Belle de Fontenay ou Ratte)*	**1,60 €**
8 carottes	**2,48 €**
1 chou-fleur	**1,26 €**

4 œufs	**0,72 €**
50 g de gros sel	**0,02 €**
Poivre du moulin	
Pour l'aïoli :	
8 grosses gousses d'ail	**0,40 €**
2 jaunes d'œufs	**0,36 €**
50 cl d'huile d'olive	**1,73 €**
1 cuillère à café de jus de citron	**0,11 €**
Sel fin et poivre blanc	
TOTAL	**30,77 €**
LA PART	3,85 €

• *Cuisson des pommes de terre* : épluchez les pommes de terre et les carottes avant de les faire cuire à la vapeur, entières.

• *Cuisson du chou-fleur* : avant cuisson, plongez – entiers ou débités – le chou-fleur dans un récipient d'eau froide additionnée de 3 ou 4 cuillères à soupe de vinaigre d'alcool, afin de déloger les éventuels intrus. Laissez-le tremper 5 minutes. Pour éliminer les deux inconvénients majeurs du chou-fleur (forte odeur à la cuisson, difficultés à la digestion) : plongez les sommités 2 minutes dans l'eau bouillante. Égouttez. Plongez-les ensuite 8 minutes dans 3 litres d'eau portée à ébullition, additionnée d'une poignée de gros sel, de 1 cuillère à café de bicarbonate de soude et d'un croûton de pain rassis pour prévenir l'amertume. Passez-les ensuite dans un récipient d'eau glacée. Égouttez et réservez.

• *Préparation de l'aïoli* : sortez les œufs du réfrigérateur 2 heures à l'avance (ils doivent être, comme l'huile, à température ambiante).

• Épluchez les gousses d'ail, fendez-les en deux, retirez le germe. Broyez-les finement au mortier (ou au mixeur) avec les jaunes d'œufs. Salez, poivrez. Montez l'aïoli au fouet (à main ou électrique) avec l'huile versée en filet comme vous le feriez pour une mayonnaise. Ajoutez le jus de citron.

Couvrez d'un film alimentaire et réservez au frais jusqu'à l'emploi.

• Avant de servir, disposez tous les légumes sur un grand plat de service.

• *Préparation des bulots* : Faites dégorger, pendant 1 heure, les bulots avant toute préparation dans 3 cuillères à soupe de vinaigre d'alcool pour 1 litre d'eau. Lavez-les à grande eau pour enlever le mucus.

• Dans une casserole, mettez les bulots, l'eau, le gros sel – pour garder le goût des bulots –, le vin blanc, le bouquet garni, les clous de girofle et l'apéritif anisé. Donnez quelques tours de moulin à poivre. Portez à ébullition pour 12 à 15 minutes selon leur grosseur, pas davantage, ils deviendraient caoutchouteux.

• Feu éteint, maintenez dans le jus de cuisson 2 minutes. Égouttez.

VIN BLANC

3,65 € – André et Michel Bregeon, Muscadet Sèvre-et-Maine-sur-Lie – AOC – 2007 (voir p. 319)

Carrelet ou plie au four

Pour 6 personnes

1 carrelet d'environ 1,8 kg	**14,13 €**
1 kg de tomates bien mûres *(en conserve hors saison)*	**1,83 €**
3 oignons	**0,85 €**
1 citron non traité	**0,22 €**
1 branche d'estragon	**0,05 €**

2 cuillères à soupe d'huile d'olive	**0,10 €**
1 cuillère à café de sucre en poudre	**0,01 €**
1 cuillère à café de gros sel	**0,01 €**
10 tours de moulin à poivre	
TOTAL	**17,20 €**
LA PART	2,87 €

• Faites préparer (vider, ébarber, étêter et gratter) le carrelet par le poissonnier.
• Préchauffez le four à 270 °C (th. 9).
• Pelez, épépinez et concassez les tomates (ou égouttez les tomates en conserve) ; installez-les dans le fond d'un plat à gratin. Ajoutez la cuillère de sucre en poudre pour pallier l'acidité des tomates.
• Pelez et émincez les oignons en fines rondelles, ajoutez-les aux tomates, mélangez.
• Effeuillez l'estragon et répartissez-le sur le lit de tomates et d'oignons ; posez le carrelet.
• Coupez le citron en fines rondelles ; disposez-les sur le carrelet ; arrosez avec l'huile d'olive ; salez, poivrez.
• Enfournez pour 15 minutes ; arrosez régulièrement avec le jus de cuisson.
• Vérifiez l'assaisonnement et la cuisson.
• Servez bien chaud après avoir pris soin de retirer la peau sur la partie supérieure du poisson.

VIN BLANC

4,95 € – Château-Ducla, Entre-Deux-Mers 2008 (voir p. 328)

Caudière

Pour 8 personnes

2 kg de poissons de petite taille *(grondins, carrelets, solettes, turbotins...)*	**19,21 €**
1 tronçon de congre (450 à 500 g)	**5,15 €**
Quelques parures de poissons *(têtes, arêtes)*	
750 g de pommes de terre à chair ferme *(Annabelle, Franceline ou Charlotte)*	**1,02 €**
3 oignons	**0,85 €**
2 gousses d'ail	**0,10 €**
1 clou de girofle	**0,01 €**
1 branche de thym	**0,05 €**
1 demi-feuille de laurier	**0,05 €**
50 cl de vin blanc	**1,79 €**
1 œuf	**0,18 €**
10 cl de crème fraîche double	**0,20 €**
1 litre de moules *(facultatif)*	**3,42 €**
TOTAL	**32,03 €**
LA PART	4,00 €

• La veille, dans une casserole, sur feu moyen, faites chauffer 1,5 litre d'eau. Ajoutez un oignon pelé et coupé en quartiers, le clou de girofle, le thym, le laurier et toutes les parures de poissons ; tenez à petits bouillottements pendant 20 minutes. Filtrez à travers une passoire fine, puis réservez.

• Épluchez les pommes de terre, lavez-les, coupez-les en rondelles d'un demi-centimètre d'épaisseur.

• Hachez ensemble le reste des oignons et l'ail.

• Dans une sauteuse ou une cocotte, répartissez en couches les rondelles de pommes de terre et le hachis oignons/ail. Mouillez avec le vin et le contenu de la casserole. Faites cuire 10 minutes à feu moyen.

• Posez les filets de poisson sur les pommes de terre qui doivent être recouvertes par le fumet. Maintenez la cuisson pendant 10 minutes.

• Dans un bol, délayez le jaune d'œuf et la crème fraîche avec un peu de bouillon de cuisson. Versez le contenu du bol dans la cocotte, mélangez délicatement.
• Servez dans un plat creux, une soupière ou dans la cocotte.
• Les moules grattées se font cuire dans une casserole sur feu vif. Dès qu'elles sont ouvertes, versez le jus des moules dans la sauteuse.
• Ajoutez les moules décoquillées après que le mélange crème/œuf a été versé dans la cocotte.

Chinchards grillés à la moutarde

Pour 8 personnes	
8 chinchards	**14,40 €**
80 g de beurre	**0,41 €**
8 cuillères à soupe de vin blanc sec	**0,43 €**
8 cuillères à soupe de moutarde de Dijon	**0,56 €**
Sel fin et poivre du moulin	
TOTAL	**15,80 €**
LA PART	1,98 €

• Demandez au poissonnier d'ouvrir chaque poisson en deux, de les vider et de les étêter. Les deux moitiés du chinchard doivent rester attachées.
• Lavez les chinchards, puis séchez-les dans du papier absorbant.
• Préchauffez le four à 200 °C (th. 6/7).
• Mettez le vin blanc dans un plat à gratin ; déposez les poissons côte à côte, la peau contre le fond du plat ; salez, poivrez ; tartinez chaque poisson avec la moutarde de Dijon ; répartissez le beurre en petits dés sur les poissons.
• Mettez au four à mi-hauteur pour 10 minutes (moins si les chinchards sont d'un poids inférieur à 200 g), ils doivent rester moelleux et dorés.

• Servez dans le plat de cuisson avec des pommes de terre en robe des champs.

Nota : on peut utiliser des petits maquereaux pour faire cette même recette.

Coques en sauce

Prévoyez 500 g par personne pour une entrée, 1 kg pour un plat.

Pour 4 personnes (selon le nombre de convives, adaptez la quantité d'ingrédients)

4 kg de coques	**30,20 €**
2 cuillères à soupe de beurre	**0,26 €**
2 cuillères à soupe de persil haché finement	**0,55 €**

Pour la sauce :

1 jaune d'œuf	**0,36 €**
2 cuillères à café de moutarde	**0,07 €**
4 cuillères à soupe d'huile	**0,21 €**
6 cuillères à soupe de jus de coques	
2 cuillères à soupe de jus de citron	**0,11 €**
4 cuillères à soupe de persil plat ciselé	**0,55 €**
Sel fin et poivre du moulin	
TOTAL	**32,31 €**
LA PART	8,08 €

• Faites dégorger les coques au minimum 1 heure, dans un saladier d'eau froide salée – 30 g par litre – pour éliminer le sable qu'elles contiennent.
• Dans une poêle ou une sauteuse, faites cuire les coques à feu moyen dans le beurre, en remuant avec une cuillère en bois, jusqu'à ce qu'elles s'ouvrent.

• Décoquillez-les.
• Réservez le jus pour confectionner la sauce.
• Dans un saladier, mettez le jaune d'œuf cru, la moutarde et le sel ; incorporez l'huile en mince filet. À l'aide d'un fouet ou d'un batteur électrique, montez une mayonnaise ; ajoutez le jus des coquillages sans cesser d'émulsionner, puis le jus de citron et le poivre.
• Arrosez les coques avec cette sauce.
• Dressez sur un bouquet de salade : trévise, cœur de romaine ou de laitue ; parsemez de persil haché.

VIN BLANC

4,70 € – Cazes, Vin de Pays des Côtes Catalanes 2008 (voir p. 330)

Crabes – cuisson des araignées et tourteaux

Le tourteau et l'araignée doivent absolument être cuits au court-bouillon avant d'être dégustés tièdes avec une sauce, froids sur un plateau de fruits de mer, en salade ou cuisinés.
Le court-bouillon doit être relevé, corsé.
L'un et l'autre sont sensibles et n'aiment ni les chutes ni les chocs thermiques.
Avant de les plonger dans l'eau bouillante on peut les endormir en les passant 15 minutes au congélateur.

1 crabe de 1 kg (qui donnera 250 à 300 g de chair)	**7,08 €**
5 litres d'eau	
2 gros oignons blancs	**0,56 €**

1 bouquet garni (1 branche de thym, 2 feuilles de laurier, queues de persil, vert de poireau)	**1,75 €**
1 bouteille de vin blanc sec	**2,68 €**
1 poignée de gros sel de mer	**0,05 €**
20 grains de poivre	**0,33 €**
TOTAL	**12,45 €**

• Dans un faitout, versez l'eau, ajoutez le gros sel, le poivre en grains, les oignons épluchés et finement émincés, le bouquet garni.
• Portez à ébullition et faites cuire 15 minutes couvert aux trois quarts.
• Ajoutez la bouteille de vin blanc. Portez à nouveau à ébullition et plongez les crustacés à l'aide d'une écumoire pour éviter de faire gicler l'eau bouillante. Comptez environ 10 à 15 minutes de cuisson à petits bouillons pour un tourteau ou une araignée d'un kilo. Hors du feu, laissez tiédir le court-bouillon, puis retirez les crustacés (le court-bouillon peut resservir pour cuire un poisson ou préparer un fumet).
• Décortiquez les crustacés demande de la patience, justifiée par l'excellence de leur goût. Les pattes se cassent, emballées dans un torchon, avec un marteau par petits coups fermes et secs pour éviter d'écraser la chair. Le corail crémeux se mange. Il est important de vérifier, avec les doigts, que les chairs sont dépourvues d'éclats de cartilage, dangereux et douloureux pour les gencives.

VIN BLANC

4,70 € – Cazes, Vin de Pays des Côtes Catalanes 2008 (voir p. 330)

Esturgeon milanais

Pour 4 personnes (selon le nombre de convives, adaptez la quantité d'ingrédients)	
4 darnes d'esturgeon d'environ 150/160 g chacune	**23,04 €**
1 carotte	**0,31 €**
1 branche de céleri	**0,16 €**
1 gousse d'ail	**0,05 €**
4 tomates *(en conserve hors saison)*	**0,95 €**
1 cuillère à soupe de farine	**0,01 €**
20 g de beurre	**0,13 €**
1 cuillère à soupe d'huile	**0,05 €**
1 verre de vin blanc sec	**0,71 €**
1 tablette de bouillon de volaille ou de bœuf	**0,09 €**
Sel fin et poivre du moulin	
Pour la gremolata :	
1 citron non traité	**0,22 €**
1 orange non traitée	**0,23 €**
1 bouquet de persil	**1,10 €**
1 gousse d'ail épluchée	**0,05 €**
1 pincée de noix de muscade râpée	**0,05 €**
TOTAL	**27,15 €**
LA PART	6,79 €

• Pelez et coupez en julienne la carotte, la branche de céleri et la gousse d'ail.
• Si la saison le permet, ébouillantez, pelez puis épépinez les tomates avant de les concasser.
• Farinez légèrement les darnes d'esturgeon.
• Dans une cocotte, faites fondre le beurre et l'huile ; faites revenir les darnes sur les deux faces ; retirez le poisson ; réservez.
• Dans la même cocotte, faites revenir les légumes sans les laisser colorer ; salez, poivrez ; ajoutez les darnes, les

tomates, le vin blanc et la tablette de bouillon. Portez à ébullition et ramenez à frémissement pendant 30 minutes à couvert sur feu doux.

• Pendant ce temps, préparez la gremolata : brossez sous l'eau le citron et l'orange ; prélevez la moitié de leur zeste en évitant le zist. Lavez le persil, hachez-le finement ainsi que les zestes et la gousse d'ail ; ajoutez la muscade ; mélangez.

• Parsemez l'esturgeon milanais de gremolata au moment de servir.

Gravlax

Pour 6 personnes	
2 filets de saumon frais (1 kg à 1,2 kg)	**13,70 €**
3 cuillères à soupe de gros sel de mer	**0,03 €**
3 cuillères à soupe de sucre en poudre	**0,04 €**
2 cuillères à café de poivre blanc concassé	**0,14 €**
2 bouquets d'aneth	**2,62 €**
Pour la sauce moutarde :	
30 g de sucre en poudre	**0,02 €**
2 cuillères à soupe de miel liquide	**0,15 €**
1 cuillère à soupe de moutarde Savora	**0,07 €**
5 cl de vinaigre de vin blanc	**0,01 €**
30/35 cl d'huile d'olive	**1,21 €**
Sel fin et poivre du moulin	
TOTAL	**17,99 €**
LA PART	3,00 €

• Demandez au poissonnier de lever les filets du saumon.

• Avec une pince à épiler, retirez les arêtes qui pourraient subsister.

• Dans un bol, mélangez le gros sel, le sucre, le poivre et l'aneth effeuillé.

• Sur une feuille d'aluminium suffisamment large pour faire plusieurs fois le tour des filets de saumon, posez un filet côté peau sur la feuille d'aluminium.
• Étalez le mélange aromatique sur toute la surface du filet.
• Procédez de même sur la surface du second filet.
• Installez le second filet sur le premier, peau vers le haut, comme si vous souhaitiez reconstituer le poisson.
• Étalez le reste du mélange aromatique sur le dessus du second filet.
• Emballez les deux filets l'un contre l'autre dans une large feuille d'aluminium, serrez énergiquement. Bloquez hermétiquement les deux extrémités.
• Mettez le saumon dans le réfrigérateur en le retournant plusieurs fois par jour, et laissez-le macérer pendant 48 heures au minimum. Chaque fois, ouvrez le papier aluminium et arrosez les deux filets avec le jus qui s'est écoulé des saumons.
• Lors de la dégustation, préparez la sauce. Dans un bol, mélangez le sucre, le miel, la moutarde, le vinaigre, le sel et le poivre, puis versez l'huile comme pour monter une mayonnaise. Rectifiez l'assaisonnement selon votre goût.
• Débarrassez le saumon de sa gangue d'aluminium, éliminez les aromates sur la surface des filets ; épongez avec du papier absorbant. Tranchez en fines escalopes et servez après avoir décoré de brins d'aneth, avec des pommes de terre vapeur et la sauce à part.

VIN BLANC

4,95 € – Château-Ducla, Entre-Deux-Mers 2008 (voir p. 328)

Maqueureaux au vin rouge

Pour 4 personnes (selon le nombre de convives, adaptez la quantité d'ingrédients)

4 gros maquereaux, bien gras, coupés en tronçons de 5 à 6 centimètres par le poissonnier	**5,86 €**
250 g de poitrine fumée, coupée en lardons	**1,70 €**
250 g de champignons de Paris	**0,70 €**
50 g de beurre	**0,26 €**

Pour la sauce au vin rouge :

1 demi-bouteille de vin rouge tannique	**1,52 €**
2 échalotes	**0,14 €**
3 branches de persil	**1,10 €**
1 branche de thym	**0,05 €**
1 feuille de laurier	**0,05 €**
1 cuillère à soupe rase de farine	**0,01 €**
80 g de beurre	**0,41 €**
1 cuillère à café de sel fin	
4 tours de moulin à poivre	
TOTAL	**11,80 €**
LA PART	2,95 €

• Mettez les lardons dans une poêle, faites-les revenir jusqu'à ce qu'ils soient bien croustillants ; réservez.

• Faites revenir les champignons coupés en quartiers dans la graisse des lardons.

• Préparez la sauce au vin rouge. Sortez à l'avance du réfrigérateur 15 g de beurre et laissez-le doucement ramollir à température ambiante ; coupez le beurre restant en petits morceaux et remettez-le au froid.

• Dans une casserole, mettez les échalotes épluchées et finement hachées, le thym, le laurier, le persil et le vin ; portez à ébullition ; laissez réduire de moitié.

• Mélangez intimement le beurre assoupli et la farine.

• Passez le vin réduit au chinois ; portez-le à nouveau à ébullition.
• Dans un bol, délayez le mélange beurre et farine avec une première cuillère à soupe de vin, suivie d'une seconde si nécessaire ; versez cette préparation – onctueuse – dans le vin rouge bouillant ; laissez mijoter très doucement jusqu'à épaississement.
• Incorporez les morceaux de beurre maintenus au réfrigérateur, en battant énergiquement à l'aide d'un fouet ; assaisonnez.
• Faites revenir 5 minutes les maquereaux dans le beurre ajouté à la matière grasse des champignons et des lardons.
• Mettez à réchauffer la sauce au vin rouge.
• Introduisez les maquereaux, les champignons et les lardons dans la sauce au vin ; laissez-les s'imprégner.
• Servez avec des tranches de pain grillé.

Merlu froid ou colin des familles

Pour 6 personnes

1 colin de 1,5 kg	**15,22 €**
3 litres de court-bouillon au vin blanc *(voir recette ci-après)*	
1 bol de mayonnaise *(voir recette p. 251)*	**1,18 €**
3 cuillères à soupe de fines herbes hachées (ciboulette, estragon, persil, cerfeuil)	**1,10 €**
Quelques feuilles de laitue bien fraîche	**0,30 €**
6 œufs durs	**1,08 €**

Pour le court-bouillon au vin blanc :

3 litres d'eau	
1 bouteille de vin blanc sec	**2,68 €**
4 carottes coupées en rondelles très fines	**1,24 €**

3 oignons émincés	**0,85 €**
3 échalotes émincées très finement	**0,21 €**
3 poireaux coupés en fines lanières	**0,47 €**
1 petite branche de céleri	**0,16 €**
1 bouquet de persil	**1,10 €**
2 branches de thym	**0,10 €**
2 feuilles de laurier	**0,10 €**
3 cuillères à soupe pleines de gros sel	**0,03 €**
Poivre en grains	
TOTAL	**25,82 €**
LA PART	4,30 €

• La veille, préparez le court-bouillon au vin blanc : mettez les légumes, le persil, le thym, le laurier, le sel, le poivre et l'eau dans la saumonière ; portez à ébullition ; maintenez 30 minutes à petits bouillottements. Arrêtez le feu ; ajoutez le vin blanc. Les éléments acides du vin nuisent à la cuisson des légumes et les empêchent de développer leurs arômes. Il faut donc les ajouter une fois la cuisson terminée. Laissez refroidir.

• Déposez le colin dans la saumonière contenant le court-bouillon froid. Le poisson doit être immergé complètement, sinon recouvrez le dessus du poisson d'un linge trempé dans le court-bouillon.

• Portez à frémissement (le liquide ne doit en aucun cas bouillir) ; comptez 15 à 18 minutes à partir du premier mouvement du bouillon. Vérifiez la cuisson. Soulevez la grille pour sortir le poisson.

• À l'aide d'un couteau, retirez la peau et laissez refroidir à la température de la pièce. Le colin se sert légèrement tiède, ainsi il restera moelleux. Avant le service, placez le poisson sur un plat entouré de laitue et d'œufs durs coupés en deux.

• Si le poisson est préparé la veille pour le lendemain ou le matin pour le soir, il faudra interrompre la cuisson cinq minutes avant son terme et le laisser refroidir dans le court-bouillon.

• Montez une mayonnaise classique à laquelle on incorporera les herbes hachées et qui sera servie à part, dans un bol.
• On peut accompagner ce poisson d'une macédoine de légumes à la russe. Les légumes doivent être frais et assaisonnés de mayonnaise.

Ragoût de congre

Pour 8 personnes

8 darnes de congre (dans le milieu du poisson)	**16,48 €**
50 cl de vin blanc sec	**1,49 €**
6 petites louches de fumet de poisson	**0,09 €**
800 g de pommes de terre *(type Grenaille)*	**0,78 €**
8 carottes	**2,48 €**
2 oignons	**0,56 €**
6 gousses d'ail	**0,30 €**
1 gros bouquet garni (thym, laurier, persil, dont beaucoup de queues et de vert de poireau)	**1,75 €**
5 cuillères à soupe d'huile	**0,25 €**
100 g de beurre *(dont 50 g bien froid pour la sauce)*	**0,51 €**
1 cuillère à café de gros sel	
Poivre du moulin	

Pour le fumet :

Demandez au poissonnier de vous faire cadeau de parures et d'arêtes de poissons, environ 1,5 kg, 2 kg s'il est généreux	
3 litres d'eau	
1 poireau	**0,15 €**

2 branches de céleri	**0,32 €**
4 échalotes	**0,28 €**
1 oignon piqué d'un clou de girofle	**0,29 €**
1 bouquet garni	**1,60 €**
TOTAL	**27,33 €**
LA PART	3,42 €

• La veille, préparez le fumet de poisson : rincez et concassez les parures et les arêtes de poissons. Épluchez, émincez les légumes.
• Mettez l'ensemble dans une marmite avec le bouquet garni et 3 litres d'eau ; portez à ébullition. Après 10 minutes, versez un verre d'eau froide pour faire remonter les impuretés ; écumez. Laissez frémir pendant 30 minutes ; passez au chinois ; réservez le fumet.
• Le lendemain, épluchez les légumes, émincez les oignons, coupez les carottes en rondelles de 2 centimètres d'épaisseur.
• Dans une cocotte, faites fondre 40 g de beurre, puis étuvez l'oignon et les carottes.
• Dans un même temps, dans une poêle, faites revenir dans l'huile et une noix de beurre les tranches de congre en les retournant plusieurs fois pour qu'elles soient bien dorées et croûtées. Réservez.
• Dans la cocotte, versez le vin blanc, 6 louches de fumet de poisson ; ajoutez l'ail épluché et écrasé, le bouquet garni et les pommes de terre ; salez, poivrez. Portez à ébullition ; couvrez et laissez mijoter à feu doux une dizaine de minutes.
• Ajoutez les darnes de congre et laissez cuire à couvert 8 minutes.
• Dans un plat creux, posez les darnes, étalez les légumes autour.
• Faites réduire, sur feu vif, le jus de cuisson d'environ un tiers ; rajoutez 50 g de beurre bien froid coupé en petits morceaux, fouettez ; rectifiez l'assaisonnement ; versez la sauce dans le plat.
• Servez.

Roussette aux câpres (plat froid)

Pour 8 personnes	
2 kg de roussette *(l'appellation commerciale de la roussette est souvent saumonette, toujours vendue dépouillée)*	**17,20 €**
4 oignons	**1,12 €**
1 bocal de câpres	**0,86 €**
8 cuillères à soupe d'huile d'olive	**0,41 €**
4 cuillères à soupe de concentré de tomate	**0,24 €**
2 cuillères à soupe de farine	**0,03 €**
2 cuillères à soupe de vinaigre	**0,02 €**
2 cuillères à café de sel	
15 tours de moulin à poivre	
TOTAL	**19,88 €**
LA PART	2,49 €

• Demandez au poissonnier de découper la roussette en tronçons de 3 à 4 centimètres.
• Passez les morceaux dans la farine.
• Mettez l'huile d'olive à chauffer dans une poêle. Faites revenir à feu vif les morceaux de roussette, quand ils sont dorés, réservez.
• Baissez l'intensité du feu ; ajoutez à l'huile de cuisson les oignons émincés ; faites suer jusqu'à transparence.
• Ajoutez le concentré de tomate, les câpres et le vinaigre ; remuez pour obtenir un mélange homogène. Ajoutez les morceaux de poisson. Salez, poivrez. Laissez cuire à feu doux 7-8 minutes.
• Dressez dans un plat. Servez froid.

Sardines en escabèche, tomates et aromates

Pour 8 personnes	
32 sardines	**7,20 €**
12 cuillères à soupe d'huile d'olive	**0,62 €**
4 tomates, 400 g environ *(en conserve hors saison)*	**0,73 €**
2 gousses d'ail	**0,10 €**
2 carottes	**0,62 €**
2 oignons	**0,56 €**
6 cuillères à soupe de vinaigre de vin	**0,06 €**
2 cuillères à soupe de gros sel	**0,02 €**
2 branches de romarin	**0,10 €**
1 brindille de thym	**0,05 €**
1 feuille de laurier	**0,05 €**
Quelques queues de persil	**0,55 €**
4 cuillères à soupe de farine	**0,06 €**
1 ou 2 piments oiseau *(facultatif)*	**0,30 €**
TOTAL	**11,02 €**
LA PART	1,38 €

• Écaillez les sardines en les frottant avec du papier absorbant de la queue vers la tête. Pour les vider, incisez le ventre, des ouïes jusqu'à la queue, avec un petit couteau, tirez sur la tête, l'arête centrale suit. Ouvrez-les complètement sans les séparer. Lavez, séchez l'intérieur et l'extérieur des sardines.

• Farinez légèrement chaque face, secouez pour éliminer l'excédent.

• Faites dorer les sardines dans 6 cuillères à soupe d'huile d'olive, 2 minutes de chaque côté.

• Égouttez, rangez dans un plat creux ou, mieux, dans une terrine. Parsemez de gros sel chaque couche.

• Dans la poêle, ajoutez à l'huile de cuisson des sardines l'huile restante ; quand elle est chaude, ajoutez les gousses

d'ail écrasées, la carotte et l'oignon épluchés et coupés en fines rondelles, le piment émincé.
• Faites revenir à feu doux 7 à 8 minutes.
• Complétez avec le vinaigre, 4 cuillères à soupe d'eau, le thym, le romarin, le laurier, les queues de persil hachées. Maintenez 10 minutes à petits bouillottements.
• Versez le contenu brûlant de la poêle sur les sardines.
• Laissez refroidir complètement avant d'entreposer la terrine fermée au réfrigérateur au moins 24 heures.
• Plongez les tomates 15 secondes dans l'eau bouillante, pour ensuite les rafraîchir sous l'eau froide, les peler, les couper en deux, retirer les pépins, puis détailler la chair en petits dés.
• Répartissez les tomates sur chaque assiette ; déposez les sardines arrosées d'un peu de marinade et de garniture de légumes.
• Servez avec des tranches de pain grillées et du beurre salé.

Nota : laissez mariner les sardines 48 heures, c'est encore meilleur !

Sardines en marinade

Pour 6 personnes

12 sardines	**2,70 €**
2 oignons	**0,56 €**
4 gousses d'ail	**0,20 €**
1 branche de thym	**0,05 €**
1 brin de romarin	**0,05 €**
1 feuille de laurier	**0,05 €**
2 branches de persil	**0,55 €**
2 poivrons	**1,16 €**
1 cuillère à soupe de vinaigre de vin	**0,01 €**
10 cuillères à soupe d'huile d'olive	**0,52 €**

2 cuillères à soupe de farine	**0,03 €**
Sel fin et poivre du moulin	
TOTAL	**5,88 €**
LA PART	0,98 €

• Épluchez et émincez les oignons, puis faites-les revenir dans une poêle avec 2 cuillères à soupe d'huile d'olive, auxquels vous ajouterez, lorsqu'ils seront légèrement dorés, l'ail écrasé, le thym et le romarin effeuillé, le laurier, le persil haché et les poivrons épluchés, épépinés et émincés. Salez, poivrez et mouillez avec le vinaigre de vin. Laissez mijoter à feu doux et à couvert pendant 10 minutes. Laissez refroidir.

• Pendant ce temps, dans une poêle à frire, versez l'huile d'olive restante et déposez les sardines, vidées, étêtées, nettoyées et légèrement farinées. Faites-les bien dorer sur chaque face, puis déposez-les dans une terrine. Recouvrez avec la marinade froide.

• Laissez les sardines s'imbiber au minimum 24 heures au réfrigérateur avant de les servir froides sur du pain chaud grillé.

Soupe de têtes de poissons

Pour 6 personnes

Têtes de poissons *(grondin, carrelet, congre, colin, lieu)*	**6,00 €**
2 oignons	**0,56 €**
3 gousses d'ail	**0,15 €**
1 poireau	**0,15 €**
2 carottes	**0,62 €**
6 tomates *(en conserve hors saison)*	**1,43 €**
1 pomme de terre à chair farineuse *(type Bintje, Manon)*	**0,20 €**

10 cuillères à soupe d'huile d'olive	**0,52 €**
20 cl de vin blanc	**0,71 €**
2 branches de thym	**0,10 €**
1 feuille de laurier	**0,05 €**
1 pointe de couteau de curcuma *(ou de safran)*	**0,05 €**
3 gouttes de pastis	
Sel fin et poivre de Cayenne	
TOTAL	**10,54 €**
LA PART	1,76 €

• Pelez les carottes et la pomme de terre au couteau économe, lavez-les et coupez-les grossièrement. Lavez soigneusement le poireau (laissez un peu de vert), et émincez-le.
• Coupez les tomates en deux, épépinez-les, puis recoupez-les en quartiers.
• Épluchez et coupez les oignons en rondelles.
• Pelez les gousses d'ail.
• Faites revenir séparément les légumes émincés et les têtes de poissons dans de l'huile d'olive.
• Mettez le tout dans un grand faitout à fond épais. Mouillez avec le vin blanc, complétez avec de l'eau froide jusqu'à ce que toutes les parures de poissons soient recouvertes. Ajoutez les deux branches de thym et la feuille de laurier. Salez, poivrez. Faites cuire 20 minutes à petits bouillons.
• Passez le tout au moulin à légumes, puis à travers une passoire fine en écrasant bien les matières à l'aide d'une cuillère en bois.
• Selon votre goût, ajoutez une pointe de couteau de curcuma (ou de safran) et 3 gouttes de pastis. Vérifiez l'assaisonnement.
• Servez avec des croûtons de pain, des gousses d'ail pelées et un petit bol de rouille.

Tacaud, simplement

Pour 4 personnes (selon le nombre de convives, adaptez la quantité d'ingrédients)

400 g de filets de tacaud *(bien désarêtés, sans la peau)*	**2,71 €**
4 cuillères à soupe d'huile d'olive	**0,21 €**
1 cuillère à soupe de gros sel	**0,01 €**
3 tours de moulin à poivre sur chaque filet	
TOTAL	**2,93 €**
LA PART	0,73 €

- Sur quatre assiettes préalablement passées au congélateur ou au réfrigérateur, répartissez équitablement les filets de tacaud escalopés, puis saupoudrez-les de gros sel.
- Mettez les assiettes au réfrigérateur pour 1 heure environ.
- Sortez les assiettes 15 minutes avant le service. Retirez le sel ; essuyez les filets avec du papier absorbant.
- Poivrez légèrement au moulin les filets, et arrosez délicatement d'huile d'olive.
- Servez accompagné d'une tranche de pain grillé, de beurre et de ½ citron.

Tartare de maquereaux et merlans en terrine

Pour 8 personnes

400 g de filets de maquereaux désarêtés	**2,93 €**
400 g de filets de maquereaux fumés	**5,04 €**
400 g de filets de merlans	**6,37 €**

150 g de beurre mou	**0,78 €**
Sel fin et poivre du moulin	
TOTAL	**15,12 €**
LA PART	1,89 €

• Retirez peau et arêtes des poissons.

• Découpez-en les chairs en gros morceaux, puis passez-les au mixeur pour les hacher et obtenir une texture de rillettes.

• Déposez le hachis de filets de poissons dans un saladier. Ajoutez le beurre ramolli, le sel et le poivre du moulin. Travaillez à la fourchette jusqu'à ce que le mélange soit homogène. Transvasez dans une terrine. Tassez bien, couvrez d'un film alimentaire et placez pour 24 heures au réfrigérateur.

• Servez cette terrine avec du pain de campagne grillé, et arrosée au goût de chacun d'un filet de jus de citron ou d'un trait de vinaigre.

• Cette recette se prépare à l'avance.

Cuisiner, manger, voyager !

Bœuf au cari

Pour 8 personnes	
1,5 kg de macreuse à pot-au-feu	**16,38 €**
2 pommes	**0,31 €**
4 tomates *(en conserve hors saison)*	**0,95 €**
5 oignons	**1,40 €**
4 gousses d'ail	**0,20 €**
40 cl de lait de noix de coco	**1,53 €**
5 cuillères à soupe de curry *(ou curcuma)*	**1,47 €**
3 cuillères à soupe d'huile d'olive	**0,10 €**
1 branche de thym	**0,05 €**
2 feuilles de laurier	**0,10 €**
Sel fin et poivre du moulin	
TOTAL	**22,49 €**
LA PART	2,81 €

• Préchauffez le four à 170 °C (th. 5/6).
• Pelez, hachez les oignons.
• Coupez la viande en cubes de 3 centimètres environ de côté.
• Pelez les pommes, coupez-les en dés.
• Plongez les tomates 15 à 30 secondes dans de l'eau bouillante, puis dans de l'eau glacée pour les rafraîchir.

Pelez-les, coupez-les en deux, épépinez-les puis hachez-les grossièrement.
• Pelez l'ail et passez-le au presse-ail.
• Faites chauffer dans une cocotte les cuillères à soupe d'huile, puis revenir les oignons et la viande pendant une dizaine de minutes.
• Ajoutez ensuite la pomme, les tomates et l'ail. Saupoudrez de curry. Ajoutez le thym, le laurier, le sel, le poivre. Arrosez de lait de coco. Mélangez. Portez à ébullition à feu doux. Couvrez, et laissez cuire 1 heure et demie dans le four.
• Le lendemain, vérifiez la cuisson de la viande. Rectifiez l'assaisonnement. Retirez le thym et le laurier. Posez la cocotte sur la table avec une garniture de riz par exemple.

VIN ROSÉ

5,00 € – Château-Suau, Bordeaux rosé 2008 (voir p. 337)

VINS ROUGES

4,00 € – Marquis de Seillan, Saint-Mont 2006 (voir p. 358)

3,70 € – Domaine Rabasse-Charavin, Vin de Pays de la Principauté d'Orange 2006 (voir p. 361)

Chili au bœuf épicé

Pour 8 personnes

900 g de viande de bœuf hachée	**9,06 €**
800 g de haricots rouges en conserve	**2,54 €**
800 g de tomates *(en conserve hors saison)*	**1,53 €**
2 oignons	**0,56 €**
2 poivrons rouges	**1,16 €**

1 piment oiseau *(facultatif)*	**0,15 €**
4 gousses d'ail	**0,20 €**
4 cuillère à soupe d'huile d'olive	**0,21 €**
1 petite boîte de concentré de tomate	**0,17 €**
1 cuillère à soupe de sucre en poudre	**0,01 €**
Sel fin et poivre du moulin	
TOTAL	**15,59 €**
LA PART	1,95 €

• Dans une sauteuse, faites chauffer l'huile d'olive, ajoutez les oignons épluchés et émincés, puis les poivrons lavés, épluchés avec un couteau économe, épépinés et émincés en lanières d'environ 1 centimètre de large. Faites revenir à feu moyen, puis couvrez pour 10 minutes.
• Ajoutez la viande hachée, faites dorer à feu vif pendant 5 minutes. Salez, poivrez. Remuez pendant la cuisson. Enfin, ajoutez l'ail et le piment hachés. Faites cuire encore 2 minutes.
• Plongez les tomates 15 à 30 secondes dans de l'eau bouillante, puis dans de l'eau glacée pour les rafraîchir. Pelez, coupez en deux puis épépinez les tomates. Saupoudrez de sucre les tomates concassées avant de les ajouter, avec le concentré de tomate ainsi que les haricots rouges, à la préparation. Laissez mijoter à couvert, à feu moyen pendant 50 minutes. Remuez de temps en temps.
• Réchauffez le chili avant de le servir avec des pâtes.

Vin blanc

3,30 € – Château de Nages, Terres de Molines Sauvignon (voir p. 329)

Vin rosé

2,50 € – Château-La Tour de Béraud, Costières de Nîmes 2008 (voir p. 341)

VIN ROUGE

4,20 € – Domaine de la Grande Courtade, Vin de Pays d'Oc Merlot 2008 (voir p. 363)

Dolmas au chou

Pour 6 personnes

1 gros chou frisé bien pommé	**1,50 €**
650 g de viande de bœuf hachée	**5,51 €**
250 g de riz rond	**0,54 €**
3 oignons	**0,85 €**
3 tomates ou une boîte de tomates pelées et épépinées	**0,71 €**
2 cuillères à soupe de concentré de tomate	**0,12 €**
12 cl d'huile d'arachide	**0,31 €**
1 cuillère à café de piment de Cayenne	**0,05 €**
1 bouquet de persil plat	**1,10 €**
4 cuillères à café de curcuma	**0,60 €**
1 demi-litre de bouillon de bœuf *(du commerce)*	**0,09 €**
1 branche de thym	**0,05 €**
1 poignée de gros sel + 2 cuillères à soupe	**0,10 €**
1 cuillère à soupe de bicarbonate de soude	**0,10 €**
Sel fin et poivre du moulin	
TOTAL	**11,63 €**
LA PART	1,94 €

• Détachez, lavez et faites bouillir 1 à 2 minutes les feuilles de chou dans de l'eau salée avec le bicarbonate, puis passez-les sous l'eau froide. Égouttez.

• Épluchez, hachez finement les oignons et le persil, puis coupez les tomates en petits morceaux.

• Mélangez la viande, le riz, les oignons, le persil, les tomates, 2 cuillères à café de curcuma, le poivre de Cayenne et l'huile.
• Découpez les feuilles de chou séchées en 2 ou 3, puis étalez-les bien à plat. Posez une poignée de farce au centre et formez un pannequet triangulaire (vous pouvez utiliser de la ficelle de cuisine).
• Dans une cocotte, versez le bouillon de bœuf, ajoutez la branche de thym, le reste de curcuma, 2 cuillères à soupe de gros sel, portez à ébullition puis plongez les feuilles de chou farcies et faites cuire pendant 25 minutes à feu moyen. Ajoutez le concentré de tomate et faites cuire encore 10 minutes.
• Sortez les dolmas de la cocotte, laissez-les refroidir sur une grille et servez-les froids avec un filet de jus de citron.

Pâté créole (plat de l'île de la Réunion)

Pour 12 personnes
Pour la pâte :

1 kg de farine	**0,83 €**
250 g de saindoux	**1,24 €**
8 œufs + 1 pour dorer	**1,62 €**
60 g de sucre en poudre roux	**0,10 €**
3 cuillères à soupe de sel fin et de poivre	
1 sachet et demi de levure	**0,20 €**

Pour le Godivot (au porc) :

500 g de viande de porc	**3,69 €**
4 clous de girofle	**0,04 €**
1 cuillère à café de curcuma	**0,15 €**
2 cuillères à soupe d'huile d'arachide	**0,08 €**

2 oignons	**0,58 €**
5 gousses d'ail	**0,25 €**
1 branche de thym	**0,05 €**
Sel fin et poivre du moulin	
Pour le Godivot (au poulet) :	
1 poulet de 1,5 kg	**6,88 €**
Mêmes ingrédients que pour le porc	**1,15 €**
TOTAL	**16,86 €**
LA PART	1,41 €

• Préparez la pâte : mélangez la farine, le sel, le poivre, la levure et le sucre.

• Montez en fontaine et déposez la graisse au milieu.

• Du bout des doigts, faites pénétrer la graisse dans la farine (style pâte sablée).

• Cassez les œufs un à un et mélangez bien au fur et à mesure. Roulez le tout en boule.

• Couvrez d'un linge ou d'un film alimentaire et laissez reposer 1 heure au frais.

• *Pendant ce temps, cuisinez séparément, mais de la même manière, le porc et le poulet.*

• Coupez le porc en petits morceaux et le poulet en parts.

• Dans l'huile brûlante, faites revenir la viande puis les oignons émincés et l'ail écrasé.

• Ajoutez les clous de girofle pour chaque viande, le curcuma et la branche de thym. Salez, poivrez.

• Couvrez d'eau, couvrez la casserole à moitié et laissez cuire à feu moyen pendant 25 minutes. Il ne doit pas rester trop d'eau.

• Laissez refroidir. Séparez la viande de poulet des os, puis mélangez les 2 viandes.

• Séparez la pâte aux deux tiers. Étalez au rouleau en 2 cercles. Posez le plus grand dans un moule à manqué beurré et fariné, en laissant dépasser la pâte.

• Dressez le mélange de viande comme un pâté en croûte, plus mince sur les bords, en montagne au milieu. Recouvrez avec le second cercle en soudant bien les bords. Dorez le pâté à l'œuf.

• Faites cuire à four moyen pendant 1 heure-1 heure 15 minutes. Le pâté doit être bien doré mais pas noirci.

Vin blanc

4,60 € – Lycée Viticole Edgard-Pisani, Saumur blanc 2008 (voir p. 323)

Vin rouge

4,50 € – Les Vignerons d'Estézargues, Vin de Pays du Gard, Cuvée des Galets 2008 (voir p. 360)

Ragoût d'agneau à la grecque

Pour 6 personnes

1,4 kg d'agneau dans l'épaule ou le haut de côtes ou du collier *(ou mélange des 3)* découpé en morceaux de 60 à 70 g	**14,69 €**
1 litre de bouillon de volaille (ou de bœuf)	**0,18 €**
800 g de tomates *(en conserve hors saison)*	**1,46 €**
4 oignons	**1,12 €**
4 gousses d'ail	**0,20 €**
1 branche de thym	**0,05 €**
500 g de petites pâtes « langues d'oiseau » *(petites pâtes grecques en forme de grains de riz)*	**1,80 €**
2 cuillères à soupe d'huile d'olive	**0,10 €**
100 g de parmesan râpé	**1,81 €**
Sel fin et poivre du moulin	
TOTAL	**21,41 €**
LA PART	3,57 €

• Préchauffez le four à 200 °C (th. 6/7).
• Plongez les tomates 30 secondes dans de l'eau bouillante, puis pelez-les à l'aide d'un couteau pointu. Coupez-les en deux ou en quatre et retirez les pépins.
• Épluchez et émincez grossièrement les oignons.
• Épluchez et écrasez deux gousses d'ail.
• Salez et poivrez les morceaux d'agneau.
• Dans une cocotte, faites revenir la viande dans l'huile d'olive jusqu'à ce qu'elle soit bien dorée. Ajoutez les tomates, les oignons, le thym et l'ail. Mélangez afin que les ingrédients s'imprègnent des parfums. Versez le bouillon, couvrez et enfournez pour 1 heure. Vérifiez régulièrement la cuisson.
• Au bout de ce temps, sortez la cocotte du four, ajoutez les pâtes en pluie, mélangez bien. Ajoutez les deux gousses d'ail restantes écrasées. Couvrez et remettez au four pour une vingtaine de minutes. Surveillez cette fin de cuisson afin que le jus ne soit ni trop abondant ni trop court.
• Servez avec le parmesan râpé.

VIN ROSÉ

4,90 € – L'Oustal Anne de Joyeuse, Vin de Pays d'Oc rosé Camas pinot noir 2008 (voir p. 340)

VIN ROUGE

2,04 € – Château-Bonhomme, Vin de Pays des Coteaux de Peyriac 2006 (voir p. 365)

Tajine d'agneau aux fruits secs

Pour 8 personnes	
1,6 kg de viande d'agneau *(épaule ou gigot désossé)* découpée en morceaux de 60 à 70 g	**16,78 €**
500 g d'abricots secs	**1,64 €**
100 g de raisins secs	**0,39 €**
7 cuillères à soupe d'huile d'olive	**0,36 €**
30 cl de bouillon du commerce	**0,09 €**
2 gros oignons	**0,58 €**
2 gousses d'ail	**0,10 €**
3 cuillères à soupe de miel	**0,22 €**
2 cuillères à café de gingembre en poudre *(ou un morceau de gingembre frais râpé)*	**0,29 €**
1 cuillère à café de safran *(facultatif)*	**1,04 €**
3 pincées de cannelle en poudre	**0,12 €**
1 bouquet de coriandre fraîche	**1,23 €**
1 bouquet de persil plat frais	**1,10 €**
Sel fin et poivre du moulin	
TOTAL	**23,94 €**
LA PART	2,99 €

• Préchauffez le four à 180 °C (th. 6).

• Dans un bol, mélangez les épices et les herbes lavées et ciselées.

• Dans une cocotte, faites chauffer l'huile d'olive, ajoutez les oignons émincés. Faites revenir à feu doux pendant une dizaine de minutes. Quand ils sont transparents, ajoutez les morceaux d'agneau salés et poivrés, faites dorer 5 minutes.

• Versez l'ail écrasé et le contenu du bol, remuez. Arrosez avec le bouillon.

• Couvrez pour laisser les parfums s'exprimer. Faites frémir pendant 40 minutes.

• Ajoutez ensuite les abricots, les raisins et le miel. Mélangez bien pour envelopper tous les ingrédients du jus de viande.
• Enfournez pour environ 50 à 60 minutes. La viande doit être bien moelleuse.
• Rectifiez éventuellement l'assaisonnement.
• Si ce plat est destiné à être préparé la veille, enfournez l'agneau directement après l'avoir fait revenir avec les oignons, l'ail et les épices. Faites cuire 1 heure et demie. Vérifiez la cuisson de l'agneau. La chair doit être un peu confite et surtout très tendre. Le lendemain, ajoutez dans la cocotte les abricots secs, les raisins et le miel. Laissez la sauce épaissir pendant 20 minutes sur feu moyen.
• Servez avec un plat de semoule.

Vin rosé

4,90 € – L'Oustal Anne de Joyeuse, Vin de Pays d'Oc rosé Camas pinot noir 2008 (voir p. 340)

Vins rouges

2,70 € – Domaine de l'Oisellerie, Vin de Pays Charentais (voir p. 356)

4,20 € – Domaine de la Grande Courtade, Vin de Pays d'Oc Merlot 2008 (voir p. 363)

Tajine de poulet aux olives et citron confit

Pour 6 à 8 personnes

1 gros poulet de 2 kg *(ou 2 poulets de 1,3 kg)*	**9,18 €**

1 gros oignon	**0,28 €**
1 cuillère à soupe de gingembre frais râpé en poudre	**0,29 €**
1 cuillère à café de cannelle en poudre *(ou un bâton)*	**0,13 €**
1 litre de bouillon de volaille	**0,18 €**
6 cuillères à soupe d'huile d'olive	**0,31 €**
2 gousses d'ail écrasées	**0,10 €**
1 demi-botte de coriandre fraîche	**0,63 €**
1 demi-botte de persil haché	**0,55 €**
50 g de grosses olives dénoyautées	**0,17 €**
1 citron confit	**0,40 €**
1 pincée de curcuma ou de safran *(facultatif)*	**0,05 €**
TOTAL	**12,27 €**
LA PART	1,53 €

• Découpez le poulet, les cuisses en trois morceaux (le pilon et le haut de cuisse en deux), soit six morceaux. Les ailes et suprêmes en trois morceaux.

• Épluchez, puis hachez l'oignon.

• Dans une cocotte, chauffez l'huile d'olive avec l'oignon haché, laissez fondre et très légèrement dorer pendant 5 minutes, puis ajoutez le gingembre râpé, la cannelle, les gousses d'ail écrasées (et éventuellement une pincée de curcuma ou de safran). Couvrez et laissez les parfums s'exprimer.

• Ajoutez les six morceaux de cuisses de poulet, recouvrez avec le bouillon froid, salez et poivrez. À ébullition couvrez, et faites cuire à feu doux pendant 30 minutes. Remuez de temps en temps avec une cuillère en bois.

• Ajoutez les six morceaux d'ailes et blancs de poulet, Faites cuire encore à couvert 20 minutes à feu doux. Vérifiez la cuisson du poulet, la chair doit être confite et très tendre.

• *La suite de la recette peut se dérouler le lendemain, ou le soir si vous avez réalisé les premières étapes le matin.*

• Préchauffez le four à 240 °C (th. 8).

• Placez le poulet égoutté dans le plat à tajine, faites réduire au besoin le jus qui doit être sirupeux. Ajoutez le citron confit coupé en petits morceaux, les olives, la coriandre et le persil hachés. Versez le jus, posez la cloche sur le plat. Remplissez le trou d'eau pour éviter le dessèchement. Mettez au four pendant 10 minutes.

Nota : prévoyez en réserve un peu de bouillon pour en rajouter en cours de cuisson.

VIN BLANC

4,60 € – Lycée Viticole Edgard-Pisani, Saumur blanc 2008 (voir p. 323)

VINS ROSÉS

5,00 € – Domaine La Grange Tiphaine, Touraine rosé, Cuvée Riage Tournant 2008 (voir p. 342)

4,25 € – Domaine des Combiers, Beaujolais, Cuvée Rosé des Granits 2008 (voir p. 346)

VIN ROUGE

4,20 € – Domaine de la Grande Courtade, Vin de Pays d'Oc Merlot 2008 (voir p. 363)

Tajine Makfoul aux oignons et tomates caramélisés

Pour 8 personnes

2 kg de viande d'agneau dans l'épaule *(ou gigot désossé)*, découpée en morceaux de 80 g **20,98 €**

2 kg d'oignons **5,64 €**

1,5 kg de tomates *(en conserve hors saison)*	**2,74 €**
1 bouquet de persil plat	**1,10 €**
20 cl d'huile d'olive	**0,69 €**
3 cuillères à soupe de miel	**0,22 €**
2 bâtons de cannelle *(ou 2 cuillères à soupe de poudre)*	**0,52 €**
1 morceau de gingembre frais râpé *(ou 1 demi-cuillère à café de gingembre en poudre)*	**0,29 €**
1 cuillère à café de cannelle en poudre	**0,13 €**
1 cuillère à café de curcuma *(ou de safran en poudre)*	**0,15 €**
Bouillon de volaille	**0,09 €**
Sel fin et poivre du moulin	
TOTAL	**32,55 €**
LA PART	4,07 €

• Dans une cocotte, faites chauffez l'huile d'olive, déposez la viande coupée en gros morceaux, faites revenir à feu vif pendant 5 minutes.

• Préchauffez le four à 180 °C (th. 6).

• Ajoutez à la viande le persil haché, le gingembre, le curcuma (ou le safran). Salez, poivrez. Mélangez. Laissez les parfums imprégner la viande quelques minutes.

• Ajoutez la cannelle en bâtons et mouillez avec 1 demi-verre d'eau (ou de bouillon de volaille).

• Laissez mijoter 20 minutes, en remuant régulièrement. Rajoutez un peu d'eau (ou de bouillon) si la viande attache. Pendant ce temps, plongez les tomates 15 à 30 secondes dans de l'eau bouillante, puis dans de l'eau glacée pour les rafraîchir. Pelez, épépinez puis coupez les tomates en morceaux.

• Pelez et émincez les oignons.

• Dans un plat à tajine, déposez la viande, ajoutez une couche d'oignons, puis les morceaux de tomates. Saupoudrez de cannelle, nappez de miel. Recommencez l'opération oignons/tomates/cannelle/miel.

• Couvrez et enfournez pour 30 minutes.
• En cours de cuisson, retirez l'excès de jus que peuvent rendre tomates et oignons.
• Passez sous le gril du four quelques minutes avant de servir ce plat parsemé de persil.

Vin blanc

4,65 € – Castelmaure, Corbières blanc (voir p. 329)

Vin rouge

2,70 € – Domaine de l'Oisellerie, Vin de Pays Charentais (voir p. 356)

Travers à l'aigre-doux à la cantonaise

Pour 8 personnes	
2 kg de travers de porc	**14,00 €**
15 cl de banyuls *(ou 2 verres de Rivesaltes)*	**0,87 €**
3 cuillères à soupe de sauce soja	**0,12 €**
1 demi-cuillère à café de pâte de piment chinoise *(vous pouvez selon votre goût en ajouter davantage)*	**0,20 €**
3 cuillères à soupe d'huile de colza	**0,08 €**
3 cuillères à soupe de sucre en poudre	**0,04 €**
3 cuillères à soupe de vinaigre de vin	**0,04 €**
4 oignons	**1,12 €**
2 cuillères à soupe de farine	**0,02 €**
4 cuillères à soupe de concentré de tomate	**0,24 €**
TOTAL	**16,73 €**
LA PART	2,09 €

• Découpez les travers de porc entre chaque os, puis enduisez-les de pâte de piment.
• Déposez les morceaux dans un saladier ou un cul-de-poule, arrosez-les de banyuls et de la sauce soja et laissez macérer pendant 1 heure et demie à 2 heures en mélangeant plusieurs fois.
• Égouttez les morceaux, épongez-les, conservez la marinade et faites revenir dans une poêle avec 2 cuillères à soupe d'huile de colza. Les morceaux de viande doivent être bien rissolés. Réservez au chaud.
• Dans la même poêle ajoutez le reste d'huile, le vinaigre, les oignons hachés finement, le sucre, remuez pendant 5 à 6 minutes sans laisser roussir. Saupoudrez de farine, mélangez, ajoutez le concentré de tomate et la marinade. Faites cuire 20 minutes à frémissement.
• Versez la sauce obtenue sur les morceaux de viande.
• Mélangez pour qu'ils soient bien enrobés.
• Servez ce plat froid ou chaud avec du riz.

Vins blancs

4,00 € – Domaine Giraudon, Bourgogne Aligoté 2008 (voir p. 324)

4,65 € – Castelmaure, Corbières blanc (voir p. 329)

5,00 € – Albert Seltz, Pinot blanc 2008 (offre spéciale du vigneron) (voir p. 332)

Vins rosés

4,90 € – L'Oustal Anne de Joyeuse, Vin de Pays d'Oc Rosé Camas pinot noir 2008 (voir p. 340)

4,70 € – Domaine Saint-André, Vin de Pays d'Oc Rosé de Saignée 2007 (voir p. 341)

4,90 € – Domaine Ogereau, Rosé de Loire 2008 (voir p. 343)

Pâtés, terrines, pain et basta

Gâteau de carottes nouvelles

Pour 8 personnes	
500 g de carottes nouvelles	**0,72 €**
4 œufs	**0,72 €**
100 g de farine	**0,06 €**
200 g de sucre en poudre	**0,17 €**
20 g de levure	**0,20 €**
250 g de noisettes en poudre	**3,90 €**
50 cl d'huile	**1,28 €**
2 pincées de sel	
1 cuillère à café de cumin en poudre	**0,14 €**
TOTAL	**7,19 €**
LA PART	0,90 €

• Brossez et lavez les carottes, puis râpez-les.
• Préchauffez le four à 180 °C (th. 6).
• Dans une terrine, cassez les œufs, puis fouettez-les avec le sucre jusqu'à ce que le mélange blanchisse.
• Tamisez ensemble la farine, la levure, le sel et la poudre de noisettes puis ajoutez petit à petit les œufs battus en remuant sans arrêt avec un fouet.
• Ajoutez l'huile, les carottes râpées et le cumin. Mélangez bien jusqu'à ce que la pâte soit homogène.

• Beurrez un moule à manqué et versez-y la préparation. Enfournez pendant 40 minutes. Laissez refroidir le gâteau dans le moule avant de le démouler. Coupez-le en tranches et servez.

VIN BLANC

4,20 € – André et Michel Quénard, Vin blanc de Savoie Chignin 2008 (voir p. 325)

VIN ROSÉ

4,30 € – Domaine de la Gaudetterie, Coteaux du Vendômois Gris 2008 (voir p. 344)

Lapin en gelée aux aromates

Pour 6 personnes	
1 lapin d'environ 2 kg	**14,40 €**
200 g de poitrine fumée	**1,36 €**
1 litre de vin blanc sec et fruité	**2,68 €**
1 brindille de thym	**0,05 €**
1 petite feuille de laurier	**0,05 €**
4 échalotes	**0,28 €**
2 cuillères à soupe d'armagnac *(ou de cognac)*	**0,84 €**
2 cuillères à soupe de persil simple haché et de coriandre fraîche	**1,18 €**
1 pincée de quatre-épices 1 cuillère à café de sucre en poudre 1 cuillère à café de coriandre au moulin	**0,15 €**
Sel fin et poivre du moulin	
TOTAL	**20,99 €**
LA PART	3,50 €

• Faites découper au couteau par le volailler le lapin en morceaux moyens.
• Coupez la poitrine fumée en lardons de 1 centimètre sur 2 environ.
• Dans une casserole, mettez le vin blanc et les lardons. Portez à frémissement.
• Ajoutez le thym, le laurier, les échalotes, les quatre-épices, la coriandre en poudre, 1 cuillère à café de sel, quelques tours de moulin à poivre, le sucre. Laissez refroidir à couvert.
• Salez et poivrez tous les morceaux du lapin, puis rangez-les dans une terrine. Versez la cuisson du vin blanc avec tous les aromates. Fermez la terrine et laissez une nuit au réfrigérateur.
• Le lendemain, allumez le four à 180 °C (th. 6).
• Placez la terrine dans la lèchefrite, remplissez-la d'eau chaude. Enfournez pour 1 heure et demie. Vérifiez avec un couteau le degré de cuisson. Sortez la terrine du four.
• Ajoutez l'armagnac (ou le cognac), la coriandre du moulin et une pincée de poivre.
• Lorsque le contenu de la terrine est tiède, ajoutez le persil et la coriandre fraîche hachés finement. Refermez la terrine. Mettez au réfrigérateur pour une nuit. *La gelée n'est que tremblotante, si vous désirez une gelée plus ferme ajoutez une feuille de gélatine avec le thym, le laurier et les autre aromates.*
• Servez froid avec une salade.

Vins blancs

4,50 € – Château de la Ragotière, Muscadet Sèvre-et-Maine-sur-Lie – AOC – 2008 (voir p. 319)

5,00 € – Bitouzet-Prieur, Bourgogne Aligoté 2006 (voir p. 324)

Vins rosés

4,70 € – Domaine Saint-André, Vin de Pays d'Oc Rosé de Saignée 2007 (voir p. 341)

4,90 € – Domaine Ogereau, Rosé de Loire 2008 (voir p. 343)

Vin rouge

2,70 € – Domaine de l'Oisellerie, Vin de Pays Charentais (voir p. 356)

Lapin en persillé

Pour 8 personnes	
2,3 kg à 2,5 kg de lapin	**18,00 €**
3 carottes	**0,57 €**
2 oignons	**0,56 €**
2 bouquets de persil plat	**2,20 €**
1 bouquet garni (thym, laurier)	**0,50 €**
2 cuillères à soupe de graisse de canard *(ou d'oie, ou de saindoux)*	**0,38 €**
2 cuillères à soupe de beurre	**0,26 €**
50 cl de vin blanc sec	**1,79 €**
2 cuillères à soupe de vinaigre de vin ou de melfor *(spécialité alsacienne)*	**0,02 €**
1 feuille de gélatine	**0,31 €**
Sel fin et poivre du moulin	
TOTAL	**24,59 €**
LA PART	3,07 €

• Achetez des morceaux de lapin répartis entre les cuisses, le râble et les pattes avant.
• Salez, poivrez.

• Épluchez et lavez les carottes, pelez les oignons. Coupez-les en grosse julienne. Réservez.
• Dans une cocotte, faites fondre la graisse de canard et faites sauter les morceaux de tous côtés.
• Retirez la plus grande partie de la graisse et les morceaux de lapin.
• Dans la cocotte, faites fondre le beurre, ajoutez carottes et oignons. Laissez suer à couvert pendant une dizaine de minutes, puis ajoutez les morceaux de lapin, le vin blanc et le bouquet garni. Salez, poivrez. Portez à ébullition. Couvrez et laissez cuire à feu doux pendant 1 heure trois quarts à 2 heures. Vérifiez que le lapin soit bien cuit, prêt à être décortiqué sans effort.
• Égouttez les morceaux. Décortiquez les viandes. Lorsque la chair du lapin est effilochée, mettez les os dans la cuisson avec les légumes, réservez les chairs. Maintenez à petit bouillottement pendant 30 minutes, puis récupérez dans une casserole ce jus, au travers d'un chinois, pour en faire la gelée. Ajoutez 1 feuille de gélatine du commerce en suivant les indications de l'emballage. Vérifiez l'assaisonnement. Ajoutez le vinaigre, portez à ébullition pour 3 minutes.
• Lavez et hachez le persil, ajoutez-le à l'effilochée de lapin, puis incorporez le jus.
• Versez l'ensemble dans une terrine.
• Emballez dans un film alimentaire.
• Maintenez 24 à 48 heures dans le réfrigérateur.
• Servez froid.

VINS BLANCS

5,00 € – Bitouzet-Prieur, Bourgogne Aligoté 2006 (voir p. 324)

4,00 € – Domaine Giraudon, Bourgogne Aligoté 2008 (voir p. 324)

VIN ROSÉ

4,30 € – André et Michel Quénard, Vin de Savoie Chignin rosé 2008 (voir p. 345)

Pain de poisson

Pour 8 personnes	
1 grondin de 1 kg (soit 450 à 500 g de restes de poissons pochés)	**11,36 €**
2 poivrons verts	**1,16 €**
1 poivron rouge	**0,58 €**
3 blancs d'œufs	**0,54 €**
1 béchamel maison	**3,38 €**
TOTAL	**17,02 €**
LA PART	2,13 €

Pour la béchamel :	
1 litre de lait	**0,73 €**
6 jaunes d'œufs + 2 entiers	**1,44 €**
100 g de beurre	**0,51 €**
100 g de farine	**0,06 €**
2 cuillères à soupe de crème fraîche	**0,14 €**
1 cuillère à café de sel fin	
1 cuillère à soupe de noix de muscade râpée	**0,50 €**
Poivre du moulin	
TOTAL	**3,38 €**

• Décortiquez le poisson, éliminez les arêtes.

• Lavez puis épluchez grossièrement les poivrons avec un couteau économe. Retirez le pédoncule, ouvrez chacun en deux, ôtez les graines et le filament blanc. Coupez-les en lanières et petits morceaux comme un mirepoix.

• Dans une casserole à fond épais, mettez la farine, le beurre, les jaunes d'œufs et le lait. Faites chauffer à feu moyen sans cesser de remuer avec un fouet ou une cuillère en bois jusqu'à ébullition. Ajoutez le sel, le poivre, la muscade, la crème et les œufs entiers préalablement mélangés.
• Préchauffez le four à 160 °C (th. 5/6).
• Ajoutez le poisson grossièrement écrasé et les dés de poivrons.
• Incorporez délicatement les blancs d'œufs battus en neige très ferme.
• Versez dans un moule à savarin beurré et faites cuire au bain-marie pendant 35 à 45 minutes.
• Laissez refroidir.
• Le lendemain, démoulez et servez avec un coulis de tomate froid (voir recette p. 55, *cf. Moussaka*).

Vins blancs

4,60 € – Domaine Bruno Cormerais, Muscadet Sèvre-et-Maine-sur-Lie, Cuvée « Chambaudière » 2007 (voir p. 321)

5,00 € – Bitouzet-Prieur, Bourgogne Aligoté 2006 (voir p. 324)

3,25 € – Cave de Saint-Désirat, Vin de Pays de l'Ardèche 2008 (voir p. 334)

4,50 € – Château de la Ragotière, Muscadet Sèvre-et-Maine-sur-Lie – AOC – 2008 (voir p. 319)

Vin rosé

4,30 € – André et Michel Quénard, Vin de Savoie Chignin Rosé 2008 (voir p. 345)

Pâté de pommes de terre

Pour 8 personnes	
800 g de pâte feuilletée	**3,04 €**
700 g de pommes de terre à chair ferme *(type Belle de Fontenay, Roseval, Charlotte)*	**0,95 €**
3 jaunes d'œufs	**0,54 €**
250 g de crème fraîche	**0,49 €**
Noix de muscade râpée	**0,05 €**
Sel fin et poivre du moulin	
TOTAL	**5,07 €**
LA PART	0,63 €

• Préchauffez le four à 220 °C (th. 7/8).
• Garnissez de pâte feuilletée une tourtière à bords hauts.
• Répartissez les pommes de terre coupées en tranches fines.
• Salez, poivrez et muscadez.
• Recouvrez d'une feuille de pâte feuilletée pour fermer hermétiquement le pâté.
• Dorez au jaune d'œuf et glissez dans le four pour 10 minutes, puis baissez le four à 170 °C (th. 5/6) pour 30 minutes.
• Lorsque la tourte est cuite, pratiquez au centre du couvercle une cheminée pour y introduire la crème fraîche mélangée avec les jaunes d'œufs.
• Remettez la tourtière dans le four éteint pour 5 minutes.
• Servez dans le plat de cuisson avec une salade croquante légèrement aillée.

VIN BLANC

3,10 € – La Cévenole, Coteaux de l'Ardèche, Cuvée « Chanteperdrix » 2008 (voir p. 335)

Rillauds maison

Pour une vingtaine de morceaux (8 personnes)

900 g de poitrine de lard frais coupée en 3 tranches	**4,72 €**
500 g de saindoux	**2,48 €**
3 cuillères à soupe de sucre en poudre	**0,04 €**
50 g de gros sel	**0,02 €**
TOTAL	**7,26 €**
LA PART	0,91 €

• Coupez la poitrine en morceaux de 5 centimètres de large chacun en conservant la couenne. Mettez-les dans une terrine, répandez le gros sel, remuez pour que les morceaux soient tous uniformément salés et laissez macérer pendant 24 heures en remuant régulièrement les morceaux.

• Dans une cocotte, faites chauffer le saindoux à feu très doux, dès qu'il est fondu ajoutez les morceaux de poitrine soigneusement épongés et laissez confire pendant 3 bonnes heures en retournant à plusieurs reprises les morceaux.

• Égouttez les viandes, conservez le saindoux qui vous servira pour cuisiner ultérieurement.

• Remettez la cocotte sur feu doux. Saupoudrez les morceaux de viande de sucre et faites-les caraméliser en les retournant pour qu'ils soient croustillants sur toutes leurs faces. Ne les laissez pas brunir.

• Les rillauds peuvent être servis tièdes ou froids avec une salade croquante échalotée ou aillée, ou encore une salade de pommes de terre ou de lentilles bien relevée.

VIN ROUGE

2,70 € – Domaine de l'Oisellerie, Vin de Pays Charentais (voir p. 356)

Rillettes des « Carmet »

Pour obtenir 8 à 9 pots de type confiture, il faut :

3 kg de viande de porc :	
— 1 kg de travers de porc ou spare ribs	**7,00 €**
— 1 kg de pointe, de palette ou d'échine bien maigre	**6,58 €**
— 1 kg de jarret	**4,50 €**
3 ou 4 beaux oignons	**1,12 €**
150 g de saindoux	**0,74 €**
30 cl de vin blanc sec	**1,07 €**
Poivre	
TOTAL	**21,01 €**
LE POT	2,33 €

Catherine Carmet ne sale pas ses rillettes. Elle prend, indifféremment, une des trois variétés de viande demi-sel ou les trois.

• Découpez les différents morceaux en gros cubes. Le jarret sera coupé en quatre, par exemple.
• Chauffez le saindoux dans la cocotte puis faites « dorer croustillant ». Ajoutez le vin blanc, 2 verres à moutarde d'eau, les oignons épluchés coupés en quatre. Poivrez. Couvrez et laissez cuire à feu doux ou au four à 130 °C (th. 4) pendant 1 heure et demie à 2 heures.
• La préparation de ces rillettes exige surveillance. Le plus souvent possible, on vérifiera l'avancement de la cuisson et « touillera » (*sic*) vigoureusement pour inciter la viande à se déliter. Chaque fois que ce sera nécessaire, ajoutez un peu d'eau et, dès que les os se détacheront des chairs, retirez-les.
• Quand la viande prend, enfin, l'apparence de « rillettes », éliminez tous les os restants et les cartilages. Si la consistance finale manque de moelleux, ajoutez éventuellement deux à trois cuillères de saindoux.

• Mettez en pots. Laissez refroidir. Couvrez ensuite les rillettes d'une couche de saindoux et rangez au réfrigérateur pour laisser « rassir » trois à quatre jours.

Recommandations de Catherine Carmet :
— Ne jamais hacher la viande.
— Ne jamais utiliser de cocotte-minute.
— Ne jamais dégraisser les morceaux de viande.
— Conserver toujours la couenne du jarret.
— Prendre patience, le passage du morceau à l'état de rillettes peut durer dix heures et même davantage. C'est à ce prix qu'elles sont « goûteuses ».
— La cuisson des rillettes peut s'interrompre sans inconvénient. La reprendre après refroidissement, même le lendemain.

Nota : les rillettes peuvent se faire en plus grande quantité afin de les utiliser pour farcir une omelette. Les rillettes d'oie ou les rillettes de canard se réalisent selon le même principe, échine de porc, panne, magret d'oie ou de canard, coupés en lanières fines dans le sens de la fibre. La proportion est : poids de la viande d'oie égal à la moitié du poids de la viande de porc.

Vin blanc

4,10 € – Domaine de l'Écu, Gros Plant du Pays nantais 2007 (voir p. 320)

Terrine d'anchois crus à l'huile et aux aromates

Pour 6 personnes	
1 kg de gros anchois frais	**19,00 €**
1 fenouil	**0,62 €**
1 cœur de céleri avec ses feuilles	**1,63 €**
1 oignon frais	**0,28 €**
2 gousses d'ail	**0,10 €**
1 cuillère et demie à soupe de fleur de sel	**0,33 €**
1 cuillère à soupe de poivre en grains concassés	**0,29 €**
1 cuillère à café de piment fort en poudre *(facultatif)*	**0,24 €**
10 cl d'huile d'olive	**0,35 €**
TOTAL	**22,84 €**
LA PART	3,81 €

• Demandez au poissonnier de lever les filets d'anchois ou faites-le vous-même, c'est facile.
• Débarrassez le cœur de céleri de ses grosses feuilles extérieures. Coupez-le en fines lamelles.
• Faites de même avec le fenouil.
• Pelez les gousses d'ail, enlevez le germe sauf s'il s'agit d'ail frais, émincez-les finement. Pelez et coupez l'oignon en fines rondelles.
• Épongez les filets d'anchois dans du papier absorbant.
• Dans une terrine rectangulaire, disposez une couche de filets d'anchois, salez légèrement, répartissez quelques grains de poivre concassés et une pincée de piment selon votre goût.
• Parsemez de fenouil, de céleri, d'ail et d'oignon émincés.
• Couvrez de filets d'anchois, puis recommencez l'opération jusqu'à épuisement des ingrédients. Terminez par une couche d'anchois.

• Versez lentement l'huile d'olive jusqu'à qu'elle couvre entièrement les ingrédients.
• Si elle possède un couvercle, fermez la terrine ou couvrez-la d'un film étirable.
• Gardez au frais 24 heures avant de servir accompagné de fines tranches de pain de campagne grillé et de petites pommes de terre tièdes en robe des champs, entières ou en rondelles.

Vins blancs

5,00 € – Domaine de Tanella, Les Perles du Sud 2008 (voir p. 326)

3,25 € – Cave de Saint-Désirat, Vin de Pays de l'Ardèche 2008 (voir p. 334)

Vin rosé

4,85 € – Domaine Régina, Côtes de Toul 2008 (voir p. 342)

Vin rouge

4,20 € – Domaine de la Grande Courtade, Vin de Pays d'Oc Merlot 2008 (voir p. 363)

Terrine de canard aux cerises

Pour 8 personnes

1 kg viande de canard dont 1 magret entier *(environ 340 g)*	**10,70 €**
350 g de gorge de porc	**1,28 €**
1 crépine	**0,20 €**
2 œufs	**0,36 €**
400 g de cerises	**2,00 €**
3 cuillères à soupe de sucre en poudre	**0,04 €**

15 cl de banyuls	**0,87 €**
2 cuillères à café de sel fin	
1 cuillère à café de poivre du moulin	
TOTAL	**15,45 €**
LA PART	1,93 €

• Retirez la peau des morceaux de canard.
• Coupez le filet de canard en lanières de 1 centimètre de côté et coupez en dés la gorge de porc et le restant des viandes de canard.
• Salez, poivrez, ajoutez le banyuls, remuez et laissez 24 heures au réfrigérateur à mariner.
• Le jour suivant, dénoyautez les cerises et faites-les pocher dans un sirop réalisé avec 3 cuillères à soupe de sucre en poudre et 20 cl d'eau. Égouttez-les sur un linge propre ou du papier absorbant.
• Préchauffez le four 160 °C (th. 5/6).
• Égouttez les viandes en conservant la marinade.
• Mettez de côté les lanières de filet de canard et passez les autres viandes au hachoir à grosse grille.
• Dans un récipient, mélangez le hachis obtenu avec les œufs entiers, la marinade. L'ensemble doit être parfaitement homogène.
• Répartissez délicatement les cerises dans la préparation obtenue sans les écraser.
• Dans une terrine, étalez largement la crépinette en l'ayant préalablement fait tremper 15 à 20 minutes dans de l'eau tiède avant de vous en servir.
• Étalez la farce en couches régulières en intercalant les lanières de magret au fur et à mesure que vous remplissez la terrine. Tassez les viandes. Fermez avec la crépinette. Couvrez la terrine et déposez-la dans un plat ou la lèchefrite. Versez de l'eau chaude pour faire démarrer le bain-marie et laissez cuire 1 heure et demie.
• Laissez refroidir dans le four et mettez à rassir dans le réfrigérateur pendant 48 heures.

VIN ROSÉ

3,90 € – La Chapinière de Châteauvieux, Touraine Rosé 2008 (voir p. 345)

VIN ROUGE

4,20 € – Domaine de la Grande Courtade, Vin de Pays d'Oc Merlot 2008 (voir p. 363)

Terrine de chèvre frais aux figues

Pour 6 à 8 personnes
À préparer la veille :

2 fromages de chèvre frais (400 g)	**4,40 €**
300 g de figues fraîches	**1,18 €**
1 demi-botte de ciboulette ou quelques feuilles de menthe fraîche	**0,65 €**
1 verre d'eau	
1 cuillère à soupe de crème fraîche	**0,07 €**
2 cuillères à soupe de sucre en poudre	**0,03 €**
2 cuillères à soupe de vinaigre de vin	**0,05 €**
2 cuillères à soupe d'huile d'olive	**0,10 €**
Sel fin et poivre du moulin	
TOTAL	**6,48 €**
LA PART	0,81 €

• Écrasez à la fourchette les fromages de chèvre frais avec la ciboulette ou les feuilles de menthe finement hachées. Salez, poivrez.
• Incorporez l'huile et la cuillère de crème fraîche petit à petit. Mélangez bien.
• Dans une casserole, versez l'eau, le sucre, le vinaigre, puis ajoutez les figues coupées en deux. Salez, poivrez. Mélangez.

• Faites mijoter pendant une vingtaine de minutes à feu doux afin d'obtenir une sorte de confiture. Laissez refroidir.
• Déposez la moitié de la préparation de chèvre au fond d'une petite terrine. Étalez par-dessus votre confiture de figue sur une épaisseur de 1 centimètre environ, recouvrez avec le restant de chèvre frais. Couvrez la terrine. Mettez-la dans le bac à légumes du réfrigérateur et attendez 12 heures avant de l'entamer.

Terrine de cochon aux foies de volaille

Pour 8 personnes

500 g de foies de volaille	**2,55 €**
300 g de chair à saucisse	**2,25 €**
160 g de poitrine de porc fraîche, sans couenne	**0,84 €**
2 crépines de porc fraîches	**0,40 €**
2 cuillères à soupe de cognac ou d'armagnac	**0,84 €**
4 cuillères à soupe de porto ou madère	**0,42 €**
2 cuillères à café de sucre	**0,01 €**
1 cuillère à café de fleur de thym + 1 pincée	**0,50 €**
2 feuilles de laurier	**0,10 €**
1 cuillère à café de quatre-épices	**0,05 €**
2 cuillères à café de sel fin	
Poivre du moulin	
TOTAL	**7,96 €**
LA PART	1,00 €

• Les foies sont généralement débarrassés de la partie verte qui contient le fiel. Si tel n'était pas le cas, enlevez-le à l'aide d'un petit couteau.

- Coupez les foies en 2 ou 3 morceaux.
- Débitez la tranche de poitrine en petits lardons réguliers.
- Dans un saladier, mélangez les alcools et les épices qui composent l'assaisonnement. Ajoutez les foies, la chair à saucisse et les lardons. Mélangez bien. Couvrez et laissez mariner 24 heures au réfrigérateur.
- Le lendemain, préchauffez le four à 200 °C (th. 6/7).
- Déroulez la crépine, puis tapissez-en le fond et les parois du moule, en prenant soin de la faire dépasser.
- Remplissez la terrine avec les viandes marinées. Rabattez la crépine en refermant tel un paquet, découpez le surplus si nécessaire. Tassez pour éviter les trous d'air. Semez la pincée de fleur de thym. Décorez avec le laurier.
- Placez la terrine dans un bain-marie, puis enfournez pour 1 heure. La terrine doit prendre une couleur dorée. Au bout de ce temps, couvrez avec un papier d'aluminium et poursuivez la cuisson encore 20 minutes.
- Laissez refroidir à température ambiante, puis placez au réfrigérateur. Patientez une journée avant de l'entamer.
- Servez avec un bon pain de campagne et des cornichons.

Terrine de foie de bœuf

Pour 8 à 10 personnes

750 g de foie de bœuf *(ou de génisse)* en tranches	**3,50 €**
750 g de poitrine de porc demi-sel	**6,37 €**
150 g de crépine	**0,20 €**
1 gousse d'ail	**0,05 €**
1 cuillère à soupe de persil	**0,55 €**
4 feuilles de laurier	**0,20 €**
1 demi-cuillère à café de quatre-épices	**0,02 €**

1 sachet de gelée du commerce	**0,31 €**
Sel fin et poivre du moulin	
TOTAL	**11,20 €**
LA PART	1,12 €

• Coupez en petits morceaux les tranches de foie et la poitrine de porc découennée. Hachez-les finement au mixeur jusqu'à obtenir une pâte. Ajoutez la gousse d'ail et le persil hachés, ainsi que la demi-cuillère de quatre-épices. Salez modérément (le porc l'étant déjà), poivrez.

• Préchauffez le four à 240 °C (th. 8).

• Chemisez la terrine avec la crépine en débordant de 1 centimètre environ sur les bords (*à défaut d'une terrine, utilisez un moule à cake en couvrant le fond du moule avec une bande de film alimentaire de mêmes dimensions pour permettre le démoulage*). Déposez au fond de la terrine ou du moule 2 feuilles de laurier. Versez la pâte et tassez bien ; ajoutez les 2 feuilles de laurier restantes ; repliez les bords de la crépine et ajoutez une bande de crépine pour couvrir la surface du pâté.

• Couvrez la terrine (si vous utilisez le moule, couvrez d'une feuille de papier d'aluminium), enfournez pour 1 heure. Baissez la température du four à 180 °C (th. 6) et poursuivez la cuisson 20 minutes, sachant qu'un pâté peut toujours cuire 15 minutes de plus, sans risque.

• Vérifiez avec la pointe d'un couteau : la lame doit ressortir nette.

• Préparez la gelée en suivant les indications données sur l'emballage. Laissez-la tiédir.

• Sortez la terrine, puis versez avec précaution le jus rendu par la cuisson et remplacez-le par la gelée encore tiède. Laissez refroidir. Posez sur le pâté une petite planche alourdie d'un poids de 1 kilo et placez-le au réfrigérateur 24 heures avant de l'entamer.

• Servez le lendemain ou le surlendemain bien froid dans la terrine, ou démoulez et servez en tranches.

Terrine de foies de volaille

À prévoir 24 heures à l'avance.

Pour 8 personnes	
350 g de foies de volaille	**1,78 €**
150 g de beurre	**0,77 €**
1 échalote	**0,07 €**
3 cuillères à soupe de porto ou de xérès	**0,32 €**
3 cuillères à soupe de cognac *(facultatif)*	**1,26 €**
1 pincée de noix de muscade râpée (ou en poudre)	**0,05 €**
Sel fin et poivre du moulin	
TOTAL	**4,25 €**
LA PART	0,53 €

• Parez soigneusement les foies s'ils ne le sont pas déjà.
• Mettez-les dans un bol avec le porto, salez, poivrez et laissez macérer 1 heure au minimum.
• Faites fondre une noix de beurre dans la poêle. Déposez les foies et faites-les blondir sur toutes les faces. Ajoutez l'échalote épluchée et hachée menu, et le porto de macération. Laissez cuire à feu doux 5 à 6 minutes (*les foies doivent rester roses à l'intérieur*). Arrosez avec le cognac et faites flamber ou non, à votre choix.
• Hors du feu, écrasez les foies à la fourchette en les mélangeant bien au jus de cuisson – si vous avez utilisé une poêle à revêtement antiadhésif, il est impératif de transvaser les foies dans un plat creux pour les écraser.
• Ajoutez le restant de beurre amolli et coupé en petits morceaux, la noix de muscade râpée et quelques tours de moulin à poivre. Mélangez bien le tout.
• Versez la préparation dans une terrine à pâté ; secouez la terrine pour bien tasser les foies. Ajustez le couvercle (*à défaut de terrine, utilisez un moule en porcelaine, en verre à feu ou en terre cuite, et couvrez hermétiquement avec du*

papier d'aluminium). Gardez au réfrigérateur 24 heures avant de l'entamer.

• Servez bien froid, en tranches minces, avec du pain grillé.

VIN ROSÉ

4,30 € – André et Michel Quénard, Vin de Savoie, Chignin Rosé 2008 (voir p. 345)

Terrine de jarret de porc en gelée

Pour 8 personnes	
3 jambonneaux arrière de porc (1,6 à 1,8 kg)	**15,44 €**
1 pied de veau	**2,88 €**
3 oignons piqués de 2 ou 3 clous de girofle	**0,90 €**
5 carottes	**1,29 €**
1 bouquet garni (thym, laurier)	**0,50 €**
1 bouquet de persil	**1,10 €**
1 branche de céleri	**0,16 €**
7 gousses d'ail	**0,35 €**
15 grains de poivre	**0,02 €**
1 poignée de gros sel	**0,02 €**
1 bouteille de vin blanc sec	**2,68 €**
4 cuillères à soupe de vinaigre blanc *(ou mieux de melfor, spécialité alsacienne)*	**0,02 €**
TOTAL	**25,36 €**
LA PART	3,17 €

• Dans un faitout contenant 3 litres d'eau, ajoutez les carottes épluchées, coupées en rondelles de 1 demi-centimètre d'épaisseur, la branche de céleri, les oignons épluchés et piqués de clous de girofle, le bouquet garni, le poivre en grains, le gros sel et la bouteille de vin blanc sec. Plongez les jambonneaux et le pied de veau. Portez à ébullition, puis à petit bouillottement pendant environ 4 heures. Vérifiez la cuisson en piquant les jambonneaux avec une aiguille à brider ou la pointe d'un couteau. Ajoutez le vinaigre en fin de cuisson, et poursuivez à feu doux 20 minutes.

• Hachez très finement le persil et l'ail.

• Sortez les viandes, hachez grossièrement au couteau et mélangez avec le hachis de persil et d'ail. Dégraissez le bouillon.

• Dans le fond de la terrine, mettez un bon centimètre de bouillon, ajoutez les viandes, pas trop serrées, et recouvrez du bouillon de cuisson. Emballez la terrine dans un film alimentaire et mettez-la au réfrigérateur au moins 24 heures.

• Servez avec une salade croquante.

VINS BLANCS

4,00 € – Domaine Giraudon, Bourgogne Aligoté 2008 (voir p. 324)

2,70 € – Domaine de l'Oisellerie, Vin de Pays Charentais (voir p. 328)

VIN ROSÉ

5,00 € – Château du Petit-Thouars, Touraine Rosé 2008 (voir p. 344)

Terrine de lapin au thym

Pour 8 personnes
Pour la terrine :

1 lapin de 1,5 kg environ	**10,30 €**
500 g de poitrine de porc fraîche découennée	**2,62 €**
3 cuillères à soupe de cognac *(ou de vieille prune)*	**1,26 €**
1 verre de vin blanc	**0,71 €**
1 demi-cuillère à café de thym effeuillé	**0,40 €**
3 cuillères à soupe de persil plat haché	**0,55 €**
150 g de foies de volaille	**0,76 €**
1 échalote grise hachée	**0,07 €**
1 brindille de thym	**0,05 €**
1 feuille de laurier	**0,05 €**

Pour la gelée :

1 carotte	**0,18 €**
1 gros oignon	**0,28 €**
Les couennes de la poitrine de porc	
1 demi-pied de veau	**1,44 €**
1 grand verre de vin blanc sec	**0,71 €**
Les os du lapin	
1 cuillère à soupe d'huile	**0,04 €**
15 g de beurre	**0,08 €**
1 pincée de sucre	
1 bouquet garni (thym, laurier)	**0,50 €**
1 demi-cuillère à café de thym effeuillé	**0,10 €**
Sel fin et poivre du moulin	
TOTAL	**20,10 €**
LA PART	2,51 €

• Demandez à votre volailler de désosser le lapin en gardant les filets intacts.
• La veille, préparez la gelée.
• Dans une casserole, faites chauffer l'huile, le beurre. Ajoutez la carotte, l'oignon, épluchés et hachés finement.

Faites revenir. Ajoutez les os du lapin et une pincée de sucre. Laissez rissoler et caraméliser. Ajoutez le vin blanc et laissez réduire de moitié. Ajoutez la couenne coupée en morceaux, le demi-pied de veau, le thym effeuillé, le bouquet garni, le sel, le poivre. Couvrez l'ensemble d'eau et laissez bouillotter, cocotte couverte aux trois quarts, une petite heure. Laissez refroidir toute une nuit.

• La veille aussi, coupez les filets ainsi que le foie du lapin et les foies de volaille en gros dés. Recouvrez avec le vin blanc et 1 cuillère à soupe de cognac (ou de prune). Laissez mariner au minimum 1 heure (c'est un minimum, plus long sera le séjour des ingrédients dans la marinade, plus corsée sera la farce).

• Le lendemain, préchauffez le four à 250 °C (th. 8/9).

• Hachez à la grille fine les chairs du lapin qui n'ont pas mariné et la poitrine de porc.

• Mélangez ce hachis avec les deux cuillères de cognac (ou de prune) restantes, la demi-cuillère à café de thym effeuillé, le persil haché, les morceaux de lapin et de foie, leur marinade et l'échalote hachée. Mélangez bien soigneusement.

• Faites fondre la gelée du lapin préparée la veille. Filtrez et pesez 1/4 de gelée du poids total de la farce. Ajoutez la gelée à la farce, mélangez.

• Mettez l'ensemble de la farce dans une terrine. Posez une feuille de laurier et une petite brindille de thym sur le dessus. Fermez avec le couvercle et enfournez sur la lèchefrite 15 minutes.

• Versez ensuite un peu d'eau dans la lèchefrite pour que le reste de la cuisson s'effectue au bain-marie. Baissez la température du four à 200 °C (th. 6/7). Faites cuire une bonne heure.

• À la sortie du four, laissez reposer 15 minutes et posez à même le pâté une petite planche de bois alourdie d'une boîte de conserve ou d'un poids de 1 kg. Laissez refroidir, puis placez la terrine au réfrigérateur pour 3 jours.

4,95 € – La Chapinière de Châteauvieux, Touraine Sauvignon 2008 (voir p. 322)

4,85 € – Domaine Régina, Côtes de Toul 2008 (voir p. 333)

Terrine de lapin aux carottes

Pour 6 personnes	
1 lapin de 1,5 kg environ	**10,30 €**
1 pied de veau	**2,88 €**
150 g de lard de poitrine fumée, coupé en tranches très fines	**1,02 €**
750 g de carottes	**1,09 €**
2 oignons	**0,56 €**
1 bouquet de persil	**1,10 €**
2 feuilles de laurier	**0,10 €**
1 bouteille de bon vin blanc sec et fruité	**2,68 €**
1 grosse noix de beurre	**0,06 €**
Noix de muscade râpée	**0,05 €**
Sel fin et poivre du moulin	
TOTAL	**19,84 €**
LA PART	3,31 €

• Coupez au couteau le lapin en morceaux. Beurrez une cocotte et garnissez le fond de la moitié des tranches de lard sans en supprimer la couenne.

• Pelez les oignons, émincez-les grossièrement, puis posez-les sur les tranches de lard, ainsi que les carottes grattées, lavées et coupées en rondelles, quelques brins de persil entiers, le pied de veau coupé en morceaux, sel, poivre et un peu de noix de muscade râpée.

• Placez les morceaux de lapin sur ce lit et recouvrez du reste des tranches de lard dont on aura, cette fois, supprimé la couenne. Mouillez juste à hauteur avec moitié vin blanc, moitié eau. Posez le laurier sur le tout. Couvrez et mettez sur feu doux. Comptez 1 heure de cuisson à partir du moment où l'ébullition se manifeste.
• Laissez un peu refroidir. Retirez les morceaux de lapin, puis désossez-les. Mettez les chairs de lapin au fur et à mesure dans une terrine en y mêlant des morceaux de lard et, surtout, des rondelles de carottes. Décorez le dessus de la terrine avec les rondelles de carotte et des feuilles de persil.
• Passez le jus de cuisson à travers un linge fin et versez-le dans la terrine, au-dessus des carottes.
• Laissez prendre cette terrine une nuit entière au réfrigérateur avant de la servir avec une bonne salade croquante.

VIN ROSÉ

4,85 € – Domaine Régina, Côtes de Toul 2008 (voir p. 342)

Terrine de merlans

Pour 8 personnes

500 g de filets de merlan *(sans peau ni arêtes)*	**7,96 €**
190 g de congre *(sans peau ni arêtes)*	**1,96 €**
75 g de beurre à température de la cuisine	**0,39 €**
1 noix de beurre et une goutte d'huile	**0,08 €**
3 œufs	**0,54 €**
375 g de crème fraîche	**0,74 €**
150 g de champignons de Paris	**1,05 €**
150 g de carottes	**0,31 €**
75 g de petits pois frais ou surgelés	**0,33 €**

8 g de sel fin
5 tours de moulin à poivre

TOTAL	**13,36 €**
LA PART	1,67 €

• Réservez 400 g de filets entiers et coupez le reste des poissons en gros dés. Passez-les au mixeur avec le beurre et les œufs ; rajoutez la crème, le sel et le poivre. Mixez le tout ensemble. Gardez cette farce au frais.
• Faites cuire les carottes ainsi que les petits pois dans de l'eau salée. Égouttez.
• Dans une sauteuse, faire revenir les champignons émincés avec une noix de beurre et une goutte d'huile.
• Coupez les carottes en petits dés, puis mélangez les trois légumes avec la farce.
• Préchauffez le four à 180 °C (th. 6).
• Habillez une terrine rectangulaire (dimensions : 28 centimètres × 12 centimètres × 7 centimètres) d'une feuille de papier sulfurisé. Étalez un peu de farce dans le fond de la terrine. Posez une couche de filets de merlan, légèrement salés et poivrés, puis une couche de farce. Superposez les couches jusqu'à remplir votre terrine, sachant que c'est la farce qui terminera le remplissage.
• Enfournez pour 1 heure et demie. Vérifiez la cuisson, éventuellement couvrez la terrine de papier aluminium au bout d'une heure pour éviter que le dessus ne grille trop.
• Cette terrine peut se manger froide avec une mayonnaise allégée d'un blanc d'œuf monté en neige et rehaussée d'un assortiment de fines herbes, ou chaude avec, par exemple, un beurre d'oursins ou toute autre sauce à votre choix.

Vin blanc

4,50 € – Château de la Ragotière, Muscadet Sèvre-et-Maine-sur-Lie – AOC – 2008 (voir p. 319)

Terrine de poulet basquaise

Pour 1 terrine (8 personnes)	
1 poulet de 1,5 à 1,8 kg coupé en morceaux	**8,26 €**
6 tranches de jambon de Bayonne ou de jambon de pays	**5,29 €**
3 tomates *(en conserve hors saison)*	**0,71 €**
4 poivrons	**2,33 €**
1 oignon	**0,28 €**
3 gousses d'ail	**0,15 €**
1 branche de thym	**0,05 €**
2 cuillères à soupe d'huile d'olive	**0,10 €**
20 cl de vin blanc sec	**0,71 €**
1 cuillère à soupe de paprika	**0,06 €**
3 feuilles de gélatine	**0,93 €**
Sel fin et poivre du moulin	
TOTAL	**18,87 €**
LA PART	2,36 €

• Faites découper le poulet par le volailler ou le boucher. Vous devez pouvoir obtenir 12 morceaux.

• Plongez les tomates 15 à 30 secondes dans de l'eau bouillante, puis dans de l'eau glacée pour les rafraîchir. Pelez-les, coupez-les en deux puis épépinez-les.

• Épluchez et émincez l'oignon en rondelles très fines.

• Pelez les gousses d'ail.

• Lavez, épluchez grossièrement les poivrons avec un couteau économe. Retirez le pédoncule, les graines et les filaments blancs. Coupez-les en lanières un peu larges.

• Coupez les tranches de jambon découennées en lanières de 2 à 3 centimètres de large

• Saupoudrez les morceaux de poulet de sel, de poivre et de paprika et faites-les revenir dans de l'huile d'olive dans une cocotte, en les retournant plusieurs fois pour qu'ils soient bien dorés.

• Baissez le feu, ajoutez le jambon, le poivron, l'oignon, l'ail et le thym. Remuez.
• Laissez mijoter 5 minutes, puis versez le vin blanc et maintenez la cuisson à feu doux pendant 1 heure à couvert.
• Quand la chair commence à se détacher, ajoutez les tomates et laissez cuire une quinzaine de minutes.
• Mettez les feuilles de gélatine à ramollir dans un bol d'eau froide.
• Retirez les morceaux de poulet de la cocotte. Enlevez la peau, puis désossez-les.
• Mettez les feuilles de gélatine égouttées dans la sauce avec les tomates et les poivrons.
• Remuez pour faire fondre complètement.
• Dans une terrine, étalez d'abord une couche de sauce tomate/poivron, puis une couche de poulet. Renouvelez l'opération. Tassez.
• Laissez la terrine refroidir avant de la placer au réfrigérateur pour au moins 24 heures.
• Servez froid.

Vin blanc

4,00 € – Château-Majoureau, Côtes de Bordeaux Saint-Macaire sec 2008 (voir p. 327)

Vin rosé

3,90 € – La Chapinière de Châteauvieux, Touraine Rosé 2008 (voir p. 345)

Terrine de ratatouille

Pour 8 personnes	
1 kg de ratatouille	**2,67 €**
6 gros œufs	**1,08 €**
25 cl de crème fraîche liquide	**0,70 €**
1 cuillère à café de cardamome en poudre	**0,25 €**
1 cuillère à café de curry *(ou curcuma)*	**0,15 €**
Sel fin et poivre du moulin	
TOTAL	**4,85 €**
LA PART	0,61 €

• Il est préférable pour faire cette recette d'utiliser un reste de ratatouille (ou éventuellement de la réaliser au préalable selon la recette p. 260, *cf. ratatouille niçoise*). Attention, la ratatouille ne doit pas être trop liquide.

• Préchauffez le four à 180 °C (th. 6).

• Fouettez les œufs avec la crème liquide. Assaisonnez avec la cardamome et le curry (ou le curcuma). Salez, poivrez. Mélangez la ratatouille avec cette préparation.

• Chemisez une terrine ou un moule à cake de papier sulfurisé en le laissant déborder de chaque côté. Remplissez de ratatouille et fermez avec le papier. Faites cuire au bain-marie pendant 50 à 55 minutes. Vérifiez la cuisson avec la lame d'un couteau.

• Réservez au frais pendant 6 heures.

• Servez la terrine en accompagnement d'une viande froide.

• Si vous avez de la difficulté à trouver de la cardamome en poudre, remplacez-la par du cumin en poudre.

VIN BLANC

3,70 € – Cave du Haut-Poitou, Chardonnay 2008 (voir p. 321)

Vin rouge

4,10 € – Domaine de la Gabillière, Touraine-Amboise 2008 (voir p. 351)

Quiche, tartes salées
et autres tourtes

Cake aux olives et aux lardons

Pour 8 personnes	
500 g de farine	**0,32 €**
1 sachet et demi de levure chimique	**0,15 €**
20 cl de lait	**0,14 €**
10 œufs	**1,18 €**
250 g de beurre fondu	**1,29 €**
5 cuillères à soupe de moutarde	**0,35 €**
200 g de poitrine fumée *(ou lardons)*	**1,70 €**
300 g d'olives noires dénoyautées	**0,90 €**
200 g de ricotta	**1,56 €**
100 g de comté et de beaufort en mélange, râpés	**1,44 €**
1 cuillère à soupe de sel fin	
15 tours de moulin à poivre	
TOTAL	**9,03 €**
LA PART	1,13 €

• Préchauffez le four à 180 °C (th. 6).
• Dans un grand saladier, mélangez la farine, la levure, le poivre et le sel, puis incorporez lentement le lait, les œufs entiers, le beurre fondu et la moutarde.
• Coupez la poitrine fumée en petits lardons. Pensez à retirer la couenne. Faites rissoler pour éliminer l'excédent de

gras. Ajoutez au contenu du saladier les lardons, les olives et les fromages et mélangez bien l'ensemble.
• Beurrez copieusement un moule à cake, versez la préparation dans le moule, puis enfournez pour 45 minutes.
• Servez avec une salade croquante légèrement aillée.

Vin rosé

4,50 € – Château-Majoureau, Bordeaux Supérieur 2006 (voir p. 354)

Croustade de champignons et œuf poché

Pour 8 personnes	
8 bouchées individuelles *(type vol-au-vent)*	**1,33 €**
1 kg de champignons de Paris	**2,81 €**
1 oignon	**0,28 €**
50 g d'échalotes	**0,14 €**
100 g de beurre	**0,52 €**
100 g de crème fraîche épaisse	**0,21 €**
Sel, poivre au moulin	
Pour les œufs pochés :	
1 ou 2 œufs par personne	**2,88 €**
1 litre d'eau	
3 cuillères à soupe de vinaigre d'alcool	**0,03 €**
Sel fin et poivre du moulin	
TOTAL	**8,20 €**
LA PART	1,03 €

Cuisson des œufs pochés : sortez les œufs du réfrigérateur 2 heures avant la cuisson.

• Dans une casserole à jupe haute, portez à ébullition 1 litre d'eau additionnée de 3 cuillères à soupe de vinaigre d'alcool. Cassez les œufs individuellement dans des tasses ou des soucoupes. Réservez.
• Quand l'eau bout, donnez-lui à l'aide d'un fouet un mouvement tournant ; faites glisser les œufs un à un – pas plus de 2 ou 3 à la fois afin de bien maîtriser la cuisson ; le mouvement tournant permet au blanc d'envelopper immédiatement le jaune. Laissez pocher 3 à 4 minutes en maintenant l'eau frémissante ; avec une écumoire, déposez-les dans un saladier d'eau glacée pour 3 à 4 secondes le temps d'interrompre la cuisson ; égouttez sur un linge. Enlevez la barbe et, alors seulement à ce moment, salez et poivrez les œufs.
• Ne salez jamais l'eau des œufs à pocher, le blanc se coagulerait en filaments. Salez légèrement au sel fin – une pincée – au moment où ils égouttent sur le linge.

• Faites fondre le beurre dans une cocotte, ajoutez l'oignon et les échalotes hachées finement, salez légèrement et laissez suer 7 à 8 minutes.
• Épluchez, brossez les champignons et coupez-les en gros quartiers. Divisez les champignons en trois tas de même poids. Hachez séparément les trois tas de champignons. Le premier très finement, le deuxième moins et le troisième grossièrement. Versez l'ensemble des champignons dans la cocotte sur l'oignon et les échalotes. Salez, poivrez. Laissez cuire à feu vif jusqu'à évaporation de l'eau de végétation. N'hésitez pas à remuer avec une cuillère en bois jusqu'à obtenir un mélange bien sec.
• Ajoutez la crème, laissez réduire pour obtenir un mélange onctueux. Goûtez, au besoin rectifiez l'assaisonnement.
• Cette purée est réussie si on perçoit la différence entre les trois textures des champignons.
• Déposez la purée dans le fond des bouchées individuelles et coiffez-les d'un œuf poché bien égoutté.

Gâteau de pommes de terre à la tomme fraîche

Pour 8 personnes	
1,2 kg de pommes de terre *(type Belle de Fontenay ou Monalisa)*	**1,63 €**
3 oignons de taille moyenne	**0,85 €**
300 g de tomme fraîche	**3,55 €**
2 gousses d'ail	**0,10 €**
70 g de beurre	**0,36 €**
1 botte de persil	**1,10 €**
1 botte de ciboulette	**1,29 €**
1 branche de thym	**0,05 €**
1 cuillère à soupe de sel	
20 tours de moulin à poivre	
TOTAL	**8,93 €**
LA PART	1,12 €

• Pelez, lavez et essuyez les pommes de terre, puis coupez-les en tranches très fines.
• Épluchez, coupez et émincez les oignons finement.
• Coupez la tomme en tranches fines, puis en lanières.
• Lavez et hachez finement le persil et la ciboulette.
• Préchauffez le four à 180 °C (th. 6).
• Faites fondre les oignons dans 20 g de beurre jusqu'à transparence sans leur laisser prendre de couleur.
• Dans un saladier, mélangez les pommes de terre avec les oignons, les herbes et les gousses d'ail pelées et écrasées au presse-ail ou hachées finement. Salez, poivrez.
• Beurrez abondamment un moule à manqué. Posez sur le fond un cercle de papier sulfurisé et installez en rosace une couche de pommes de terre mélangées aux oignons et aux fines herbes, puis une couche de fromage.
• Superposez, couche après couche, pommes de terre, oignons, fines herbes et tomme. Terminez par une couche de pommes de terre.

• Enfournez pour 1 h 15 et laissez refroidir le moule 15 minutes avant de démouler le gâteau.
• Servez avec une salade croquante.

VIN BLANC

3,70 € – Cave du Haut-Poitou, Chardonnay 2008 (voir p. 321)

VIN ROUGE

4,50 € – Les Vignerons d'Estézargues, Vin de Pays du Gard, Cuvée des Galets 2008 (voir p. 360)

Pâté pantin à la viande

Pour 8 personnes	
500 g de pâte feuilletée ou brisée *(ou 2 rouleaux de pâte du commerce)*	**1,96 €**
500 g d'épaule de veau	**8,45 €**
500 g d'échine de porc	**3,63 €**
1 œuf	**0,18 €**
3 échalotes	**0,21 €**
1 petite cuillère à café de quatre-épices en poudre	**0,25 €**
1 verre de vin blanc	**0,71 €**
1 branche de thym	**0,05 €**
1 feuille de laurier	**0,05 €**
1 cuillère à café de sel fin	
2 ou 3 tours de poivre du moulin	
TOTAL	**15,49 €**
LA PART	1,94 €

• Coupez les viandes de porc et de veau en fines lanières, puis retaillez celles-ci en morceaux d'environ 2 centimètres de côté.

• Dans une terrine, mélangez les viandes. Salez, poivrez. Ajoutez le quatre-épices, les échalotes pelées et hachées finement, le vin blanc. Mélangez. Ajoutez une branche de thym, une feuille de laurier. Couvrez la terrine et laissez mariner au frais pendant 24 heures.
• Le lendemain, préchauffez le four à 220 °C (th. 7/8).
• Étalez la pâte sur 3 à 4 mm d'épaisseur en formant un rectangle. Mouillez les bords sur 1,5 centimètre avec un pinceau trempé dans l'eau et répartissez la farce, après avoir retiré le thym et le laurier, sur une des moitiés de la pâte.
• Rabattez l'autre partie de la pâte et soudez en appuyant bien avec les doigts sur le pourtour du pâté.
• Délayez le jaune d'œuf avec une cuillère à café d'eau et une pincée de sel. Avec le pinceau, badigeonnez la surface du pâté. Au centre, faites une ouverture, appelée « cheminée », avec une fourchette ou la pointe d'un couteau. Tracez des lignes peu profondes à la pointe du couteau sur la longueur. Piquez également avec la pointe de la fourchette en 4 ou 5 endroits différents et posez sur la plaque à pâtisserie du four beurrée.
• Enfournez pour 50 minutes, après 10 minutes de cuisson, baissez le four à 170 °C (th. 5/6) et, à mi-cuisson, couvrez de papier d'aluminium si la pâte est trop colorée.
• Servez chaud ou froid avec une salade.

Vins blancs

5,00 € – Domaine de Tanella, Les Perles du Sud 2008 (voir p. 326)

5,00 € – Anna et André Durrmann, Sylvaner 2007 (voir p. 330)

Vin rosé

5,00 € – Château du Petit-Thouars, Touraine Rosé 2008 (voir p. 344)

4,30 € – Domaine de la Gaudetterie, Coteaux du Vendômois, Cuvée Pierre François 2008 (voir p. 350)

4,50 € – Les Vignerons d'Estézargues, Vin de Pays du Gard, Cuvée des Galets 2008 (voir p. 360)

Pizza

La pizza peut, si elle est mal faite, devenir un insupportable étouffe-chrétien. En général, la pâte à pizza est trop épaisse.
Si on utilise une pâte à pain (achetée chez le boulanger), il est souhaitable de lui demander une pâte forte en gluten (il saura ce que c'est). Il importera de l'étaler assez finement.
Sinon vous pouvez vous procurer de la pâte à pizza du commerce, mais vérifiez les ingrédients et évitez celles qui présentent des additifs en trop grand nombre. Surtout, soyez inventifs pour la garniture. Les deux secrets pour une bonne pizza : une pâte fine, bien cuite (plutôt croustillante), et une garniture abondante et fraîche.

Pour 8 personnes
La pâte :

800 g de farine forte en gluten	**2,43 €**
70 g de levure	**0,20 €**
2 cuillères à café de sucre en poudre	**0,02 €**
2 cuillères à café de sel fin	
2 verres à moutarde d'eau	

Il est important de noter que l'eau doit être à température de la pièce et qu'il ne faut jamais mélanger le sel et la levure.

• Dans un bol, délayez la levure avec un verre d'eau tiède.

• Dans le bol du robot, versez doucement le restant de l'eau avec la farine. Mélangez 5 minutes à petite vitesse. Ajoutez le mélange eau-levure, puis le sucre. Faites tourner encore 5 minutes, puis ajoutez le sel. Faites tourner encore 5 minutes. Vous devez obtenir une boule ramassée.

• Ajoutez à ce moment 1 cuillère à soupe de farine pour que la pâte se décolle des bords du robot. Laissez reposer la pâte environ 1 heure dans un saladier recouvert d'un linge à température de la pièce (si possible dans un endroit tempéré).

La garniture :

2 gros oignons	**0,56 €**
6 tomates	**1,43 €**
1 gousse d'ail	**0,05 €**
2 cuillères à soupe de concentré de tomate	**0,12 €**
1 bouquet garni (thym, laurier)	**0,50 €**
2 cuillères à soupe de sucre en poudre	**0,03 €**
1 cuillère à café de fleur de thym ou d'origan	**0,25 €**
300 g de mozzarella (de la vraie, fraîche, mozzarella de bufflonne)	**2,66 €**
4 cuillères à soupe d'huile d'olive	**0,21 €**
1 cuillère à café de sucre en poudre	**0,01 €**
1 cuillère à café de sel fin	
10 tours de moulin à poivre	
TOTAL	**8,47 €**
LA PART	1,06 €

• Épluchez puis hachez finement les oignons. Versez l'huile d'olive dans une casserole avec les oignons et laissez étuver doucement.

• Plongez les tomates 15 à 30 secondes dans de l'eau bouillante, puis dans de l'eau glacée pour les rafraîchir. Pelez-les, coupez-les en deux ou en quatre, pressez-les pour extraire les pépins, concassez-les grossièrement au couteau, puis ajoutez-les aux oignons avec le concentré de tomate, l'ail haché, le bouquet garni, le sucre, le sel et le poivre. Laissez mijoter à feu doux environ une demi-heure à découvert pour que l'eau de végétation des tomates s'évapore. Laissez refroidir.

• Préchauffez le four à 240 °C (th. 8).

• Farinez le plan de travail. Avec un rouleau à pâtisserie, étalez la pâte sur un demi-centimètre d'épaisseur environ, et donnez-lui la forme souhaitée. Carrée, rectangle, ronde, aucune importance. Les bords sont roulés sur environ un centimètre d'épaisseur. Huilez légèrement la plaque de cuisson avant de déposer la pâte. Versez la sauce tomate, puis répandez à la surface le thym ou l'origan, et la mozzarella coupée en tranches fines.

• Introduisez la plaque dans le four pour 12 minutes.

• À la sortie du four, salez légèrement, vérifiez que le pourtour soit bien croustillant.

Suggestions : remplacez la mozzarella par du parmesan râpé. Dans ce cas, arrosez d'un filet d'huile d'olive très léger. Salez et servez. Vous pouvez également garder la base de la sauce tomate, ajouter des anchois, des champignons de couche coupés en tranches fines, des olives, du jambon tranché en chiffonnade ou à l'italienne, du jambon de pays. La pizza doit rester un havre d'accueil pour les inventifs.

Vin rosé

4,85 € – Domaine Régina, Côtes de Toul 2008 (voir p. 342)

Vins rouges

4,10 € – Domaine de l'Écu, Vin de Pays du Jardin de France Cabernet-franc 2006 (voir p. 351)

4,00 € – La Chapinière de Châteauvieux, Touraine gamay 2007 (voir p. 353)

3,00 € – La Cévenole, Coteaux de l'Ardèche Ducs de Joyeuse 2008 (voir p. 362)

Quiche lorraine

La quiche lorraine peut se servir chaude, en entrée, il est alors facile de faire coïncider la fin de la cuisson avec le moment de passer à table. On peut aussi la servir comme plat de résistance avec une salade croquante, scarole, laitue, chicorée, batavia ou frisée. S'il en reste, elle se réchauffe facilement mais peut aussi se déguster froide, tard dans la nuit, si un « petit creux » se manifeste.

Pour 8 personnes	
500 g de pâte brisée *(ou 2 rouleaux de pâte du commerce)*	**1,96 €**
6 œufs	**1,08 €**
300 g de crème fraîche	**0,59 €**
400 g de poitrine fumée	**2,72 €**
25 g de beurre	**0,13 €**
2 pointes de couteau de noix de muscade râpée	**0,05 €**
1 cuillère à soupe de sel fin	
15 tours de moulin à poivre	
TOTAL	**6,53 €**
LA PART	0,82 €

• Préparez la pâte brisée (voir recette p. 214, *cf. tarte aux poireaux*).

• Coupez la poitrine fumée en petits dés après l'avoir découennée et débarrassée des cartilages. *Il arrive que l'on mélange un talon de jambon, encore moelleux et coupé en dés, à la poitrine fumée. C'est admissible dans le cas où la quiche est servie comme plat de résistance.*

• Dans une poêle, faites revenir les lardons pour les libérer de leur graisse. Il n'est pas nécessaire de les laisser trop croustiller.

• Allumez le four à 220 °C (th. 7/8).

• Farinez le plan de travail, étalez la pâte sur une épaisseur de 3 à 4 mm. Déposer la pâte sur le moule beurré en veillant à ce qu'elle remonte bien sur les bords du moule. Piquez le fond de la pâte de quelques coups de fourchette.
• Garnissez le fond des lardons bien égouttés et répartissez le restant du beurre en petits morceaux.
• Dans un saladier, battez les œufs entiers avec la crème fraîche. Salez (méfiez-vous de la poitrine fumée qui dégage toujours un peu de sel), poivrez. Ajoutez la noix de muscade râpée. Versez le mélange crème-œufs sur les lardons. Enfourner pour 25 minutes. Vérifiez la cuisson en enfonçant la pointe d'un couteau. Elle doit ressortir sèche.
Certains iconoclastes rajoutent de l'emmenthal ou du comté râpé ou en petits dés. Hérésie. Lorrain depuis plusieurs générations, j'affirme qu'il n'a jamais été ajouté le moindre gramme de fromage dans la quiche lorraine.

Vins blancs

4,30 € – Domaine de la Gaudetterie, Coteaux du Vendômois blanc 2008 (voir p. 320)

5,00 € – Anna et André Durrmann, Sylvaner 2007 (voir p. 330)

Vin rouge

4,00 € – La Chapinière de Châteauvieux, Touraine gamay 2007 (voir p. 353)

Tarte à l'oignon

Pour 8 personnes	
500 g de pâte brisée *(ou 2 rouleaux de pâte du commerce)*	**1,96 €**
700 g d'oignons	**1,97 €**
6 œufs	**1,08 €**
300 g de crème fraîche	**0,59 €**
5 cuillères à soupe de lait	**0,05 €**
50 g de beurre	**0,26 €**
2 pointes de couteau de noix de muscade râpée	**0,05 €**
1 cuillère à soupe de sel fin	
15 tours de moulin à poivre	
TOTAL	**5,96 €**
LA PART	0,75 €

• Préparez la pâte brisée (voir recette p. 214, *cf. tarte aux poireaux*).
• Épluchez les oignons, coupez-les en fines lamelles.
• Dans une cocotte, faites fondre le beurre, ajoutez les oignons et laissez-les étuver doucement, cocotte fermée. Retirez du feu lorsqu'ils deviennent transparents.
• Préchauffez le four à 220 °C (th. 7/8).
• Faites précuire la pâte à blanc, 20 minutes (cuire à blanc : cuisson d'une pâte vide destinée à être garnie d'un appareil).
• Dans un saladier, battez les œufs avec la crème fraîche et le lait. Salez, poivrez. Ajoutez la muscade. Versez dans la cocotte, mélangez.
• Versez sur la pâte à tarte le mélange oignons, œufs et crème, et remettez au four une dizaine de minutes.
• Vérifier la cuisson avec la pointe d'un couteau. Elle doit ressortir propre.
• Démoulez et servez.

Tarte aux champignons

Pour 8 personnes	
500 g de pâte brisée *(ou 2 rouleaux de pâte du commerce)*	**1,96 €**
500 g de champignons	**1,40 €**
6 échalotes	**0,42 €**
60 g de beurre	**0,30 €**
5 cuillères à soupe de crème fraîche	**0,25 €**
4 œufs	**0,72 €**
1 cuillère à soupe de sel fin	
15 tours de moulin à poivre	
TOTAL	**5,05 €**
LA PART	0,63 €

• Préparez la pâte brisée (voir recette p. 214, *cf. tarte aux poireaux*) ou achetez celle du commerce, à condition de vérifier la composition (farine/beurre).

• Épluchez, brossez méticuleusement les champignons.

• Dans une sauteuse ou une cocotte, faites fondre le beurre à feu doux, déposez les échalotes épluchées et émincées et faites-les cuire doucement, couvercle fermé, en remuant de temps en temps, jusqu'à ce qu'elles deviennent transparentes.

• Pendant la cuisson des échalotes, hachez les champignons finement.

• Allumez le four à 220 °C (th. 7/8).

• Ajoutez les champignons aux échalotes. Salez, poivrez. Laissez cuire en mélangeant jusqu'à ce que toute l'eau de végétation soit évaporée.

• Dans un saladier, battez les œufs, ajoutez la crème. Salez, poivrez.

• Versez le contenu de la cocotte dans le saladier contenant le mélange œufs-crème. Mélangez. Versez sur la pâte à tarte.

• Enfournez pour 25 minutes.

Suggestion : on peut faire une autre tarte aux champignons en conservant le principe de la réduction échalotes/champignons mais en mélangeant à une béchamel (voir recette p. 174, *cf. pain de poisson)* selon le principe de la tarte aux poireaux.

VIN BLANC

4,30 € – Domaine de la Gaudetterie, Coteaux du Vendômois blanc 2008 (voir p. 320)

VIN ROUGE

4,10 € – Domaine de l'Écu, Vin de Pays du Jardin de France Cabernet-franc 2006 (voir p. 351)

Tarte aux poireaux ou « flamiche »

Pour 8 personnes

Pour la pâte brisée *(500 g de pâte brisée ou 2 rouleaux de pâte du commerce) :*

300 g de farine	**0,19 €**
150 g de beurre, plus 2 noisettes pour beurrer le moule	**0,83 €**
2 œufs	**0,36 €**
2 cuillères à soupe de sucre en poudre	**0,02 €**
4 cuillères à soupe de lait	**0,04 €**
2 pincées de sel	

Pour la garniture :

500 g de poireaux	**0,78 €**

1 bol de béchamel *(voir recette p. 174, cf. pain de poisson)*	**1,69 €**
125 g d'emmental ou de comté râpé	**0,86 €**
1 noix de beurre	**0,03 €**
1 verre de bouillon du commerce	**0,09 €**
2 pointes de couteau de muscade	**0,05 €**
Sel fin et poivre du moulin	
TOTAL	**4,94 €**
LA PART	0,62 €

• Préparez la pâte brisée : dans le bol d'un robot, mettez l'intégralité des ingrédients, laissez tourner jusqu'à ce que la pâte se détache des parois du bol. Laissez la pâte reposer 1 heure, emballée dans un torchon ou un film alimentaire, dans le bac à légumes du réfrigérateur.
• Après l'heure de repos, farinez le plan de travail, étalez la boule de pâte à l'aide du rouleau. N'hésitez pas à repasser afin d'obtenir une épaisseur de pâte fine et régulière.
• Beurrez un moule et déposez la pâte sans la casser. La méthode la plus pratique pour ne pas échouer dans cette opération délicate consiste à fariner la pâte, puis à l'enrouler autour du rouleau à pâtisserie pour ensuite la dérouler dans le moule.

• Épluchez et lavez soigneusement les poireaux. Ne conservez que la partie blanche et vert tendre (gardez les feuilles vertes pour un potage). Émincez-les finement en tronçons de 2 centimètres de long.
• Préchauffez le four à 220 °C (th. 7/8).
• Piquez le fond de tarte avec les dents d'une fourchette. Enfournez le moule garni de pâte brisée pour quinze minutes environ. N'éteignez pas le four à la fin de cette précuisson.
• Pendant ce temps, faites fondre le beurre dans une casserole, ajoutez les poireaux, faites-les étuver 5 minutes, sans les colorer, en remuant souvent.
• Versez le bouillon chaud et laissez cuire à découvert jusqu'à ce qu'il n'y ait pratiquement plus de liquide. Retirez du feu et laissez tiédir 10 minutes.

• Incorporez dans la béchamel la noix de muscade râpée et les deux tiers du fromage râpé. Salez, poivrez.
• Versez cette préparation sur les poireaux. Mélangez et reversez le tout sur le fond de tarte précuit. Saupoudrez du reste de fromage râpé.
• Mettez au four 25 à 30 minutes jusqu'à ce que la tarte soit bien dorée.

Vins blancs

4,30 € – Domaine de la Gaudetterie, Coteaux du Vendômois blanc 2008 (voir p. 320)

5,00 € – Albert Seltz, Pinot gris réserve 2008 (offre spéciale du vigneron) (voir p. 332)

Vin rouge

4,00 € – La Chapinière de Châteauvieux, Touraine gamay 2007 (voir p. 353)

Tatin au fenouil

Pour 8 personnes

500 g de pâte feuilletée *(ou 2 rouleaux de pâte du commerce)*	**1,96 €**
4 oranges non traitées	**0,92 €**
1 pamplemousse	**0,60 €**
1 citron non traité	**0,22 €**
10 petits bulbes de fenouil	**1,88 €**
60 g de beurre	**0,31 €**
6 cuillères à soupe d'huile d'olive	**0,31 €**
3 cuillères à café de grains de coriandre moulus	**0,15 €**
6 cuillères à soupe de miel liquide	**0,45 €**

1 cuillère à café de sel fin
10 tours de moulin à poivre

TOTAL	**6,80 €**
LA PART	0,85 €

• Prélevez le zeste des oranges, du citron et du demi-pamplemousse. Coupez les zestes en petits bâtonnets et jetez-les dans l'eau bouillante pour 5 minutes. Égouttez.
• Pressez le jus des oranges, du pamplemousse et du citron.
• Préparez le fenouil en coupant la base des bulbes et la partie aérienne des tiges. Si les bulbes de fenouil sont abîmés, retirez la première peau et coupez-les en tranches d'environ 2 centimètres d'épaisseur dans le sens de la longueur.
• Dans une cocotte, faites chauffer le beurre et l'huile, ajoutez les tranches de fenouil. Salez, poivrez. Ajoutez les grains de coriandre moulus et laissez doucement étuver pendant 5 minutes. Ajoutez le miel, les zestes et le jus des trois agrumes. Laissez confire tout doucement pendant 1 heure environ. Remuez de temps à autre pour que l'ensemble soit confit.
• Préchauffez le four à 180 °C (th. 6).
• Dans deux moules à manqué généreusement beurrés, installez les tranches de fenouil en rosace. Recouvrez le tout avec la pâte feuilletée (divisée en deux et étalée finement si vous utilisez un bloc de 500 g) en rabattant les bords à l'intérieur du moule pour que la cuisson soit bien hermétique.
• Enfournez pour 20 à 25 minutes, jusqu'à ce que la pâte soit bien dorée.
• À la fin de la cuisson, retournez sur un plat de service et servez chaud.

Vin blanc

4,30 € – Domaine de la Gaudetterie, Coteaux du Vendômois blanc 2008 (voir p. 320)

Vin rosé

3,35 € – Exploitation Agricole Louis-Giraud, Côtes du Ventoux, Cuvée Versant Sud 2008 (voir p. 340)

Vin rouge

4,30 € – Domaine de la Gaudetterie, Coteaux du Vendômois, Cuvée Pierre François 2008 (voir p. 350)

Tatin aux navets caramélisés

Pour 8 personnes	
500 g de pâte feuilletée ou brisée *(ou 2 rouleaux de pâte du commerce)*	**1,96 €**
1,6 kg de petits navets nouveaux	**2,72 €**
3 échalotes	**0,21 €**
1 orange *(si possible non traitée)*	**0,23 €**
70 g de beurre + 1 cuillère à soupe pour beurrer le moule	**0,49 €**
6 cuillères à soupe de miel	**0,45 €**
1 cuillère à soupe de gros sel	**0,01 €**
4 cuillères à soupe de sucre + 2 cuillères à soupe	**0,06 €**
Sel fin et poivre du moulin	
TOTAL	**6,13 €**
LA PART	0,77 €

• Mettez les navets entiers dans 2 litres d'eau froide salée. Faites cuire 4 à 5 minutes à partir de l'ébullition, égouttez. Réservez.
• Pelez et émincez les échalotes.
• Prélevez et hachez finement le zeste de l'orange, puis pressez-la.
• Dans une casserole, faites chauffer le beurre, lorsqu'il grésille déposez les échalotes, les navets et le sucre et laissez cuire 4 à 5 minutes à feu moyen. Remuez régulièrement. Salez, poivrez.
• Ajoutez le miel, le zeste et le jus de l'orange. Laissez confire à feu doux et à couvert pendant une vingtaine de minutes.
• Pendant ce temps, faites préchauffer le four à 180 °C (th. 6).
• Beurrez un moule à manqué, saupoudrez avec 2 cuillères à soupe de sucre, puis déposez les navets. Recouvrez de pâte feuilletée (ou brisée), en prenant soin de bien rabattre les bords vers l'intérieur du moule.
• Enfournez pour 25 à 30 minutes. La pâte doit être bien dorée.
• Sortez le plat du four, retournez-le sur un plat de service, puis retirez le moule. Servez.

Vin rosé

3,35 € – Exploitation Agricole Louis-Giraud, Côtes du Ventoux, Cuvée Versant Sud 2008 (voir p. 340)

Vin rouge

4,30 € – Domaine de la Gaudetterie, Coteaux du Vendômois, Cuvée Pierre François 2008 (voir p. 350)

Tourte aux blettes et aux épinards

Pour 8 personnes
Pour la pâte sablée *(400 g de pâte sablée ou 2 rouleaux de pâte du commerce) :*

250 g de farine	**0,16 €**
75 g de beurre à température ambiante	**0,36 €**
70 g de sucre en poudre	**0,04 €**
1 œuf entier	**0,18 €**
1 demi-sachet de sucre vanillé	**0,06 €**
1 pincée de sel	

Pour la garniture :

1,5 kg de vert de bettes	**2,98 €**
1,5 kg d'épinards	**3,16 €**
100 g de raisins de Corinthe ou de Smyrne	**1,51 €**
3 pommes	**0,93 €**
1 citron	**0,22 €**
3 figues sèches	**0,50 €**
1 macaron nature	**0,25 €**
2 œufs	**0,36 €**
1 verre d'eau-de-vie	**3,44 €**
1 cuillère à soupe de pignons de pin	**0,56 €**
1 cuillère à soupe d'huile d'olive	**0,05 €**
4 cuillères à soupe de gelée de groseilles	**1,00 €**
Sucre glace	**0,17 €**
TOTAL	**15,93 €**
LA PART	1,99 €

• Les pâtes à tarte sablées, sucrées ou salées, quelle que soit leur formule, sont très fragiles à étaler. Il est préférable de choisir des moules de dimension moyenne et d'en prévoir deux plutôt que de tenter l'impossible avec un moule de grand diamètre.

• Préparez la pâte à tarte : travaillez le beurre en pommade. Dans un saladier, versez la farine en fontaine. Déposez le beurre au centre avec le sel, le sucre vanillé et le sucre en poudre. Mélangez l'ensemble rapidement. Ajoutez l'œuf et travaillez encore rapidement. Faites une boule du mélange ainsi obtenu, farinez-la légèrement, enveloppez-la dans un torchon et laissez reposer au réfrigérateur 2 heures.

• Faites macérer les raisins secs dans un bol avec un petit verre d'eau-de-vie.
• Rincez le vert de bette et les épinards, égouttez. Faites-les blanchir ensemble quelques minutes dans de l'eau bouillante salée, égouttez.
• Plongez-les dans un saladier d'eau glacée pendant 1 minute, égouttez-les à nouveau, puis hachez-les grossièrement.
• Pelez les pommes, coupez-les en cubes, mettez dans un saladier et ajoutez le jus d'un citron. Ajoutez les figues coupées en petits morceaux, le macaron émietté et les pignons de pin. Incorporez le mélange bettes-épinards et les raisins secs égouttés.
• Battez les œufs entiers à la fourchette et mélangez-les aux ingrédients dans le saladier.
• Huilez une tourtière assez profonde.
• Abaissez la pâte sur 1 demi-centimètre.
• Garnissez la tourtière avec la moitié de la pâte, puis versez-y la garniture.
• Nappez le tout avec la gelée de groseilles. Recouvrez avec le reste de pâte pour former un couvercle. Soudez les bords. Faites une cheminée au centre avec un morceau de papier Bristol.
• Faites cuire pendant 40 minutes à four préchauffé à 200 °C (th. 6/7). Saupoudrez de sucre glace à la sortie du four.

La tourte se mange en dessert, tiède ou froide.

VIN ROSÉ

4,85 € – Chusclan Vignerons, Côtes du Rhône Villages Laudun Galets 2008 (voir p. 339)

Tourte du dimanche soir

Pour 8 personnes	
500 g de pâte brisée ou feuilletée *(ou 2 rouleaux de pâte du commerce)*	**1,96 €**
600 g de viande de porc dans le filet	**4,43 €**
1 oignon	**0,26 €**
1 cuillère à café de quatre-épices	**0,05 €**
1 bouquet garni (thym, laurier)	**0,50 €**
3 clous de girofle	**0,03 €**
40 cl de vin blanc sec	**1,42 €**
2 cuillères à soupe d'huile d'olive	**0,10 €**
4 œufs	**0,72 €**
25 cl de crème	**0,49 €**
25 g de beurre	**0,13 €**
1 cuillère à soupe de sel fin	
15 tours de moulin à poivre	
TOTAL	**10,09 €**
LA PART	1,26 €

• La veille, découpez le filet de porc en petits morceaux de 2 centimètres sur 2 ou demandez à votre charcutier de bien vouloir le faire. Pelez l'oignon, puis émincez-le très finement.
• Dans un saladier mélangez les morceaux de porc avec l'oignon émincé, le bouquet garni, les clous de girofle, le quatre-épices, salez, poivrez, puis arrosez avec le vin blanc et couvrez d'un film alimentaire. Laissez mariner au réfrigérateur pendant 12 heures.
• Le jour de la préparation, farinez le plan de travail, étalez la pâte (brisée ou feuilletée) pour obtenir deux disques d'environ 32/35 centimètres de diamètre.

• Beurrez largement la plaque à pâtisserie, puis déposez un des disques sur celle-ci, piquez le fond avec une fourchette. Placez la plaque au réfrigérateur avec le second disque de pâte.
• Préchauffez le four à 200 °C (th. 6/7).
• Filtrez la marinade. Retirez le bouquet garni et les clous de girofle.
• Dans une poêle ou une cocotte, faites chauffer l'huile et le restant du beurre et faites revenir les morceaux de viande pendant 15 minutes à feu moyen. Veillez à remuer fréquemment. Laissez refroidir après avoir égoutté.
• Sortez la plaque de pâte du réfrigérateur. Installez les morceaux de viande au centre. Recouvrez l'ensemble avec le second disque de pâte. Avec un pinceau, soudez les bords en les caressant d'eau et formez une petite cheminée au centre avec un morceau de bristol roulé.
• Vous pouvez sur la partie supérieure de la tourte former des dessins à votre fantaisie.
• Battez un œuf et badigeonnez la surface à l'aide d'un pinceau.
• Enfournez pour environ 30 minutes.
• Dans un saladier, mélangez la crème et les œufs.
• Les 30 minutes écoulées, sortez la tourte du four, retirez précautionneusement la partie supérieure de la tourte, « la calotte », versez le mélange crème-œufs sur la viande, puis refermez avec le couvercle de pâte.
• Mettez au four pour 10 minutes. Servez.

Vin rosé

5,00 € – Château du Petit-Thouars, Touraine Rosé 2008 (voir p. 344)

Vin rouge

4,30 € – Domaine de la Gaudetterie, Coteaux du Vendômois, Cuvée Pierre François 2008 (voir p. 350)

Œufs et autres omelettes

Gâteau d'omelette à la ratatouille

Pour 8 personnes	
15 œufs	**2,70 €**
5 cuillères à soupe de lait	**0,05 €**
700 g de ratatouille *(fraîche ou en conserve)*	**2,74 €**
700 g de tomates *(en conserve hors saison)*	**1,28 €**
1 pincée de quatre-épices	**0,05 €**
1 pincée de poivre de Cayenne	**0,05 €**
8 cuillères à soupe d'huile d'olive	**0,41 €**
1 cuillère à soupe de sel fin	
15 tours de moulin à poivre	
TOTAL	**7,28 €**
LA PART	0,91 €

Si vous utilisez un reste de ratatouille, prévoir au minimum 700 g. Le mieux étant de préparer soi-même une ratatouille selon la recette p. 260 ou éventuellement d'utiliser une boîte de 1 kg de ratatouille en conserve.

• Préchauffez le four à 210 °C (th. 7).

• Préparez un coulis de tomate (voir recette p. 54, *cf. moussaka*).

• Cassez les œufs dans un saladier, ajoutez les épices, salez, poivrez. Mélangez sans fouetter au fouet ou à la fourchette.
• Dans une poêle, faites chauffer 3 cuillères à soupe d'huile d'olive.
• Partagez les œufs en trois omelettes de 5 œufs et faites cuire en rajoutant de l'huile après chaque cuisson.
• Huilez au pinceau un moule à manqué, déposez la première omelette dans le fond du moule, versez la moitié de la ratatouille, puis un tiers du coulis de tomate, couvrez de la deuxième omelette et garnissez avec le restant de ratatouille et la moitié du coulis de tomate, couvrez avec la troisième omelette et versez le restant de tomate.
• Enfournez pour 10 minutes. Démoulez dès la sortie du four en retournant le plat à manqué sur le plat de service. Cette recette peut se servir chaude, tiède ou froide.
• Si vous souhaitez la réchauffer, il est préférable de le faire avant de démouler le gâteau dans un four tiède, le dessus recouvert d'une feuille de papier aluminium.
• Servez accompagné de charcuterie, type saucisson, chorizo, lomo, etc.

VIN BLANC

5,00 € – Domaine de Tanella, Les Perles du Sud 2008 (voir p. 326)

Œufs au curry et coulis de tomate

Pour 6 personnes	
12 œufs	**2,16 €**
1 litre de lait	**0,73 €**
2 cuillères à soupe de curry ou de paprika fumé *(en vente dans les magasins de produits espagnols)*	**0,40 €**

Sel fin et poivre du moulin	
TOTAL	**3,29 €**
LA PART	0,55 €

• Préchauffez le four à 180 °C (th. 6).
• Versez le lait dans une casserole avec le curry ou l'ingrédient souhaité.
• Portez à ébullition. Retirez la casserole. Couvrez-la d'une assiette ou d'un couvercle et laissez infuser pendant 15 minutes.
• Cassez les œufs dans un saladier. Ajoutez le sel et le poivre. Battez avec une fourchette ou un fouet pour obtenir un mélange homogène. Versez le lait sur ce mélange.
• Mélangez et versez l'appareil ainsi obtenu dans un moule à savarin.
• Mettez au four pour 30 minutes en vérifiant que l'eau du bain-marie ne bouille pas. Si besoin ajoutez un peu d'eau froide. Servez avec un coulis de tomate (voir recette p. 55, *cf. moussaka*) légèrement relevé d'une pointe de Cayenne.

Œufs en gelée au jambon

Pour 8 personnes	
8 œufs extra-frais	**1,44 €**
2 tranches de jambon blanc, dégraissées et découennées	**1,10 €**
40 cl de gelée instantanée	**0,62 €**
1 cuillère à soupe de xérès *(ou porto)*	**0,06 €**
Quelques gouttes de vinaigre de vin	**0,01 €**
1 branche d'estragon	**0,05 €**
2 cuillères à soupe de vinaigre d'alcool	**0,02 €**
Sel fin	
8 tours de moulin à poivre	
TOTAL	**3,30 €**
LA PART	0,41 €

• Cassez chaque œuf dans une soucoupe ou une tasse.
• Dans une grande casserole, portez à ébullition un litre et demi d'eau additionnée de 2 cuillères à soupe de vinaigre d'alcool.
• Lorsque l'eau frémit, versez délicatement les œufs un par un. Faites reprendre l'ébullition, puis baissez à feu très doux et laissez pocher 3 minutes.
• Avec une écumoire, retirez les œufs un à un et déposez-les dans un saladier d'eau froide. Égouttez-les sur un linge.
• Préparez la gelée. Ajoutez du xérès ou du porto, quelques gouttes de vinaigre de vin et les feuilles d'estragon finement ciselées.
• Versez environ 1/2 centimètre de gelée dans le fond des ramequins. Placez-les au réfrigérateur. Laissez prendre la gelée.
• Coupez le jambon en petits bâtonnets réguliers. Répartissez la moitié dans 8 ramequins, sur la gelée. Déposez les œufs pochés. Assaisonnez. Complétez avec le reste du jambon et de gelée. Placez au réfrigérateur au moins 3 heures.
• Servez bien froid.

Suggestions : On peut remplacer le jambon par un reste de ratatouille (voir recette p. 260, *cf. ratatouille niçoise*) ou un coulis de tomate (voir recette p. 55, *cf. moussaka*) bien épais ou un blanc de volaille haché finement ou des langoustines crues coupées en fines lamelles ou des crevettes décortiquées. Pour la ratatouille ou le coulis de tomate, je vous conseille de déposer l'un ou l'autre en premier dans le fond du ramequin, puis de poser l'œuf et de remplir avec de la gelée. Pour les autres ingrédients, procédez comme indiqué dans la recette.

Vins rosés

2,50 € – Château-La Tour de Béraud, Costières de Nîmes 2008 (voir p. 341)

4,90 € – Domaine Ogereau, Rosé de Loire 2008 (voir p. 343)

Omelette froide aux rillettes

Pour 8 personnes	
12 œufs	**2,20 €**
300 g de rillettes de porc, de canard, d'oie ou de mousse de foie de canard	**2,02 €**
3 cuillères à soupe d'huile	**0,15 €**
3 cuillères à soupe de beurre	**0,39 €**
1 botte de ciboulette	**1,31 €**
15 cuillères à café de sel fin	
15 tours de moulin à poivre	
TOTAL	**6,07 €**
LA PART	0,76 €

Pour vous faciliter la vie, je vous conseille de préparer 3 omelettes de taille moyenne plutôt qu'une grande.
Les œufs et les rillettes doivent être à la température de la pièce, aussi sortez-les du réfrigérateur 2 heures avant de commencer la recette.

• Hachez finement la ciboulette.
• Cassez 4 œufs, battez-les à la fourchette ou au fouet. Salez, poivrez. Ajoutez un tiers de la ciboulette hachée.
• Faites chauffer 1 cuillère à soupe d'huile dans une poêle. Versez les œufs dans la poêle. Remuez avec la fourchette.
• À mi-cuisson, introduisez 1 cuillère à soupe de beurre sous l'omelette, laissez fondre et dorer.
• Faites glisser l'omelette encore baveuse dans une assiette plate. Ne la pliez pas.
• Renouvelez l'opération deux fois avec les 8 œufs restants et la ciboulette.
• Tartinez chaque omelette avec les rillettes, puis roulez-les comme des bûches de Noël et disposez-les côte à côte sur un plat.
• Ce plat se conserve au réfrigérateur pendant une journée et se sert avec une salade de chicorée ou de scarole assaisonnée d'une vinaigrette à l'huile de noix ou d'olive.

Nota : on peut servir dans un bol ou une saucière un mélange de crème fraîche (200 g), 1 cuillère à soupe de concentré de tomate, 3 cuillères à soupe de Ketchup, 2 cuillères à soupe de xérès, porto ou Banyuls, sel, poivre et en napper chaque omelette.

Vins blancs

4,30 € – Domaine de la Gaudetterie, Coteaux du Vendômois blanc 2008 (voir p. 320)

5,00 € – Domaine de Tanella, Les Perles du Sud 2008 (voir p. 326)

Vins rosés

2,50 € – Château-La Tour de Béraud, Costières de Nîmes 2008 (voir p. 341)

4,90 € – Domaine Ogereau, Rosé de Loire 2008 (voir p. 343)

Vin rouge

4,00 € – La Chapinière de Châteauvieux, Touraine gamay 2007 (voir p. 353)

Tarama

Pour 8 personnes

400 g d'œufs de poutargue	**23,20 €**
ou 400 g d'œufs de hareng	**11,60 €**
1 gros oignon blanc	**0,28 €**
1 cuillère à soupe de concentré de tomate *(facultatif)*	**0,06 €**

Le jus de 1 demi-citron	**0,11 €**
1 demi-litre d'huile de colza *(ou d'arachide)*	**0,85 €**
1 demi-verre d'eau	
1 demi-cuillère à café de sel fin	
1 quinzaine de tours de moulin à poivre	

Aux œufs de poutargue	
TOTAL	**24,50 €**
LA PART	3,06 €
Aux œufs de hareng	
TOTAL	**12,90 €**
LA PART	1,61 €

• Épluchez l'oignon, puis hachez-le extrêmement finement au mixeur pour obtenir une sorte de purée.
• Retirez la peau qui entoure les œufs de mulet ou de hareng.
• Ajoutez les œufs, le sel, le poivre et l'oignon haché. Commencez par faire tourner lentement en ajoutant l'huile en filet comme pour monter une mayonnaise.
• Quand le mélange épaissit, ajoutez le jus de 1/2 citron et un peu d'eau pour détendre la préparation.
• Vérifiez et rectifiez si besoin l'assaisonnement.
• Servez frais sur des tranches de pain grillé ou des pommes de terre cuites en robe des champs et coupées en rondelles. Cette préparation se conserve au réfrigérateur pendant 4 à 5 jours.

Suggestion : On peut rajouter 1 cuillère à soupe de concentré de tomate.

Tortilla

Pour 8 personnes	
16 œufs	**2,88 €**
800 g de pommes de terre à chair ferme *(type Charlotte, Belle de Fontenay)*	**1,09 €**
4 oignons	**1,12 €**
1 bouquet de persil plat	**1,10 €**
5 cuillères à soupe d'huile d'olive	**0,26 €**
1 cuillère à soupe de sel fin	
15 tours de moulin à poivre	
TOTAL	**6,45 €**
LA PART	0,81 €

Je vous recommande si vous êtes 8 à table de prévoir 2 tortillas.

• Épluchez, lavez et émincez les pommes de terre (comme pour des pommes de terre sautées). Pelez et émincez les oignons.

• Versez 5 cuillères à soupe d'huile dans une grande poêle. Faites revenir les oignons et les pommes de terre ensemble pendant 25 minutes environ.

• Égouttez l'ensemble dans une passoire et récupérez l'huile de cuisson.

• Versez celle-ci à nouveau dans la poêle.

• Dans un saladier, battez les œufs avec une fourchette ou un fouet. Salez, poivrez. Ajoutez le mélange oignons/ pommes de terre et le persil haché finement.

• Versez la préparation dans la poêle bien chaude. Couvrez. Les œufs doivent être pris.

• À l'aide du couvercle, plus grand que la poêle, retournez la tortilla et glissez-la dans la poêle.

• Faites dorer sur l'autre face, puis faites-la glisser sur le plat de service.

• Une tortilla se sert froide, tiède ou réchauffée, emballée dans un papier d'aluminium dans un four tiède. Elle peut servir de plat de résistance, accompagnée d'une tranche de jambon espagnol, italien ou français et/ou d'une salade verte assaisonnée d'une vinaigrette légèrement aillée.

VARIANTE

Tortilla aux épinards ou au vert de blette

- Procédez exactement comme ci-dessus.
- Puis rajoutez, entre chaque couche d'omelette, une couche de vert de blette ou d'épinards passés au beurre et à cru.
- Commencez pour cette opération par poser les épinards froids sur l'omelette. N'oubliez pas de frotter votre poêle ou votre casserole avec une gousse d'ail pour rehausser le goût des épinards ou du vert de blette.

Vins blancs

4,00 € – André et Michel Quénard, Vin blanc de Savoie, Cuvée Les Abymes 2008 (voir p. 325)

5,00 € – Domaine de Tanella, Les Perles du Sud 2008 (voir p. 326)

Vins rosés

2,50 € – Château-La Tour de Béraud, Costières de Nîmes 2008 (voir p. 341)

4,90 € – Domaine Ogereau, Rosé de Loire 2008 (voir p. 343)

Grosses salades et plats froids

Pannequets de lapin au thym

Pour 8 personnes	
16 morceaux de lapin *(moitié cuisse, moitié râble)*	**14,40 €**
32 tranches de poitrine fumée *(coupées très fines)*	**11,98 €**
2 têtes d'ail	**1,50 €**
4 branches de thym	**0,20 €**
Pour la compotée de tomate :	
8 tomates *(en conserve hors saison)*	**1,90 €**
1 oignon	**0,28 €**
4 cuillères à soupe d'huile d'olive	**0,41 €**
1 cuillère à soupe de concentré de tomate	**0,06 €**
1 cuillère à soupe de sucre en poudre	**0,01 €**
1 cuillère à soupe de sel fin	
15 tours de moulin à poivre	
TOTAL	**30,74 €**
LA PART	3,84 €

• La veille, introduisez une gousse d'ail épluchée, dégermée, dans chaque morceau de lapin. Badigeonnez-les avec un pinceau d'huile d'olive, puis effeuillez le thym dessus, salez, poivrez.

• Emballez chaque morceau de lapin dans un film alimentaire et placez-les la nuit entière au réfrigérateur.
• Le lendemain, placez deux tranches de poitrine fumée, découennée, en croix, déposez les morceaux de lapin sur ce lard et fermez-le par un bâtonnet cure-dent.
• Mettez les pannequets dans un plat à four en terre.
• Préparez la compotée de tomate. Faites revenir l'oignon avec le restant des gousses d'ail grossièrement écrasées avec le plat d'un couteau. Pelez, épinez et coupez grossièrement les tomates en morceaux. Faites chauffer l'huile. Jetez l'oignon et l'ail jusqu'à ce qu'ils commencent à fondre et à blondir. Ajoutez les tomates, le concentré de tomate, le sucre, le sel et le poivre. Laissez compoter doucement pendant 30 à 35 minutes.
• Préchauffez le four à 180 °C (th. 6).
• Versez la compote sur le lapin et enfournez pour environ 30 minutes.
• Servez froid avec une salade.

Vins rosés

4,85 € – Chusclan Vignerons, Côtes du Rhône Villages Laudun Galets 2008 (voir p. 339)

4,30 € – Domaine de la Gaudetterie, Coteaux du Vendômois Gris 2008 (voir p. 344)

Restes de dinde froide

Pour 8 personnes

500 g de chair de dinde cuisinée dans un bouillon avec des légumes	**3,92 €**
3 cornichons émincés	**0,05 €**

2 cuillères à soupe de jus de citron	**0,11 €**
2 cuillères à soupe de mayonnaise	**0,30 €**
1 cuillère à soupe de câpres	**0,29 €**
1 salade verte	**1,90 €**
TOTAL	**6,57 €**
LA PART	0,82 €

• Séparez les restes de la dinde des légumes ; supprimez la peau ; coupez la chair en petits dés.
• Ajoutez les cornichons, le jus de citron, la mayonnaise, les câpres ; mélangez bien.
• Servez avec quelques feuilles de salade verte.

VIN BLANC

5,00 € – Domaine de Tanella, Les Perles du Sud 2008 (voir p. 326)

VIN ROUGE

4,30 € – Domaine de la Gaudetterie, Coteaux du Vendômois, Cuvée Pierre François 2008 (voir p. 350)

Salade César

Pour 8 personnes

1 scarole *(ou batavia)*	**1,90 €**
8 œufs	**1,44 €**
200 g de roquefort bien gras et persillé	**3,12 €**
300 g de poitrine fumée	**2,04 €**
40 g de beurre	**0,20 €**
18 filets d'anchois	**0,79 €**
1 bol de vinaigrette au vinaigre de vin	**0,70 €**
1 demi-verre à moutarde de vinaigre blanc	**0,04 €**

1 bouquet d'estragon	**1,29 €**
TOTAL	**11,52 €**
LA PART	1,44 €

• Cassez les œufs dans une tasse, un par un, puis versez-les doucement dans 2 litres d'eau frémissante (l'eau ne doit pas bouillir) additionnée d'un demi-verre à moutarde de vinaigre blanc (surtout pas de sel). Laissez pocher 3 minutes. Sortez les œufs à l'aide d'une écumoire, puis égouttez-les sur un linge et salez-les au sel fin.
• Coupez la poitrine fumée en petits lardons après avoir retiré la couenne. Déposez-les dans l'eau froide et égouttez-les avant le début de l'ébullition. Faites-les ensuite dorer au beurre dans une poêle.
• Lavez la salade.
• Mélangez dans un saladier les lardons, les anchois, le roquefort émietté, les feuilles d'estragon et la vinaigrette.
• Répartissez sur les assiettes et ajoutez l'œuf poché au-dessus.

Salade de bœuf

Pour 8 personnes

600 g de restes de pot-au-feu	**7,50 €**
1,2 kg de pommes de terre à chair ferme *(type Belle de Fontenay, Roseval)*	**1,63 €**
3 carottes	**0,77 €**
4 tomates	**0,95 €**
1 petite botte d'oignons blancs	**1,29 €**
10 cornichons	**0,32 €**
2 cuillères à soupe de câpres	**0,58 €**
Fines herbes hachées et mélangées (persil, ciboulette, estragon)	**1,84 €**
8 filets d'anchois dessalés	**0,35 €**

8 gros œufs	**1,44 €**
1 bol de vinaigrette	**1,40 €**
TOTAL	**18,07 €**
LA PART	2,26 €

• Faites cuire les œufs durs pendant 8 minutes dans l'eau salée. Passez-les sous l'eau froide, écalez-les, puis rincez-les à nouveau. Ils doivent être plus près de mollets que durs. Réservez.
• Épluchez et émincez les oignons.
• Plongez les tomates 15 à 30 secondes dans de l'eau bouillante, puis dans de l'eau glacée pour les rafraîchir. Pelez-les, puis épépinez-les. Réservez.
• Détaillez la viande en petits cubes en ayant pris soin, au préalable, de retirer la peau, le gras et les parties nerveuses.
• Coupez les cornichons en fines rondelles.
• Faites cuire les carottes dans un restant de bouillon et les pommes de terre en robe des champs, puis coupez-les tièdes en lamelles de 1/2 centimètre d'épaisseur ainsi que les carottes en rondelles épaisses.
• Dans un grand saladier, mélangez la viande, les pommes de terre, les carottes, les tomates, les oignons, les cornichons, les câpres, les fines herbes, les anchois avec une vinaigrette au vinaigre de vin bien relevée à la moutarde.
• Coupez les œufs dans le sens de la longueur et disposez-les sur le dessus de la salade.

VIN BLANC

5,00 € – Domaine de Tanella, Les Perles du Sud 2008 (voir p. 326)

VIN ROSÉ

3,30 € – Cave de Tain-l'Hermitage, Vin de Pays des Collines Rhodaniennes, Syrah rosé 2008 (voir p. 338)

Salade de julienne

Pour 8 personnes	
1 tronçon de julienne d'environ 800 g *(découpé dans la partie proche de la tête)*	**13,44 €**
1,5 litre de court-bouillon	**0,27 €**
16 petites pommes de terre (1,280 kg environ) à chair ferme *(type Belle de Fontenay, Roseval)*	**1,74 €**
4 tomates	**0,95 €**
1 grosse laitue	**1,23 €**
2 cuillères à soupe de câpres	**0,58 €**
4 cuillères à soupe de fines herbes hachées (estragon, persil, cerfeuil)	**1,47 €**
1 bol de mayonnaise	**1,18 €**
2 cuillères à soupe de gros sel	**0,02 €**
Sel fin et poivre du moulin	
TOTAL	**20,88 €**
LA PART	2,61 €

• Faites pocher le poisson 12 à 15 minutes à feu doux dans le court-bouillon. Vérifiez la cuisson ; égouttez ; retirez la peau et les arêtes.

• Mettez les pommes de terre, sans les peler, dans de l'eau froide salée ; portez à ébullition et laissez bouillotter une quinzaine de minutes. Égouttez, puis pelez les pommes de terre encore chaudes (tenez-les avec une fourchette ou des gants de cuisine pour ne pas vous brûler).

• Pelez, épépinez et coupez les tomates en petits cubes.

• Lavez la laitue entière en la plongeant à plusieurs reprises dans plusieurs eaux. Égouttez-la, essorez-la dans un torchon, puis coupez-la en lanières pour obtenir de longs rubans. Salez, poivrez cette chiffonnade ; répartissez-la sur 8 assiettes.

• Dans un saladier, mélangez les pommes de terre coupées en rondelles, le poisson effeuillé, les fines herbes, les câpres, les tomates et la mayonnaise. Vérifiez l'assaisonnement.
• Déposez le contenu du saladier dans les assiettes, sur la chiffonnade.

Salade de kippers aux pommes de terre

Pour 8 personnes

12 petites pommes de terre à chair ferme *(type Belle de Fontenay, Roseval)*	**1,30 €**
8 kippers (harengs fumés)	**15,20 €**
10 cl de crème fraîche liquide	**0,28 €**
33 cl de bière blanche	**0,77 €**
1 demi-bol de vinaigrette au vinaigre de vin	**0,35 €**
2 échalotes	**0,14 €**
1 demi-botte de ciboulette	**0,65 €**
1 demi-citron	**0,11 €**
1 pincée de muscade	**0,05 €**
Sel fin et poivre du moulin	
TOTAL	**18,85 €**
LA PART	2,36 €

• Faites cuire les pommes de terre en robe des champs.
• Dans une casserole, faites réduire à feu doux la bière jusqu'à la consistance d'un sirop.
• Déposez les kippers sur la grille du cuit-vapeur pour 10 minutes.
• Préparez une vinaigrette.

• Hachez finement les échalotes et la ciboulette ; incorporez-les à la vinaigrette.
• Pelez et émincez les pommes de terre.
• Incorporez la réduction de bière à la crème préalablement fouettée ; salez, poivrez ; ajoutez un trait de muscade et quelques gouttes de jus de citron.
• Retirez la peau des kippers.
• Assaisonnez les pommes de terre avec la vinaigrette.
• Posez les filets de kippers sur les pommes de terre.
• Servez accompagné de la crème à la bière blanche.

Salade de lentilles

Pour 6 personnes	
400 g de lentilles vertes	**0,55 €**
4 carottes	**1,03 €**
2 blancs de poireau	**0,59 €**
1 gros oignon	**0,28 €**
2 clous de girofle	**0,02 €**
2 gousses d'ail	**0,10 €**
1 bouquet de persil plat	**1,10 €**
8 cuillères à soupe de vinaigrette moutardée	**0,35 €**
5 cuillères à café de sel fin	
8 tours de moulin à poivre	
TOTAL	**4,02 €**
LA PART	0,67 €

• Coupez l'oignon en deux et piquez chaque moitié de 2 clous de girofle.
• Rincez les lentilles, égouttez-les, puis mettez-les dans une grande casserole avec l'oignon, les carottes coupées en quatre dans leur longueur, l'ail pelé et écrasé. Couvrez d'eau froide jusqu'à environ 2 centimètres au-dessus des légumes. Portez à ébullition, puis maintenez à petit bouillottement et

à couvert pendant 30 minutes jusqu'à ce que les lentilles soient tendres mais encore bien entières. À la fin de la cuisson, l'eau doit être totalement absorbée, sinon égouttez-les. Laissez refroidir. Salez, poivrez.

• Lavez, émincez les poireaux, puis faites-les cuire 10 minutes dans une casserole avec un 1/2 verre d'eau et une pincée de sel.

• Rassemblez les lentilles, les carottes coupées en rondelles, les poireaux, le persil haché grossièrement. Versez la vinaigrette et laissez macérer à température ambiante.

• Servez avec un pâté de campagne, une terrine rustique, du fromage de tête, une tranche de jambon épaisse, un morceau de lard de poitrine maigre cuit, un saucisson à l'ail...

Nota : vous pouvez également faire revenir des lardons de poitrine fumée que vous ajouterez au moment de servir, après les avoir épongés sur un papier absorbant.

Salade de pâtes

Principes de base

• Il est préférable de faire les salades de pâtes avec des pâtes sèches plutôt que des pâtes fraîches. On compte environ 80 à 100 g de pâtes sèches par personne pour obtenir 180 à 200 g de pâtes cuites.

• Il est bon de vous rappeler qu'il est inutile de mettre l'huile dans l'eau de cuisson, cette vieille coutume date du temps où les semoules étaient de qualité médiocre. N'oubliez pas que les pâtes ne doivent jamais être passées sous l'eau froide après cuisson, elles continuent à cuire jusque dans l'assiette.

Le choix des pâtes

• Vérifiez les étiquettes, si le moulage est indiqué, préférez celui en bronze, préférable à celui en Téflon, car il donne aux pâtes un aspect rugueux qui accroche bien la sauce sans l'absorber.
• Vérifiez également la qualité du séchage et son temps. Une pâte sèche en 24 heures avec des températures basses ou en 2 heures avec des températures hautes. Plus le séchage est lent, meilleurs sont les résultats sur le plan gustatif.
• Les pâtes aux œufs donnent un meilleur goût et leur permettent de mieux tenir à la cuisson. Quant à la forme des pâtes, larges, longues, courtes, pleines, creuses, spaghettis, lasagnes, tagliatelles, pennes ou vermicelles... les formes sont essentiellement culturelles et permettent de varier les plaisirs visuels et gustatifs.
• Les pâtes à cuisson rapide sont généralement de plus petit diamètre et de moindre épaisseur. Elles cuisent rapidement, en 2 à 3 minutes, contre 7 à 15 minutes pour les pâtes de calibres traditionnels.
• Veillez à ce que vos pâtes soient de préférence au blé complet plutôt que de semoule de qualité courante. Il va de soi que les pâtes au blé dur sont meilleures sur le plan gustatif et ont une bonne tenue à la cuisson.
• Choisissez de préférence des pâtes courtes pour les traiter en salade.

La cuisson

• Dans un faitout, portez à ébullition 3 litres d'eau environ auxquels vous pouvez ajouter pour plus de goût un bouillon de volaille du commerce et 30 g de gros sel. Jetez les pâtes lorsque l'eau bout et remuez sans cesse avec une écumoire ou une cuillère en bois jusqu'à ce que l'ébullition reprenne afin d'éviter que les pâtes ne collent entre elles ou au fond du récipient.
• Le temps de cuisson est toujours difficile à évaluer. Il est en grande partie fonction de la quantité de pâtes mises en

œuvre, de leur taille, et surtout de leur qualité. En règle générale, comptez 7 minutes après le départ de la deuxième ébullition. À ce moment, il est préférable de rester devant son faitout et de goûter jusqu'à obtenir la cuisson souhaitée. Les pâtes doivent être égouttées très rapidement, puis être versées dans un saladier et arrosées immédiatement d'huile d'olive. On peut remplacer celle-ci par la sauce de son choix. On peut d'ailleurs, avant l'huile d'olive, rajouter 3 cuillères à soupe de crème fraîche pour éviter que les pâtes ne sèchent.

Salade de pâtes au jambon et au poivron

Pour 8 personnes	
800 g de pâtes papillons	**0,83 €**
300 g de jambon	**3,31 €**
2 poivrons *(1 rouge, 1 vert)*	**1,16 €**
2 oignons	**0,56 €**
4 cuillères à café de curry *(ou de curcuma en poudre)*	**0,60 €**
25 cl d'huile d'olive	**0,86 €**
2 jaunes d'œufs	**0,36 €**
1 cuillère à soupe de jus de citron	**0,11 €**
1 cuillère à café de sel fin	
15 à 20 tours de moulin à poivre	
TOTAL	**7,79 €**
LA PART	0,97 €

• Coupez le jambon en lanières fines. Réservez dans un grand saladier.

• Pelez et épépinez le poivron, puis détaillez-le en très fines lanières.

• Dans une sauteuse, faites chauffer 3 cuillères à soupe d'huile d'olive. Déposez le poivron en lanières, les oignons émincés finement, saupoudrez de curry (ou de curcuma) et faites revenir pendant une dizaine de minutes. L'oignon et le poivron doivent être bien fondus et imprégnés de l'épice choisie. Versez dans le saladier avec le jambon. Mélangez.
• Montez une mayonnaise avec les deux jaunes d'œufs, le sel, le poivre et l'huile d'olive. Ajoutez le jus de citron, puis versez la mayonnaise dans le saladier. Mélangez.
• Lorsque les pâtes sont cuites, égouttez-les, puis versez-les immédiatement dans le saladier.
• Cette préparation peut également être servie froide.

VIN ROSÉ

3,30 € – Cave de Tain-l'Hermitage, Vin de Pays des Collines Rhodaniennes, Syrah rosé 2008 (voir p. 338)

Salade de pâtes au poulet

Pour 8 personnes	
600 g de blanc de volaille	**4,48 €**
400 g de pâtes au choix	**0,41 €**
8 œufs	**1,44 €**
100 g d'emmental, comté, gruyère ou beaufort	**0,92 €**
1 cuillère à soupe de beurre	**0,13 €**
4 tomates	**0,95 €**
1 botte de ciboulette *(ou des petits oignons blancs)*	**1,29 €**
Sel fin et poivre du moulin	

Pour la mayonnaise :	**1,18 €**
2 œufs	
2 cuillères à soupe de moutarde de Dijon	
40 cl d'huile *(de colza de préférence)*	
1 cuillère à soupe de sel	
15 à 20 tours de moulin à poivre	
TOTAL	**10,80 €**
LA PART	1,35 €

• Plongez les tomates 15 à 30 secondes dans de l'eau bouillante, puis dans de l'eau glacée pour les rafraîchir. Pelez-les et coupez-les en petits dés. Réservez.
• Coupez le fromage en dés d'environ 1 centimètre de côté. Réservez.
• Faites cuire les œufs pendant 8 minutes dans l'eau salée. Passez-les sous l'eau froide, écalez-les, puis rincez-les à nouveau. Ils doivent être plus près de mollets que durs.
• Faites revenir les blancs de volaille dans 1 cuillère à soupe de beurre. Salez, poivrez. Laissez étuver pendant 8 à 10 minutes pour qu'ils restent transparents, puis détaillez-les en fines lanières. Réservez avec les tomates.
• Montez une mayonnaise que vous détendrez avec une cuillère à soupe de vinaigre de vin.
• Dans un grand saladier, mélangez le fromage, la ciboulette ou des petits oignons blancs selon la saison, les pâtes avec les trois quarts de la mayonnaise.
• Assaisonnez les dés de tomates et le poulet avec la mayonnaise restante. Ajoutez à la préparation à base de pâtes, puis disposez les œufs durs coupés en deux sur les pâtes.

Salade de pâtes sauce au thon

Pour 8 personnes	
800 g de pâtes	**0,83 €**
Pour la sauce au thon :	
400 g de thon au naturel en conserve	**3,78 €**
1 demi-citron	**0,11 €**
40 à 50 g d'anchois	**0,79 €**
50 g de câpres	**0,86 €**
1 bol de mayonnaise *(voir recette précédente, cf. salade de pâtes au poulet)*	**1,18 €**
1 cuillère à café de sel fin	
15 à 20 tours de moulin à poivre	
TOTAL	**7,55 €**
LA PART	0,94 €

• Faites cuire les pâtes de votre choix selon la méthode indiquée p. 247.
• Préparez la sauce au thon.
• Passez au mixeur le thon bien égoutté avec les anchois et les câpres.
• Incorporez la mayonnaise et le jus du demi-citron pour obtenir une sauce veloutée. Versez-la dans un saladier, puis ajoutez les pâtes chaudes pour qu'elles s'imprègnent du goût de la sauce en refroidissant.
• Salez, poivrez.

VINS BLANCS

4,00 € – André et Michel Quénard, Vin blanc de Savoie, Cuvée Les Abymes 2008 (voir p. 325)

4,20 € – André et Michel Quénard, Vin blanc de Savoie Chignin 2008 (voir p. 325)

Vin rosé

3,30 € – Cave de Tain-l'Hermitage, Vin de Pays des Collines Rhodaniennes, Syrah rosé 2008 (voir p. 338)

Salade de poulet

Pour 8 personnes	
1 poulet froid rôti de 1,4 kg environ ou 8 blancs	**6,42 €**
1 grosse scarole	**1,29 €**
8 petites tomates	**1,17 €**
8 œufs	**1,44 €**
1 pied de céleri en branche	**1,69 €**
8 tranches de poitrine fumée *(tranchées très finement)*	**3,00 €**
150 g de comté ou de beaufort	**1,68 €**
10 feuilles d'oseille	**0,50 €**
1 bol et demi de mayonnaise au Ketchup	**1,77 €**
Sel fin	
Poivre du moulin	
TOTAL	**18,96 €**
LA PART	2,37 €

• À défaut d'un poulet entier, on peut acheter 4 blancs et 12 manchons de poulet.

• Faites cuire le poulet à la broche ou en cocotte ou faites revenir les blancs à la cocotte, croustillants à l'extérieur, moelleux à l'intérieur.

• Faites cuire les œufs durs pendant 8 minutes dans l'eau salée. Passez-les sous l'eau froide, écalez-les puis rincez-les à nouveau. Ils doivent être plus près de mollets que durs. Réservez.

• Plongez les tomates 15 à 30 secondes dans de l'eau bouillante, puis dans de l'eau glacée pour les rafraîchir. Pelez-les, épépinez-les et coupez-les en quartiers. Réservez.
• Pelez puis tronçonnez les branches de céleri en bâtonnets d'environ 1 centimètre et demi.
• Montez une mayonnaise avec le Ketchup.
• Coupez le comté en très fines lanières.
• Retirez la peau des blancs de poulet revenus dans une cocotte ou une poêle et tranchez en fines escalopes. Si vous avez un poulet entier, désossez-le. Retirez la peau et tranchez les chairs en fines escalopes.
• Dans une poêle, faites revenir les fines tranches de poitrine fumée jusqu'à ce qu'elles soient bien croustillantes. Réservez.
• Épluchez la salade et coupez les feuilles.
• Dans un saladier, mélangez la salade avec les feuilles d'oseille coupées en chiffonnade, les morceaux de poulet, le céleri, les tomates et la mayonnaise. Salez, poivrez. Ajoutez les œufs coupés en deux ou en quatre dans le sens de la longueur, sur le dessus de la salade.
• Servez avec les tranches de poitrine fumée.

Vins rosés

4,50 € – La Cévenole, Chatus rosé 2008 (voir p. 338)

4,30 € – Domaine de la Gaudetterie, Coteaux du Vendômois Gris 2008 (voir p. 344)

Salade de poulpe

Pour 8 personnes	
1 kg de poulpe	**6,97 €**
3 litres de court-bouillon *(voir recette p. 137)*	**5,37 €**
2 oignons	**0,56 €**
1 botte de persil plat	**1,10 €**
1 demi-bol de vinaigrette	**0,35 €**
500 g de tomates	**0,91 €**
TOTAL	**15,26 €**
LA PART	1,91 €

• Ce plat se prépare la veille pour être mangé froid.
• Nettoyez le poulpe, retirez les yeux et le bec, puis faites-le dégorger à l'eau courante.
• Détaillez les tentacules et le corps en morceaux de même taille.
• Faites blanchir dans le court-bouillon pour 1 bonne heure. Vérifiez la cuisson. Égouttez. Réservez.
• Le lendemain, préparez une vinaigrette avec de l'huile d'olive, du vinaigre de vin ou du citron.
• Ajoutez les morceaux de poulpe à la vinaigrette, l'oignon coupé en fines lamelles, le persil grossièrement haché et les tomates bien mûres, émondées, épépinées et concassées. Mélangez. Servez.

Salade de riz au haddock

Pour 8 personnes	
2 tasses à thé de riz *(380 g environ)*	**0,70 €**
500 g de haddock poché	**8,72 €**

300 g de petits pois *(on peut utiliser des petits pois congelés)*	**1,33 €**
4 œufs	**0,72 €**
2 tomates	**0,48 €**
1 bol de mayonnaise *(voir recette p. 251)*	**1,18 €**
1 cuillère à soupe de crème fraîche	**0,07 €**
1 citron	**0,22 €**
TOTAL	**13,42 €**
LA PART	1,68 €

• La veille, faites cuire le riz dans une casserole d'eau bouillante salée. Égouttez-le, puis passez-le sous l'eau froide. Laissez-le refroidir.
• Faites pocher le haddock dans de l'eau frémissante pendant 8 à 10 minutes. Égouttez sur un papier absorbant.
• Faites cuire les petits pois. Égouttez-les.
• Faites cuire les œufs durs pendant 8 minutes dans l'eau salée. Réservez.
• Préparez une mayonnaise, ajoutez la cuillère à soupe de crème fraîche, le jus du citron. Réservez.
• Plongez les tomates 15 à 30 secondes dans de l'eau bouillante, puis dans de l'eau glacée pour les rafraîchir. Pelez-les, coupez-les en deux, épépinez-les, puis coupez-les en petits dés.
• Effeuillez le haddock en petits morceaux.
• Mélangez tous les ingrédients, le haddock, à la mayonnaise.
• Écalez les œufs, rincez-les, coupez-les en quartiers et posez-les sur la salade.
• Servez.

Salade niçoise

Pour 8 personnes	
250 g de mesclun	**2,28 €**
8 œufs	**1,44 €**
1 boîte de thon à l'huile de 400 g	**3,76 €**
16 filets d'anchois, ou 1 petite boîte	**0,79 €**
350 g de haricots verts très fins	**1,26 €**
1 bulbe de fenouil	**1,88 €**
6 tomates	**1,43 €**
12 oignons blancs avec leur tige	**2,58 €**
2 poivrons *(1 rouge, 1 vert)*	**1,16 €**
1 bouquet de basilic frais	**1,29 €**
60 petites olives de Nice, à défaut des olives de Nyons	**1,18 €**
1 bol de vinaigrette	**1,40 €**
TOTAL	**20,45 €**
LA PART	2,56 €

• Équeutez les haricots verts, puis faites-les cuire 15 minutes à l'eau bouillante salée. Pour les garder croquants, rafraîchissez-les à l'eau glacée avant de les égoutter.

• Dans l'eau de cuisson des haricots verts, faites cuire les œufs durs pendant 10 minutes. Passez-les sous l'eau froide, écalez-les, puis rincez-les à nouveau. Coupez-les en quatre. Réservez.

• Dans la même eau bouillante, plongez les tomates 15 à 30 secondes, puis dans de l'eau glacée pour les rafraîchir. Pelez-les, épépinez-les puis détaillez-les en quartiers. Réservez.

• Lavez le mesclun, essorez-le.

• Égouttez le thon et les anchois. Réservez l'huile.

• Préparez le fenouil en coupant la base des bulbes et la partie aérienne des tiges. Si le bulbe de fenouil est abîmé, retirez la première peau et coupez-le en tranches d'environ 2 centimètres d'épaisseur dans le sens de la longueur.

• Lavez les poivrons, puis épluchez-les grossièrement avec un couteau économe. Ouvrez chacun en deux, ôtez les graines et le filament blanc. Coupez-les en fines lamelles. Réservez.
• Émincez les oignons et leurs tiges vertes.
• Dans un grand saladier, rassemblez le mesclun, les haricots verts, les tomates, les anchois en morceaux, le thon émietté, le fenouil, le poivron, les oignons et le basilic déchiré grossièrement.
• Préparez une vinaigrette, ajoutez l'huile du thon et celle des anchois.
• Au moment de servir, arrosez la salade avec la vinaigrette. Mélangez délicatement. Décorez avec les quartiers d'œufs durs et les olives.

Suggestion : remplacez le mesclun par un mélange de frisée et de laitue.

VINS ROSÉS

5,00 € – Château-Suau, Bordeaux rosé 2008 (voir p. 337)

3,30 € – Cave de Tain-l'Hermitage, Vin de Pays des Collines Rhodaniennes, Syrah rosé 2008 (voir p. 338)

2,50 € – Château-La Tour de Béraud, Costières de Nîmes 2008 (voir p. 341)

4,30 € – Domaine de la Gaudetterie, Coteaux du Vendômois Gris 2008 (voir p. 344)

Salade rustique

Pour 6 personnes
450 g de pommes de terre à chair ferme
(de type Charlotte, Belle de Fontenay) **0,61 €**

130 g de haricots verts frais	**0,47 €**
2 tomates *(150 g environ)*	**0,27 €**
6 œufs + 1 jaune d'œuf	**1,26 €**
20 cl d'huile	**0,51 €**
1 cuillère à café de moutarde forte	**0,03 €**
1 cuillère à soupe de vinaigre de vin	**0,01 €**
4 cornichons	**0,13 €**
1 demi-botte de cerfeuil *(facultatif)*	**0,63 €**
Sel fin et poivre du moulin	
TOTAL	**3,92 €**
LA PART	0,65 €

• Lavez les pommes de terre, déposez-les dans une casserole et recouvrez-les 1 centimètre au-dessus d'eau salée. Faites cuire 20 minutes environ. Égouttez-les, puis retirez la peau.
• Portez à ébullition 2 litres d'eau salée.
• Faites cuire les haricots verts 15 minutes environ, à feu moyen et à découvert. Veillez à les garder bien croquants. À l'aide d'une écumoire, retirez-les de la casserole, puis plongez-les dans un saladier d'eau glacée avant de les égoutter.
• Dans l'eau de cuisson des haricots, plongez 15 à 30 secondes les tomates puis dans de l'eau glacée pour les rafraîchir. Pelez-les. Réservez.
• Faites cuire les œufs durs pendant 8 minutes dans l'eau salée. Passez-les sous l'eau froide, écalez-les, puis rincez-les à nouveau.
• Dans un bol, réunissez le jaune d'œuf, la moutarde, le sel, le poivre et montez une mayonnaise avec l'huile. Lorsqu'elle est prête, incorporez le vinaigre.
• Coupez les cornichons et les pommes de terre en rondelles, les tomates et les œufs durs en quartiers.
• Réunissez tous les ingrédients dans un saladier, mélangez avec la mayonnaise pour bien les imprégner de la sauce. Décorez avec les cornichons et les pluches de cerfeuil. Vérifiez l'assaisonnement.
• Servez à température ambiante.

Ratatouille niçoise

(Ratatouïa nissarda)

Pour 6 personnes	
1 kg d'aubergines	**1,63 €**
1 kg de poivrons verts ou rouges	**2,33 €**
1 kg de courgettes longues	**1,80 €**
1 kg d'oignons	**2,82 €**
1,5 kg de tomates	**2,74 €**
5 petites gousses d'ail	**0,25 €**
5 pincées de feuilles de thym émiettées	**0,15 €**
1 bouquet de persil	**1,10 €**
1 poignée de 30 feuilles de basilic	**1,29 €**
5 cuillères à soupe d'huile d'olive	**0,26 €**
Sel fin et poivre du moulin	
TOTAL	**14,37 €**
LA PART	2,40 €

• Coupez les aubergines et les courgettes sans les peler en rondelles de 1 centimètre d'épaisseur. Placez-les dans deux terrines différentes, puis saupoudrez-les très légèrement de sel.
• Taillez les poivrons en fines lamelles, après les avoir débarrassés de leur pédoncule et de leurs pépins. Réservez.
• Émincez, puis salez les oignons. Réservez.
• Pelez, épépinez, égouttez les tomates et pressez-les entre les mains.
• Dans une cocotte de belle dimension, chauffez 2 cuillères à soupe d'huile d'olive et faites mijoter les tomates à découvert avec l'ail écrasé, le basilic, le thym et le persil, jusqu'à évaporation de l'eau de végétation.
• Couvrez et gardez sur feu très doux.
• Dans une poêle, mettez à fondre sur feu doux les rondelles d'aubergine dans 3 cuillères à soupe d'huile d'olive. Dès qu'elles sont tendres, retirez-les avec une spatule et réservez. Versez aussitôt les courgettes dans la même poêle

et répétez l'opération, à l'identique. Même chose pour les poivrons en lamelles. Et enfin pour les oignons qui devront cuire sans prendre couleur. Goûtez pour vous assurer du degré de cuisson de chaque légume et, si nécessaire, ajoutez un filet d'huile dans la poêle entre chaque cuisson.

- Reversez dans la cocotte tous les légumes sur la fondue de tomates tenue sur feu très doux. Remuez soigneusement avec une cuillère en bois. Débarrassez l'excédent d'huile, s'il y a lieu, avec une cuillère.
- Salez et poivrez.
- C'est ainsi que la ratatouille sera parfaitement réussie, puisque les différents légumes, n'ayant pas le même temps de cuisson, auront, chacun, atteint le point précis à partir duquel ils perdent leur dureté et conservent toute leur saveur.

Desserts

Apple crumble

Pour 6/8 personnes	
Pour la pâte :	
100 g de farine	**0,06 €**
50 g de beurre	**0,26 €**
50 g de sucre glace	**0,14 €**
1 cuillère à soupe de lait	**0,01 €**
Pour la garniture :	
1,2 kg de pommes fermes, juteuses et acidulées	**1,95 €**
Le jus de 1 citron	**0,22 €**
2 cuillères à soupe de beurre	**0,26 €**
1 gousse de vanille *(ou 1 sachet de sucre vanillé)*	**0,13 €**
1 cuillère à soupe de cannelle en poudre	**0,51 €**
75 g de sucre en poudre	**0,06 €**
2 cuillères à soupe de miel	**0,15 €**
TOTAL	**3,75 €**
LA PART	0,47 €

• Dans un saladier, versez la farine, le sucre glace, puis ajoutez le beurre mou et coupé en morceaux et travaillez-les du bout des doigts. Ajoutez le lait froid pour obtenir un sorte de gros sable. Couvrez et réservez au réfrigérateur (cette pâte peut être préparée la veille).

• Épluchez les pommes, mettez-les dans un bain d'eau froide citronnée pour éviter qu'elles ne noircissent.

• Dans une casserole, faites fondre le beurre, ajoutez 4 des pommes coupées en quartiers, la gousse de vanille fendue et bien grattée, la moitié de la cannelle. Couvrez et laissez compoter 10 minutes à feu doux. Ajoutez le sucre et le miel, maintenez la cuisson 10 minutes. Réservez.

• Préchauffez le four à 200 °C (th. 6/7).

• Coupez les pommes restantes en petits dés de 1 centimètre de côté environ. Étalez dans le fond d'un plat à gratin et enfournez pour 15 minutes. Sans éteindre le four, sortez le plat et mélangez les dés de pommes avec la compote après avoir retiré la gousse de vanille.

• Sortez la pâte du réfrigérateur, émiettez-la grossièrement entre les doigts. Recouvrez les pommes avec les miettes de pâte. Saupoudrez avec le reste de cannelle. Mettez le plat au four pour 35 minutes. Ouvrez la porte trois ou quatre fois en cours de cuisson, pour que la vapeur s'échappe et que la pâte reste bien croustillante.

• Servez chaud, avec de la crème fraîche ou une crème anglaise (voir recette p. 278).

Beurré normand

Pour 6 personnes	
4 pommes	**1,24 €**
50 g de raisins secs de Smyrne	**0,19 €**
150 g de sucre en poudre	**0,12 €**
150 g de farine	**0,10 €**
150 g de beurre	**0,78 €**
4 œufs	**0,72 €**

5 cl de calvados vieux	**1,55 €**
1 pincée de sel fin	
TOTAL	**4,70 €**
LA PART	0,78 €

- Préchauffez le four à 180 °C (th. 6).
- Beurrez un moule à charlotte.
- Dans un bol, faites macérer les raisins secs avec le calvados et 1 cuillère à soupe d'eau tiède.
- Pelez les pommes, retirez cœur et pépins et coupez-les en cubes de 1 centimètre de côté.
- Dans une poêle, faites fondre 130 g de beurre à feu doux, puis jetez-y les pommes. Mélangez pour qu'elles s'imprègnent bien de beurre de tous côtés, laissez dorer. Les pommes ne doivent pas brûler ni fondre en compote. Laissez refroidir.
- Cassez les œufs, puis battez les jaunes avec le sucre et le sel. Lorsque le mélange est mousseux, incorporez la farine en pluie.
- Montez les blancs d'œufs en neige ferme, puis incorporez délicatement à la pâte.
- Ajoutez les raisins et les dés de pommes.
- Versez délicatement la préparation dans le moule à charlotte beurré. La pâte ne doit pas dépasser les deux tiers de la hauteur.
- Enfournez et laissez cuire 50 minutes. Vérifiez la cuisson en enfonçant la pointe d'un couteau dans la pâte, elle doit ressortir sèche, sinon prolongez de quelques minutes.

Biscuit roulé à la confiture

Pour 8 personnes	
250 g de farine	**0,17 €**
200 g de sucre en poudre	**0,18 €**
120 g de beurre	**0,62 €**
4 œufs	**0,72 €**
2 cuillères à soupe d'eau	
2 pincées de levure	**0,10 €**
Confiture au choix	**0,97 €**
1 pincée de sel	
TOTAL	**2,76 €**
LA PART	0,35 €

• Sortez le beurre du réfrigérateur à l'avance.
• Préchauffez le four à 180 °C (th. 6).
• Dans un saladier, travaillez au fouet les jaunes d'œufs, le sucre et l'eau, jusqu'à ce que le mélange devienne mousseux. Ajoutez la farine, cuillère après cuillère, la levure, puis le beurre en pommade, à température de la pièce.
• Battez les blancs en neige ferme avec une pincée de sel, incorporez-les très délicatement à la pâte.
• Aspergez d'eau froide la plaque du four, couvrez-la de papier sulfurisé, y déposer la pâte sur une épaisseur d'environ 1 centimètre, enfournez pour 8 minutes.
• Humectez un torchon propre, posez-le bien à plat sur la table. Sortez la plaque du four, retournez-la sur le torchon, retirez le papier sulfurisé. Étalez une bonne couche de confiture sur toute la surface de la pâte. En vous aidant du torchon, roulez le biscuit sur lui-même sur toute sa longueur.
• Laissez refroidir et servez au goûter, ou en dessert avec une compote de fruits.

Cake à l'orange

Pour 8 personnes (18 petits cakes)	
4 oranges non traitées	**0,93 €**
300 g de farine	**0,19 €**
140 g de beurre mou	**0,72 €**
120 g de sucre en poudre	**0,10 €**
4 œufs	**0,72 €**
2 yaourts nature	**0,29 €**
2 sachets de levure	**0,20 €**
TOTAL	**3,15 €**
LA PART	0,39 €

• Préchauffez le four à 200 °C (th. 6/7).
• Rincez les oranges à l'eau claire, puis prélevez le zeste de 2 oranges.
• Épluchez-les à vif, sans laisser de peau sur la pulpe.
• Réduisez les chairs en purée au mixeur.
• Dans un saladier, incorporez la levure à la farine.
• Dans un autre saladier, mélangez au fouet le beurre bien mou avec le sucre ; le mélange doit blanchir. Sans cesser de fouetter, ajoutez un œuf, une partie de la farine, un second œuf, encore de la farine, et ainsi de suite jusqu'à épuisement. Incorporez les yaourts, la pulpe et le zeste d'oranges haché.
• Versez la préparation dans des moules à cake individuels. Enfournez pour 15 à 20 minutes.
• Vérifiez la cuisson en enfonçant une aiguille à brider ; elle doit ressortir sèche. Laissez refroidir quelques minutes avant de les démouler.

VIN BLANC

3,90 € – Château-Majoureau, Côtes de Bordeaux Saint-Macaire moelleux 2007 (voir p. 326)

Charlotte au chocolat

Pour 8 personnes	
26 biscuits à la cuiller	**2,03 €**
250 g de chocolat noir à 70 %	**2,66 €**
250 g de beurre mou	**1,29 €**
4 cuillères à soupe de vieux rhum	**0,76 €**
6 œufs extra-frais	**1,08 €**
25 cl de crème fraîche liquide	**0,70 €**
10 cl d'eau	
1 pincée de sel	
TOTAL	**8,52 €**
LA PART	1,07 €

• Placez la crème dans la partie haute du réfrigérateur.
• Faites tremper rapidement les biscuits dans 10 cl d'eau tiède additionnée de deux des quatre cuillères à soupe de rhum. Tapissez de biscuits imbibés le fond et les parois d'un moule à charlotte (si possible de 26 centimètres de diamètre).
• Dans une casserole, faites fondre le chocolat au bain-marie avec une noix de beurre et les deux cuillères à soupe de rhum restantes.
• Une fois le chocolat fondu, ajoutez le beurre en travaillant énergiquement avec la cuillère en bois. Lorsque le mélange est accompli, retirez la casserole du feu.
• Séparez les blancs d'œufs des jaunes. Incorporez un à un les jaunes au chocolat. Montez la crème froide en chantilly et incorporez délicatement au mélange au chocolat.
• Battez les blancs en neige très fermes en y ajoutant une pincée de sel.
• Incorporez doucement avec une spatule en soulevant soigneusement la masse.
• Versez l'ensemble de la préparation dans le moule à charlotte garni des biscuits. Et placez au frais jusqu'au lendemain soir.

• On sert généralement cette charlotte avec une crème anglaise (voir recette p. 278).

Charlotte aux pommes

Pour 8 personnes	
2 kg de pommes fermes, croquantes et acidulées	**3,26 €**
160 g de sucre en poudre	**0,13 €**
1 sachet de sucre vanillé	**0,13 €**
1 cuillère à soupe de cannelle en poudre	**0,51 €**
Quelques gouttes de jus de citron	**0,11 €**
TOTAL	**4,14 €**
LA PART	0,52 €

• Préparez un caramel blond avec 60 g de sucre et un peu d'eau. Hors du feu, ajoutez quelques gouttes de jus de citron.
• Chemisez un moule à charlotte avec le caramel en veillant à ce qu'il nappe bien toute la surface.
• Épluchez et épépinez les pommes, puis coupez-les en deux dans le sens de la hauteur. Coupez les moitiés de pomme en tranches de 2 millimètres d'épaisseur à l'aide d'une mandoline ou d'un couteau bien aiguisé.
• Chemisez le fond du moule à charlotte avec les tranches de pommes en formant une belle rosace. Remplissez le moule jusqu'en haut, en tassant bien les pommes – elles vont réduire à la cuisson, il faut donc presser fortement. Saupoudrez les pommes toutes les 3 couches avec le reste de sucre mélangé au sucre vanillé et à la cannelle.
• Faites cuire pendant 1 heure au bain-marie.
• Préchauffez le four à 170 °C (th. 5/6).

• Placez le moule au bain-marie dans le four et laissez cuire encore 1 heure.
• Afin d'éviter que le caramel ne se fige, démoulez la charlotte tiède sur le plat de service. Laissez reposer 2 heures au réfrigérateur avant de la servir nature ou, mieux, accompagnée de crème anglaise (voir recette p. 278) à la vanille.

Clafoutis de cerises aux amandes

Pour 8 personnes	
1 kg de cerises noires	**4,99 €**
130 g de sucre en poudre	**0,11 €**
20 cl crème fraîche liquide	**0,56 €**
6 cuillères à soupe d'amandes en poudre	**1,16 €**
30 g de beurre	**0,15 €**
6 œufs	**1,08 €**
TOTAL	**8,05 €**
LA PART	1 €

• Préchauffez le four à 200 °C (th. 6/7).
• Beurrez un plat à gratin.
• Passez les cerises sous l'eau fraîche, égouttez-les, équeutez-les, puis étalez-les dans le plat beurré.
• Travaillez au fouet dans un saladier les œufs, la crème, le sucre et la poudre d'amandes pour obtenir une pâte lisse et fluide. Versez sur les cerises et mettez au four 25 minutes.
• Servez tiède ou froid.

Compote d'abricots au romarin

Pour 6 personnes	
1,5 kg d'abricots	**4,93 €**
150 g de sucre en poudre	**0,12 €**
30 cl d'eau	
2 branches de romarin	**0,10 €**
TOTAL	**5,15 €**
LA PART	0,86 €

• Après avoir passé les abricots sous l'eau fraîche, coupez-les en deux puis retirez les noyaux.
• Préparez une décoction avec le quart de litre d'eau et le romarin. Filtrez. *La décoction consiste à plonger dans l'eau les feuilles et à les laisser bouillir 15 minutes pour en obtenir un extrait aromatique.*
• Dans une casserole, faites un sirop avec la décoction et le sucre. Portez à ébullition, ajoutez délicatement les abricots. Faites repartir l'ébullition et maintenez 3 bonnes minutes à bouillottement.
• Retirez les abricots avec l'écumoire, déposez-les dans un compotier. Faites repartir l'ébullition, puis versez le sirop immédiatement sur les fruits.
• Laissez refroidir avant de réserver au réfrigérateur. Servez bien frais.

Suggestion : remplacez le romarin par du thym frais.

Compote de coings à la cannelle

Pour 6 à 8 personnes	
2 kg de coings	**5,00 €**
500 g de sucre en poudre	**0,41 €**
2 verres d'eau *(40 cl)*	
3 citrons	**0,66 €**
1 cuillère à café de cannelle en poudre	**0,13 €**
TOTAL	**6,20 €**
LA PART	0,77 €

• Pelez les coings, coupez-les en 4 ou 6 quartiers selon leur grosseur, ôtez la partie dure du cœur et les pépins. Plongez les quartiers dans une casserole d'eau bouillante, maintenez 3 minutes d'ébullition, puis égouttez dans une passoire.
• Portez lentement l'eau et le sucre à ébullition dans la casserole. Laissez bouillotter 3 minutes. Ajoutez les coings, le jus de 2 citrons et la cannelle. Maintenez la cuisson avec le dos d'une cuillère, pour bien les immerger dans le sirop.
• Quand les coings sont tendres et bien compotés, ajoutez le jus du troisième citron.
• Versez dans un compotier et laissez refroidir.

Suggestions :
— compote de coings au gingembre : remplacez la cannelle par 75 g de gingembre frais râpé.
— compote mi-coings, mi-pommes ou mi-poires : épluchez les pommes (ou les poires) ; coupez-les en morceaux, mélangez-les aux coings après les 10 premières minutes de cuisson dans le sirop.

VIN BLANC

3,90 € – Château-Majoureau, Côtes de Bordeaux Saint-Macaire moelleux 2007 (voir p. 326)

Compote de fraises et rhubarbe

Pour 8 personnes	
1,3 kg de rhubarbe	**2,53 €**
170 g de sucre en poudre	**0,14 €**
350 g de fraises	**1,61 €**
TOTAL	**4,28 €**
LA PART	0,53 €

• Épluchez la pellicule cellulosique filandreuse qui recouvre les tiges de rhubarbe à l'aide d'un couteau économe. Coupez les tiges de rhubarbe en morceaux de 5 centimètres de longueur, puis passez-les rapidement à l'eau froide.
• Dans un saladier, mélangez la rhubarbe et le sucre en poudre. Laissez macérer pendant 1 heure.
• Pendant ce temps, équeutez les fraises, puis coupez-les en 2 ou 4 morceaux. Réservez dans un saladier.
• Versez la rhubarbe macérée dans une casserole, portez à ébullition et faites cuire 5 minutes à feu moyen en remuant avec une cuillère en bois.
• Ajoutez les fraises. Dès que l'ébullition repart, retirez du feu. Versez dans un saladier. Laissez refroidir avant de réserver pour 24 heures au réfrigérateur.
• Servez la compote avec un fromage blanc.

Coquillettes au chocolat

Pour 8 personnes	
200 g de coquillettes	**0,29 €**
100 g de chocolat à cuire 70 %	**1,06 €**

1 litre de lait	**0,73 €**
1 œuf entier + 1 jaune	**0,36 €**
50 g de sucre en poudre + 1 cuillère à soupe pour la cuisson des coquillettes	**0,06 €**
2 cuillères à soupe rases de cacao en poudre non sucré	**0,18 €**
1 cuillère à soupe rase de farine	**0,01 €**
2 cuillères à soupe de confiture d'oranges	**0,18 €**
TOTAL	**2,87 €**
LA PART	0,36 €

• Portez 75 cl de lait à ébullition. Ajoutez 1 cuillère à soupe de sucre, et le chocolat coupé en petits morceaux. Mélangez. Lorsque le chocolat est parfaitement fondu, ajoutez les coquillettes. Réduisez la puissance à feu doux pour laisser aux pâtes le temps d'absorber la presque totalité du lait.
• Dans une casserole, mélangez les 25 cl de lait restants avec le cacao en poudre.
• Dans un saladier, battez au fouet le jaune d'œuf et l'œuf entier avec les 50 g de sucre jusqu'à ce que le mélange blanchisse et devienne onctueux ; ajoutez la farine en continuant de fouetter puis, petit à petit, le lait au cacao.
• Reversez le tout dans la casserole sur feu moyen et portez à ébullition sans cesser de remuer : la crème épaissit après 2 ou 3 bouillons. Ajoutez alors la confiture d'orange.
• Versez la crème sur les coquillettes et mélangez bien. Servez tiède ou froid.

Suggestion : ajoutez une giclée de rhum dans le lait à la cuisson des coquillettes.

Coulis de fraises

Pour 6 à 8 personnes	
600 g de fraises	**2,76 €**
100 g de sucre en poudre	**0,08 €**
Le jus de ½ citron	**0,11 €**
TOTAL	**2,95 €**
LA PART	0,37 €

• Passez rapidement les fraises sous l'eau fraîche, égouttez-les puis retirez les queues.
• Passez les fraises au mixeur, à la centrifugeuse ou au moulin à légumes, grille fine.
• Ajoutez le sucre et le jus de citron. Mélangez. Versez dans un saladier, puis recouvrez d'un film alimentaire et réservez quelques heures au réfrigérateur.
• Passez le coulis à travers une passoire fine juste avant le service.
• Le coulis peut être conservé au réfrigérateur pendant 48 heures.

Suggestions : les proportions sont les mêmes – 100 g de sucre pour 600 g de fruits –, la quantité de jus de citron varie selon l'acidité des fruits choisis.
— Coulis de framboises : on peut utiliser des framboises surgelées, à condition de les laisser décongeler avant de les passer à la centrifugeuse. Le jus de citron n'est pas nécessaire.
— Coulis de groseilles : utilisez un mélange de groseilles rouges et blanches. Ne rajoutez pas de jus de citron.

Crème anglaise

Pour 8 personnes	
7 jaunes d'œufs	**1,26 €**
1 litre de lait	**0,73 €**
90 g de sucre en poudre	**0,07 €**
1 sachet de sucre vanillé	**0,13 €**
1 cuillère à soupe d'eau	
TOTAL	**2,19 €**
LA PART	0,27 €

• Mettez dans un saladier les jaunes d'œufs, 1 cuillère à soupe d'eau, le sucre et le sucre vanillé ; battez au fouet jusqu'à ce que le mélange blanchisse.
• Dans une casserole, portez le lait à ébullition, versez-le bouillant sur les jaunes, remuez bien ; reversez le tout dans la casserole ; remuez encore avec une cuillère en bois, en dessinant des « 8 ». (La crème va épaissir, veillez à ne pas la laisser bouillir.)
• Lorsqu'elle nappe la cuillère, déposez la casserole dans l'évier rempli d'un fond d'eau froide avec quelques glaçons.
• Remuez la crème pour l'aider à refroidir plus rapidement et l'alléger. Lorsqu'elle est refroidie, couvrez et mettez au réfrigérateur jusqu'à l'emploi.

Crème mousseline de ma grand-mère

Pour 6 personnes	
90 g de beurre	**0,46 €**
75 g de farine	**0,05 €**
90 g de sucre en poudre	**0,07 €**
1 sachet de sucre vanillé	**0,13 €**
35 cl de lait	**0,25 €**
5 gros œufs	**0,90 €**
1 pincée de sel fin	
Pour le caramel :	
150 g de sucre en morceaux	**0,18 €**
3 cl d'eau + 3 cl pour arrêter l'ébullition	
TOTAL	**2,04 €**
LA PART	0,34 €

• Préparez le caramel : dans une casserole, mélangez le sucre en morceaux et l'eau, faites cuire à feu doux jusqu'à ce que le caramel prenne une couleur légèrement brune. Versez 3 cl d'eau pour arrêter l'ébullition. Versez le caramel dans le fond d'un moule en verre à feu. Laissez refroidir.
• Dans un saladier montez les blancs d'œufs en neige ferme avec la pincée de sel fin. Quand ils sont bien fermes, ajoutez 30 g de sucre et fouettez à nouveau.
• Dans une casserole, faites fondre le beurre, puis ajoutez la farine, 60 g de sucre en poudre et le sucre vanillé. Mélangez intimement. Versez le lait et laissez cuire 5 minutes sans cesser de remuer.
• Laissez tiédir avant d'incorporer les jaunes d'œufs un par un, puis très délicatement les blancs d'œufs en neige avec une cuillère en bois.
• Versez la crème dans le moule caramélisé.
• Faites cuire au bain-marie pendant 35 à 40 minutes.
• Servez tiède ou froid.

Crumble aux pruneaux

Pour 8 personnes	
2 kg de pruneaux	**10,00 €**
200 g de sucre en poudre	**0,17 €**
300 g de cassonade	**0,60 €**
300 g de beurre demi-sel	**1,54 €**
300 g de farine	**0,19 €**
2 pincées de cannelle en poudre	**0,05 €**
TOTAL	**12,55 €**
LA PART	1,57 €

• Ouvrez les pruneaux en deux. Retirez les noyaux. Rangez les fruits sur une plaque à rôtir. Saupoudrez-les de sucre en poudre avant de les placer dans un four préchauffé à 120 °C (th. 4) pendant 10-15 minutes. Laissez le four allumé, portez la température à 200 °C (th. 6/7).
• Pendant ce temps, confectionnez la pâte à crumble. Mélangez tous les ingrédients (cassonade, beurre, farine et cannelle) ensemble avec les doigts. La pâte doit être grumeleuse.
• Dans un plat en terre cuite ou en verre à feu, disposez les pruneaux, puis recouvrez de pâte émiettée. Enfournez pour 20 minutes.

Crumble pommes-poires au romarin

Pour 6 personnes	
4 poires	**1,76 €**
4 pommes	**1,24 €**

250 g de farine	**0,16 €**
220 g de beurre mou	**1,03 €**
150 g de cassonade	**0,30 €**
1 cuillère à soupe de lait	**0,01 €**
1 brin de romarin	**0,05 €**
1 citron	**0,22 €**
TOTAL	**4,77 €**
LA PART	0,80 €

• Épluchez les pommes et les poires, épépinez-les, puis coupez-les en petits dés. Réservez dans un saladier d'eau froide citronnée, pour éviter qu'ils ne noircissent.
• Lavez et effeuillez la tige de romarin.
• Préchauffez le four à 200 °C (th. 6/7).
• Dans un saladier, mettez la farine, 200 g de beurre et la cassonade, travaillez du bout des doigts. Ajoutez 1 cuillère à soupe de lait froid pour obtenir une pâte un peu friable. Couvrez et réservez au réfrigérateur.
• Dans une casserole, faites fondre le reste de beurre, ajoutez la moitié des dés de pommes et poires, les feuilles de romarin, couvrez et laissez compoter 10 minutes.
• Étalez l'ensemble des fruits dans un plat à gratin en terre cuite ou en verre à feu. Sortez la pâte du réfrigérateur, émiettez-la grossièrement entre les doigts, puis recouvrez les fruits en une couche d'au moins 1,5 centimètre.
• Enfournez pour 30 minutes environ, jusqu'à ce que le crumble soit doré. Ouvrez la porte trois ou quatre fois en cours de cuisson, pour que la vapeur s'échappe et que la pâte reste bien croustillante.
• Servez tiède ou froid avec une boule de glace à la vanille.

Figues marinées

Pour 8 personnes	
1,5 kg de figues violettes bien calibrées	**5,92 €**
250 g de sucre en poudre	**0,21 €**
1 bouteille et demie de vin rouge corsé *(Saint-Mont par exemple)*	**4,57 €**
1 gousse de vanille	**1,50 €**
1 cuillère à café de poivre noir en grains 1 cuillère à café de coriandre en grains 1 clou de girofle 1 étoile de badiane (anis étoilé)	**0,50 €**
TOTAL	**12,70 €**
LA PART	1,59 €

• Dans une casserole, faites fondre à feu très doux le sucre dans le vin rouge avec les épices : poivre noir, coriandre, clou de girofle, badiane et vanille.
• Passez les figues sous l'eau fraîche, égouttez-les. Piquez chaque fruit avec une fourchette. Réservez dans un saladier. Ajoutez la marinade. Couvrez et laissez macérer au frais pendant 4 à 5 jours.
• Préchauffez le four à 170 °C (th. 5/6).
• Égouttez les figues, rangez-les dans un plat à gratin. Faites réduire de moitié la marinade sur feu vif. Filtrez à travers une passoire très fine pour éliminer les épices. Versez sur les figues.
• Le lendemain, préchauffez le four à 170 °C (th. 5/6) puis enfournez pour 30 minutes, afin de glacer les fruits.
• Servez les figues tièdes dans leur jus, en dessert.

Nota : on peut remplacer la badiane par 1 cuillère à café de gingembre en poudre.

VIN BLANC

3,90 € – Château-Majoureau, Côtes de Bordeaux Saint-Macaire moelleux 2007 (voir p. 326)

Flan de semoule

Pour 6 personnes

400 g de pâte brisée *(ou 2 rouleaux du commerce)*	**1,96 €**
1 litre de lait	**0,73 €**
150 g de semoule à dessert	**0,30 €**
150 g de sucre en poudre	**0,12 €**
100 g de beurre	**0,51 €**
3 œufs	**0,54 €**
1 pincée de sel fin	
TOTAL	**4,16 €**
LA PART	0,69 €

• Dans une casserole, portez le lait à ébullition, puis ajoutez le sucre, le sel et le beurre. Mélangez.
• Ramenez à ébullition, puis versez la semoule en pluie tout en remuant pour bien l'incorporer et éviter les grumeaux. Faites cuire 20 minutes à petit bouillottement. Laissez tiédir.
• Préchauffez le four à 210 °C (th. 7/8).
• Ajoutez les œufs battus.
• Après avoir déposé la pâte dans le moule, étalez la préparation sur la pâte, puis enfournez pour 30 minutes.
• Servez tiède ou froid.

Fondant au chocolat et au cacao

Pour 8 personnes	
250 g de chocolat noir à pâtisserie 85 %	**3,42 €**
500 g de crème liquide	**1,40 €**
12 biscuits à la cuillère	**0,67 €**
2 cuillères à soupe de sucre glace	**0,05 €**
Quelques cuillères de cacao en poudre	**0,54 €**
TOTAL	**6,08 €**
LA PART	0,76 €

• Prévoyez un moule à cake ou un moule à manqué.
• Dans un saladier, cassez le chocolat en petits morceaux. Faites fondre au bain-marie, en remuant avec une cuillère en bois.
• Battez la crème en chantilly, incorporez le sucre glace. Mélangez le chocolat et la chantilly.
• Versez dans un plat. Égalisez la surface avec le dos d'une cuillère. Recouvrez avec les biscuits à la cuillère coupés en deux dans l'épaisseur, de façon à former un socle au gâteau.
• Appuyez pour que les biscuits s'enfoncent légèrement dans la mousse au chocolat.
• Couvrez d'un film alimentaire et placez au réfrigérateur au moins 4 heures.
• Pour démouler, trempez le moule dans de l'eau chaude et retournez sur le plat de service.
• Saupoudrez la surface du fondant de cacao en poudre, à travers une passoire fine.

Nota : ce gâteau se conserve 2 jours au réfrigérateur.

Gâteau à l'ananas et aux amandes

Pour 6 personnes	
150 g de farine	**0,10 €**
60 g de beurre	**0,31 €**
150 g de sucre en poudre	**0,12 €**
4 œufs	**0,72 €**
50 g de poudre d'amandes	**0,64 €**
1 boîte d'ananas au sirop	**1,08 €**
Pour le caramel :	
100 g de sucre en morceaux	**0,12 €**
3 cl d'eau + 3 cl pour arrêter l'ébullition	
TOTAL	**3,09 €**
LA PART	0,52 €

• Préchauffez le four à 170 °C (th. 5/6) en laissant la plaque à l'intérieur.
• Préparez le caramel : faites fondre le sucre en morceaux dans 3 cl d'eau, puis cuire à feu doux jusqu'à ce que le caramel prenne une couleur dorée. Versez 3 cl d'eau pour arrêter l'ébullition. Chemisez le fond d'un moule à manqué avec le caramel.
• Séparez les blancs d'œufs des jaunes. Réservez les blancs.
• Mélangez les jaunes dans un saladier avec 100 g de sucre et 40 g de jus d'ananas. Ajoutez à la crème obtenue la farine, le beurre et la poudre d'amandes.
• Montez les blancs en neige ferme. Ajoutez 50 g de sucre à la fin. Incorporez les blancs en neige au mélange précédent.
• Coupez les tranches d'ananas en quatre morceaux, déposez-les sur le caramel et recouvrez avec la pâte.
• Mettez au four pour 40 à 45 minutes.
• Vérifiez la cuisson en enfonçant la lame d'un couteau dans le gâteau ; si elle ressort sèche, c'est qu'il est cuit.

• Sortez le moule du four.
• Démoulez tiède sur un plat de service.

VIN BLANC

3,90 € – Château-Majoureau, Côtes de Bordeaux Saint-Macaire moelleux 2007 (voir p. 326)

Gâteau de pommes de terre aux limes

Pour 6 personnes

600 g de pommes de terre à chair farineuse *(type Bintje, Manon)*	**0,82 €**
2 limes	**0,64 €**
1 œuf	**0,18 €**
75 g de beurre + 1 noix pour graisser le moule	**0,41 €**
200 g de semoule de riz	**0,66 €**
200 g de sucre en poudre	**0,17 €**
Sucre glace	**0,17 €**
1 cuillère à soupe de gros sel	
TOTAL	**3,05 €**
LA PART	0,51 €

• Pelez les pommes de terre ; coupez-les en gros cubes.
• Mettez-les dans une casserole d'eau froide salée et laissez cuire 15 à 20 minutes à partir de l'ébullition.
• Égouttez.
• Préchauffez le four à 150 °C (th. 5).
• Passez les pommes de terre au moulin à légumes, grille fine.
• Incorporez le beurre, la semoule, le sucre et l'œuf battu en omelette.

• Lavez les limes, râpez les zestes et pressez le jus ; ajoutez-les à la préparation et amalgamez bien tous les ingrédients.
• Beurrez un moule à tarte de 22 centimètres de diamètre, répartissez la préparation ; égalisez la surface avec la lame d'un couteau. Mettez au four 30 minutes.
• Laissez refroidir, démoulez le gâteau et poudrez-le de sucre glace.
• Servez avec une compote de framboises.

Suggestion : ajoutez à la préparation un filet de liqueur de citron (Limoncello).

Gâteau de pommes et poires à la confiture

Pour 6 personnes

600 g de pommes	**0,98 €**
600 g de poires fondantes	**1,05 €**
2 sachets de sucre vanillé	**0,26 €**
70 g de beurre + 30 g pour beurrer le moule	**0,51 €**
1 citron	**0,22 €**
1 pot de confiture d'abricots	**0,97 €**
20 g d'amandes effilées dorées au four	**0,22 €**
20 g de pistaches concassées	**0,15 €**
1 morceau de biscuit génoise coupé à 1 centimètre d'épaisseur et du diamètre du moule, ou 12 biscuits à la cuiller	**1,20 €**
TOTAL	**5,56 €**
LA PART	0,93 €

La recette se fait en deux temps, la veille pour le lendemain, ou le matin pour le soir. Prévoir un moule rond à revêtement antiadhésif de 21 ou 22 centimètres de diamètre.

• Épluchez les poires, coupez-les en 8 quartiers, déposez-les au fur et à mesure dans un saladier rempli d'eau fraîche citronnée. Répétez la même opération avec les pommes.
• Égouttez les poires. Chauffez la moitié du beurre dans une poêle, faites dorer les quartiers 3 minutes sur chaque face. Réservez sur un plat.
• Répétez l'opération avec les pommes.
• Beurrez le moule avec un pinceau, saupoudrez-le d'un peu de sucre vanillé, enlevez l'excédent de sucre qui n'adhère pas au beurre.
• Rangez au fond une première couche de pommes en forme de rosace, puis une couche de poires, en inversant le sens de la rosace.
• Couvrez avec le biscuit génoise ou les biscuits à la cuiller. Étalez 3 cuillères de confiture d'abricots sur toute la surface.
• Rangez à nouveau deux couches de fruits en rosace et gardez le moule au frais ou dans le réfrigérateur pour la nuit.
• Préchauffez le four à 100/110 °C (th. 3/4).
• Placez le moule au bain-marie dans la lèchefrite, enfournez pour 40 minutes.
• Puis, dans le four éteint, laissez reposer 5 minutes.
• Dans une casserole, chauffez très doucement, sans laisser bouillir, le reste du pot de confiture délayé avec 6 cuillères à soupe d'eau.
• Couvrez le moule d'un plat rond de diamètre supérieur et retournez le tout d'un coup sec. Arrosez le gâteau de quelques cuillères de confiture chaude, parsemez d'amandes effilées et de pistaches concassées.
• Servez aussitôt avec le reste de confiture chaude en saucière.

Suggestions : le même entremets peut être réalisé avec une seule variété de fruits, pommes ou poires. On peut également l'accompagner de crème chantilly, additionnée du jus d'une orange pressée.

Gâteau express

L'intérêt de ce gâteau qui se présente comme une grosse crêpe, c'est d'improviser un dessert à la dernière minute avec les moyens du bord. À défaut de banyuls, utilisez un verre de vin blanc doux.

Pour 8 personnes	
200 g de farine	**0,13 €**
160 g de sucre + 4 cuillères à soupe	**0,20 €**
60 g de beurre fondu + 2 noix de beurre	**0,37 €**
2 cuillères à soupe d'huile	**0,08 €**
8 œufs	**1,44 €**
2 poignées de raisins secs	**0,39 €**
1 verre d'eau *(20 cl)*	
1 verre de banyuls *(20 cl)*	**1,16 €**
2 pincées de sel fin	
TOTAL	**3,77 €**
LA PART	0,47 €

• Faites tremper les raisins secs dans un bol d'eau très chaude.
• Mélangez les jaunes d'œufs et les 160 g de sucre ; incorporez petit à petit la farine sans cesser de battre, puis le beurre fondu, puis l'eau et le banyuls qui détendront la pâte, enfin les raisins secs bien égouttés.
• Battez les blancs d'œufs en neige ferme avec 2 pincées de sel. Incorporez-les délicatement à la pâte.
• Dans une poêle, faites chauffer l'huile, ajoutez les noix de beurre. Versez la pâte et faites-la cuire comme une crêpe, 5 minutes à petit feu (le dessus de la crêpe doit être figé). Retournez le gâteau sur une assiette de même diamètre que la poêle en vous aidant d'une large spatule et faites-le glisser dans la poêle pour le faire dorer 5 minutes sur l'autre face.

• Faites glisser le gâteau sur l'assiette ou un plat de service et saupoudrez-le de sucre avant de le présenter à table.

Gâteau tout simple

Pour 8 personnes	
1 boîte de 36 biscuits à la cuiller	**2,03 €**
1 verre à liqueur de kirsch ou de sirop	**0,10 €**
1 pot de 250 g de gelée de groseilles ou de confiture au choix	**0,95 €**
1 litre de crème anglaise *(voir recette p. 278)*	**3,40 €**
TOTAL	**6,48 €**
LA PART	0,81 €

• Prévoyez un moule à cake ou une terrine de 25 centimètres de long sur 10 centimètres de large et 8 centimètres de haut.
• Rangez une première couche de biscuits à la cuiller, face bombée contre le fond du moule ou de la terrine.
• Si vous utilisez de la gelée de groseilles, mélangez-la avec le sirop (ou la liqueur selon votre choix) pour qu'elle s'étale facilement sur les biscuits.
• Avec un pinceau, humectez les biscuits de kirsch, puis tartinez les biscuits en fine couche avec le mélange à la gelée de groseilles. Répétez l'opération en alternant le sens des biscuits.
• Après 4 couches de biscuits, le moule est plein. Couvrez d'un film alimentaire, posez une petite planche de la dimension du gâteau et un poids ou une bouteille d'eau.
• Mettez au frais 2 heures au moins, une nuit entière étant l'idéal.

• Retournez le moule sur le plat de service. Badigeonnez la surface du gâteau avec le restant de gelée de groseilles, entourez d'un ruban de crème anglaise et servez le reste de crème anglaise en saucière.

Nota : décorez le gâteau avec de la crème chantilly.

Granité à l'orange

Pour 8 personnes	
2,5 kg d'oranges à jus *(pour obtenir 80 cl de jus)*	**3,65 €**
60 g de sucre en poudre	**0,05 €**
6 cuillères à soupe d'eau	
TOTAL	**3,70 €**
LA PART	0,46 €

• Prélevez les zestes de deux oranges, puis hachez-les grossièrement.
• Portez à ébullition l'eau, le sucre et les zestes. Filtrez et ajoutez au sirop parfumé le jus des oranges.
• Versez dans un récipient plat et mettez au congélateur pour 30 minutes, puis grattez avec une fourchette et replacez dans le congélateur. Renouvelez l'opération jusqu'à ce que l'ensemble du granité soit pris.
• Conservez au réfrigérateur jusqu'au moment de servir.
• Il est recommandé de mettre les verres ou les coupes de service au congélateur pour les givrer.
• On peut procéder de même avec le jus du pamplemousse.

Vin blanc

3,90 € – Château-Majoureau, Côtes de Bordeaux Saint-Macaire moelleux 2007 (voir p. 326)

Gratin d'ananas

Pour 6 personnes	
1 ananas	**1,64 €**
1 morceau de gingembre confit	**0,05 €**
40 g de sucre en poudre	**0,03 €**
4 jaunes d'œufs	**0,72 €**
15 cl de lait	**0,11 €**
10 cl de crème fraîche liquide	**0,28 €**
Le jus d'un citron vert (lime)	**0,32 €**
60 g de sucre glace	**0,17 €**
TOTAL	**3,32 €**
LA PART	0,55 €

• Retirez la peau de l'ananas, puis coupez-le en tranches après avoir retiré le cœur. Réservez.
• Dans une casserole, faites chauffer à feu doux le lait et la crème. Retirez du feu à ébullition.
• Battez dans un bol le sucre et les jaunes d'œufs jusqu'à ce que le mélange blanchisse. Versez un peu de lait bouillant, mélangez, reversez ce mélange dans la casserole de lait, fouettez et faites cuire 5 minutes jusqu'à épaississement.
• Préchauffez le four en position gril.
• Hors du feu, ajoutez le jus de citron vert en mélangeant au fouet.
• Dans un plat à gratin, déposez les tranches d'ananas, le gingembre confit émincé, puis versez la crème. Passez sous le gril du four 3 à 4 minutes. Saupoudrez de sucre glace.
• Servez immédiatement.

Vin blanc

3,90 € – Château-Majoureau, Côtes de Bordeaux Saint-Macaire moelleux 2007 (voir p. 326)

Gratin de bananes

Pour 8 personnes	
8 bananes	**1,75 €**
7 œufs	**1,26 €**
20 cl de lait	**0,15 €**
15 cl de crème fraîche liquide	**0,42 €**
80 g de sucre en poudre	**0,07 €**
1 sachet de sucre vanillé *(ou 1 cuillère à café d'extrait liquide de vanille naturelle)*	**0,13 €**
40 g de cacao en poudre	**0,36 €**
1 citron	**0,22 €**
1 pincée de sel fin	
TOTAL	**4,36 €**
LA PART	0,54 €

• Dans une casserole, versez le lait et la crème, portez à ébullition, laissez refroidir.

• Dans un bol, fouettez le sucre et 6 jaunes d'œufs ensemble jusqu'à ce que le mélange blanchisse. Puis versez ce mélange dans le lait tiède ; faites cuire 5 minutes jusqu'à épaississement.

• Épluchez les bananes et posez-les entières dans un plat à gratin arrosées du jus de citron.

• Montez 7 blancs d'œufs en neige très ferme en ajoutant une pincée de sel à la moitié de l'opération, ainsi que le sachet de sucre vanillé (ou l'extrait de vanille liquide).

• Mélangez à l'aide d'une spatule, avec délicatesse, les blancs battus à la crème tiède.

- Préchauffez le four en position gril.
- Versez la crème mousseuse sur les bananes et le citron.
- Passez sous le gril 5 minutes.
- Saupoudrez le dessus de cacao en poudre à l'aide d'une petite passoire.

VIN BLANC

4,75 € – Gérard Neumeyer, Edelzwicker 2006 (voir p. 331)

Gratin de fromage blanc aux mangues

Pour 6 personnes	
2 mangues bien mûres	**2,78 €**
400 g de fromage blanc	**0,55 €**
40 g de sucre en poudre	**0,03 €**
20 g de farine	**0,01 €**
10 cl de crème fraîche liquide	**0,28 €**
2 œufs	**0,36 €**
60 g de sucre glace	**0,17 €**
1 pincée de sel fin	
TOTAL	**4,18 €**
LA PART	0,70 €

- Préchauffez le four à 220 °C (th. 7/8).
- Dans un saladier, mélangez au fouet le fromage blanc avec le sucre, la crème liquide, les jaunes d'œufs et la farine.
- Fouettez les blancs d'œufs en neige ferme avec une pincée de sel et incorporez-les délicatement à la préparation.
- Épluchez les mangues, puis coupez la chair en tranches et répartissez-les dans un plat à gratin. Versez la préparation au fromage blanc sur les morceaux de mangue.
- Enfournez pour 20 à 25 minutes.
- Saupoudrez de sucre glace avant de servir.

Meringues

De nombreuses recettes comportent des jaunes d'œufs, pensez à récupérer les blancs : rassis quelques jours au réfrigérateur dans une boîte hermétique, ils sont plus faciles à travailler. Il faut seulement prendre la précaution de les sortir 1 heure ou 2 à l'avance pour les ramener à température ambiante.

Pour 8 personnes	
6 blancs d'œufs	**1,08 €**
300 g de sucre en poudre	**0,25 €**
4 noisettes de beurre amolli	**0,10 €**
60 g de sucre glace	**0,17 €**
2 pincées de sel fin	
TOTAL	**1,60 €**
LA PART	0,20 €

• Préchauffez le four à 90 °C (th. 3).

• Fouettez les blancs et le sel avec un batteur électrique : 1 minute à vitesse moyenne pour aérer les blancs, puis ajoutez le sucre, cuillère après cuillère, tout en augmentant la vitesse.

• Recouvrez la plaque à pâtisserie d'une feuille de papier sulfurisé ; caressez-la de beurre.

• Formez les meringues à l'aide d'une cuillère à soupe ou mieux une poche à pâtisserie (on peut aussi en fabriquer une avec une feuille de papier sulfurisé formée comme un cornet tronqué). Donnez-leur la taille et la forme de votre choix – petites, rondes, plates, allongées. Espacez-les suffisamment entre elles pour qu'elles puissent gonfler sans se toucher.

• Saupoudrez de sucre glace à travers une passoire fine et laissez cuire au four pendant 1 heure et demie. Les meringues doivent sécher et surtout ne pas prendre couleur.

• Four éteint et porte entrouverte, laissez-les reposer 30 minutes supplémentaires.
• Les meringues se conservent quelques jours, à température ambiante et chaleur sèche, dans une boîte hermétique.

Mille-feuille aux framboises

Pour 6 personnes	
1 rouleau de pâte feuilletée du commerce *(préférez celle préparée au beurre)*	**0,76 €**
300 g de framboises	**4,95 €**
80 g de sucre en poudre	**0,07 €**
75 g de beurre	**0,39 €**
25 cl de crème fraîche liquide	**0,70 €**
30 g de sucre glace	**0,08 €**
TOTAL	**6,95 €**
LA PART	1,16 €

• Coupez trois carrés de pâte feuilletée de 25 centimètres de côté. Déposez-les sur la plaque du four légèrement humide, piquez-les avec les dents d'une fourchette et laissez reposer 1 heure.
• Préchauffez le four à 220 °C (th. 7/8).
• Dans une casserole, faites cuire les framboises, en remuant jusqu'à évaporation complète du jus. Hors du feu, ajoutez le sucre et le beurre, mélangez au fouet et laissez refroidir.
• Mettez les carrés de pâte au four pendant 20 minutes.
• Montez la crème en chantilly bien ferme, incorporez-la délicatement à la purée de framboises.
• Mettez le four en position gril. Saupoudrez de sucre glace chaque carré de pâte, faites caraméliser quelques minutes sous la rampe bien chaude.

• Répartissez la préparation de framboises et chantilly sur deux plaques de feuilletage. Superposez ces deux plaques et couvrez avec la troisième.
• Découpez le mille-feuille avec un couteau à dents fines.

Nota : on peut tartiner le mille-feuille de purée de framboises sans crème chantilly, ou utiliser toute autre confiture de son choix.

Poires confites aux épices

Pour 8 personnes	
8 poires à cuire *(type Conférence)*	**2,53 €**
1 citron	**0,22 €**
1 litre et demi d'eau	
900 g de sucre en poudre	**0,75 €**
1 cuillère et demie à café de poivre en grains	**0,37 €**
1 cuillère et demie à café de coriandre en grains	**0,37 €**
2 cuillères à soupe de gingembre en poudre	**0,29 €**
1 bâton de cannelle	**0,26 €**
1 demi-gousse de vanille	**0,75 €**
4 clous de girofle	**0,04 €**
4 petites feuilles de laurier	**0,20 €**
TOTAL	**5,78 €**
LA PART	0,72 €

• Épluchez les poires en conservant la queue.
• Frottez-les aussitôt avec le citron coupé en deux.
• Dans une grande casserole, portez à ébullition l'eau et le sucre, les épices et les feuilles de laurier. Après 10 minutes, ajoutez les poires. À la reprise de l'ébullition, baissez le feu

et laissez cuire environ 30 minutes à frémissement (le temps de cuisson varie en fonction de la qualité, de la maturité et de la taille des fruits).
• Couvrez et laissez macérer au frais pendant 24 heures.
• Portez à nouveau la préparation à ébullition 1 minute, puis laissez refroidir.
• Répétez l'opération deux fois par jour, pendant 3 jours, pour bien confire les poires. Filtrez le jus. Servez frais.

VIN BLANC

4,75 € – Gérard Neumeyer, Edelzwicker 2006 (voir p. 331)

Poires farcies

Pour 8 personnes	
8 grosses poires bien mûres *(environ 250 g chacune)*	**3,52 €**
100 g d'abricots secs	**0,60 €**
100 g de raisins secs	**0,39 €**
100 g de pruneaux	**0,47 €**
100 g de cerneaux de noix	**2,20 €**
100 g de beurre mou	**0,52 €**
Le jus d'1 demi-citron	**0,11 €**
TOTAL	**7,81 €**
LA PART	0,98 €

• Lavez les poires, coupez un chapeau côté queue, et videz-les à l'aide d'une petite cuillère.
• Réservez la chair. Citronnez l'intérieur pour éviter qu'elles ne noircissent.
• Hachez à l'aide d'un mixeur les cerneaux de noix, puis ajoutez les abricots, les pruneaux, le beurre et la chair des poires.

• Ajoutez les raisins secs à la farce, mélangez.
• Remplissez les poires avec la farce puis remettez leur chapeau.
• Avec un papier aluminium, faites une papillote sur chaque poire.
• Dans une cocotte, versez un bon litre d'eau et mettez-la sur feu moyen à couvert. À ébullition, mettez les poires bien droites dans l'eau bouillante. Fermez le couvercle et laissez cuire 20 bonnes minutes. Sortez les poires, posez-les dans une assiette.
• Servez tiède ou froid.

VIN BLANC

4,75 € – Gérard Neumeyer, Edelzwicker 2006 (voir p. 331)

Pommes gratinées

Pour 8 personnes	
16 pommes à cuire	**4,95 €**
Le zeste et le jus de 1 citron	**0,22 €**
4 cuillères à soupe de sucre roux en poudre (sucre de canne)	**0,12 €**
500 g de ricotta	**3,90 €**
40 cl de crème fraîche liquide	**1,13 €**
2 noix de beurre	**0,06 €**
100 g de pignons de pin	**2,25 €**
6 cuillères à soupe de miel liquide	**0,45 €**
2 pincées de cannelle en poudre	**0,05 €**
80 g de raisins secs	**0,31 €**
TOTAL	**13,44 €**
LA PART	1,68 €

• Préchauffez le four à 180 °C (th. 6).

• Coupez les pommes en deux, retirez le cœur et les pépins. Arrosez-les de 4 cuillères à soupe de jus de citron. Saupoudrez-les de sucre de canne et disposez-les dans un plat à gratin préalablement beurré.
• Dans un saladier, mélangez la ricotta avec les pignons, le jus et le zeste de citron, le miel, la cannelle et les raisins secs.
• Déposez la préparation sur chaque demi-pomme.
• Versez la crème liquide dans le fond du plat.
• Enfournez pour 35 à 40 minutes. En cours de cuisson, couvrez-les d'une feuille de papier d'aluminium pour éviter que les pommes ne noircissent.
• Servez tiède ou chaud accompagné de boules de glace vanillée.

Pommes rôties au thé et aux épices

Pour 6 personnes	
6 pommes fermes, croquantes et juteuses	**1,85 €**
8 cuillères à soupe de fruits confits	**1,88 €**
Le zeste et le jus de 1 citron *(ou mieux un combava)*	**0,22 €**
2 cuillères à soupe de beurre	**0,26 €**
2 cuillères à soupe de sucre roux en poudre (sucre de canne)	**0,06 €**
1 demi-verre de thé bien infusé (10 cl) 1 cuillère à café de gingembre en poudre 1 cuillère à café de cannelle 1 pincée de poivre noir moulu 1 clou de girofle réduit en poudre	**1,40 €**
TOTAL	**5,67 €**
LA PART	0,94 €

• Préchauffez le four à 180 °C (th. 6).
• Hachez finement le zeste de citron, et faites-le sécher sur une feuille de papier sur un radiateur ou dans le four chaud.

• Ajoutez le jus de citron au thé.
• Pelez les pommes, évidez-les à l'aide du vide-pommes, frottez-les avec le reste du citron pressé.
• Mélangez dans une assiette le sucre roux avec toutes les épices, les fruits confits hachés finement et le zeste haché, puis roulez les pommes dans le sucre épicé pour bien les enrober.
• Rangez les pommes dans un plat allant au four. Ajoutez l'infusion de thé citronné.
• Remplissez la cavité de chaque fruit d'une belle noix de beurre et de ce qui reste du sucre épicé. Mettez au four 35 à 40 minutes. Les pommes doivent être cuites à cœur et légèrement caramélisées.
• Servez chaud ou tiède avec une crème chantilly.

Quatre-quarts à la gelée de cassis

Pour 8 personnes	
250 g de beurre	**1,29 €**
4 gros œufs	**0,72 €**
1 pincée de sel	
250 g de sucre en poudre	**0,21 €**
1 sachet de sucre vanillé	**0,13 €**
1 sachet de levure	**0,10 €**
250 g de farine	**0,16 €**
6 cuillères à soupe de gelée de cassis	**0,42 €**
TOTAL	**3,03 €**
LA PART	0,38 €

Prévoir un moule à cake de 25 centimètres de longueur sur 12 centimètres de largeur et 8 centimètres de hauteur.
• Faites fondre le beurre dans une petite casserole et beurrez le moule au pinceau.

• Cassez les œufs dans un saladier, ajoutez une pincée de sel, le sucre et le sucre vanillé. Travaillez le mélange au fouet, puis ajoutez la levure, la farine versée en pluie, sans cesser de battre, enfin le reste du beurre fondu (l'opération peut se faire au mixeur).
• Préchauffez le four à 180 °C (th. 6).
• Remplissez le moule de pâte aux trois quarts de la hauteur, étalez la gelée de cassis et recouvrez avec le reste de pâte. Laissez reposer 10 minutes.
• Trempez le manche d'une cuillère dans l'eau froide et incisez le gâteau sur 12 centimètres de longueur et sur 2 centimètres de profondeur pour éviter qu'il ne se bosselle en cuisant.
• Mettez au four 50 minutes. Vérifiez la cuisson en piquant le gâteau à cœur avec la pointe d'un couteau : la lame doit ressortir propre et très chaude.
• Laissez reposer 10 minutes avant de démouler.

Quatre-quarts aux pommes

Pour 8 personnes	
4 pommes	**1,24 €**
500 g de farine	**0,32 €**
500 g de beurre	**2,58 €**
500 g de sucre en poudre	**0,41 €**
8 gros œufs	**1,44 €**
2 sachets de levure	**0,20 €**
2 pincées de sel fin	
TOTAL	**6,19 €**
LA PART	0,77 €

• Préchauffez le four à 200 °C (th. 6/7).
• Battez avec le fouet ou au mixeur le beurre en pommade, le sucre et le sel. Sans cesser de battre, ajoutez les œufs un à un.

• Quand le mélange est bien mousseux et homogène, incorporez la farine et la levure mélangées.
• Épluchez les pommes, coupez-les en gros morceaux, mélangez-les à la pâte. Versez la préparation dans un moule à cake beurré.
• Avant de mettre au four, trempez le manche d'une cuillère dans l'eau froide et plongez-le plusieurs fois dans la pâte pour éviter qu'il ne se déforme en cuisant.
• Enfournez. Après 5 minutes de cuisson, baissez le four à 180 °C (th. 6) et laissez cuire pendant 1 heure et 15 minutes environ.

Suggestion : remplacez les pommes par d'autres fruits de saison : poires, abricots, etc.

Semoule de riz aux raisins

Pour 8 personnes	
200 g de semoule de riz	**0,66 €**
80 cl de lait	**0,58 €**
100 g de sucre en poudre	**0,08 €**
2 sachets de sucre vanillé	**0,26 €**
60 g de raisins secs	**0,23 €**
4 cuillères à soupe de rhum ou d'eau-de-vie de fruits	**1,01 €**
TOTAL	**2,82 €**
LA PART	0,35 €

• Dans un bol, faites macérer les raisins avec le rhum.
• Dans une casserole, portez à ébullition le lait, le sucre et le sucre vanillé. Versez en pluie la semoule de riz. Remuez avec une cuillère en bois. Faites cuire 10 minutes.
• Après 5 minutes de cuisson, ajoutez les raisins et le rhum.

• Choisissez un moule ou un petit saladier : passez l'intérieur sous l'eau fraîche, retournez pour éliminer l'eau, ne pas essuyer.
• Remplissez avec la semoule aux raisins. Laissez refroidir.
• Démoulez le gâteau sur le plat de service.

Suggestion : nappez le gâteau avec de la gelée de groseilles détendue de quelques cuillères d'eau.

Soupe d'ananas

Pour 8 personnes	
1 ananas de 1,8 kg bien mûr *(« par avion » de préférence, car ils sont cueillis à maturité)*	**1,64 €**
380 g de sucre en poudre	**0,32 €**
Le jus de 1 citron	**0,23 €**
50 cl d'eau	
3 verres de vin blanc moelleux	**0,40 €**
TOTAL	**2,59 €**
LA PART	0,32 €

• Faites un sirop en portant à ébullition dans une casserole l'eau, le sucre et le jus de citron pendant 2 minutes ; laissez refroidir.
• Épluchez l'ananas, récupérez le jus, retirez les yeux, coupez 6 belles tranches dans le milieu du fruit, débarrassez-les de la partie ligneuse du cœur. Réservez.
• Passez au mixeur le reste de la chair, le jus récupéré et le vin, puis versez cette préparation dans un compotier.
• Complétez avec le sirop de sucre, mélangez.
• Ajoutez les tranches d'ananas coupées en quatre.
• Couvrez et mettez au réfrigérateur.
• Servez cette soupe bien froide.

Soupe de pêches

Pour 8 personnes	
16 pêches blanches de préférence	**7,17 €**
1 lime	**0,32 €**
50 cl d'eau	
500 g de sucre en poudre	**0,41 €**
1 bouteille de vin blanc moelleux	**4,98 €**
TOTAL	**12,88 €**
LA PART	1,61 €

• Plongez les pêches 30 secondes dans 50 cl d'eau bouillante, puis plongez-les immédiatement dans l'eau glacée. Cette opération facilite considérablement l'épluchage.
• Coupez les pêches en deux, enlevez les noyaux, déposez-les dans un saladier.
• Préparez le sirop avec l'eau dans laquelle les pêches ont été pochées en y ajoutant le jus du lime et le sucre.
• Versez sur les pêches épluchées et laissez refroidir.
• Prélevez 16 demi-pêches, passez-les au mixeur avec le vin blanc.
• Mélangez cette purée au sirop.
• Servez bien frais.

Vin blanc

4,70 € – Cazes, Vin de Pays des Côtes Catalanes 2008 (voir p. 330)

Taboulé sucré aux raisins

Pour 8 personnes	
320 g de semoule à couscous	**0,48 €**
400 g de raisin noir frais	**0,98 €**
2 cuillères à soupe de raisins secs	**0,20 €**
4 cuillères à soupe de sucre roux	**0,12 €**
2 sachets de sucre vanillé	**0,26 €**
2 branches de menthe fraîche	**0,21 €**
Le jus de 3 citrons	**0,69 €**
TOTAL	**2,94 €**
LA PART	0,37 €

• Mettez les raisins secs à tremper dans un verre d'eau pendant quelques minutes. Lorsqu'ils sont gonflés, égouttez-les.
• Versez la semoule dans un saladier.
• Mélangez le sucre, le sucre vanillé et le jus de citron, puis versez sur la semoule. Ajoutez les raisins secs et portez à ébullition leur eau de trempage. Versez sur la semoule, remuez puis laissez gonfler.
• Après avoir lavé la menthe, ciselez les feuilles et mélangez-les à la semoule.
• Rincez rapidement les grappes de raisin. Égrainez-les, puis ajoutez les grains au contenu du saladier. Mélangez. Réservez au réfrigérateur au moins 2 heures avant de servir.

Tarte au fromage blanc

Pour 6 personnes	
400 g de pâte brisée *(voir recette p. 214, ou 2 rouleaux du commerce)*	**1,52 €**

500 g de fromage blanc frais non battu	**1,10 €**
100 g de beurre	**0,51 €**
100 g de sucre en poudre	**0,08 €**
4 œufs	**0,72 €**
75 g de farine	**0,06 €**
1 pincée de sel	
TOTAL	**3,99 €**
LA PART	0,67 €

• Préchauffez le four à 210 °C (th.7).
• Égouttez le fromage blanc.
• Dans un saladier, malaxez avec le bout des doigts le beurre et le sucre, puis, à la fourchette, incorporez les œufs un par un. Mélangez bien l'ensemble.
• Ajoutez la farine et le sel. Mélangez. La préparation doit être bien homogène pour ajouter le fromage blanc et l'incorporer tel que vous mêleriez des blancs d'œufs en neige.
• Après avoir déposé la pâte dans une tourtière, étalez la préparation sur la pâte, puis enfournez pour 25 minutes.
• Laissez refroidir avant de placer la tarte au réfrigérateur pour la servir froide.

Tarte aux abricots

J'étale toujours sur le fond des tartes dont les fruits rendent du jus une fine couche de pain d'épices rassis ou de brioche, voire de la mie de pain si l'un des deux autres vient à manquer.

Pour 8 personnes

1 noisette de beurre pour beurrer le moule	
300 g de pâte brisée *(voir recette p. 214)*	**1,27 €**
1 tranche fine de pain d'épices	**0,34 €**

1 kg d'abricots frais	**3,29 €**
2 cuillères à soupe de cassonade	**0,07 €**
TOTAL	**4,97 €**
LA PART	0,62 €

- Préchauffez le four à 230 °C (th. 7/8).
- Étalez la pâte, déposez-la dans un moule beurré. Piquez le fond avec une fourchette. Émiettez la tranche de pain d'épices sur le fond de pâte.
- Passez les abricots sous l'eau fraîche. Coupez-les en deux, retirez les noyaux.
- Rangez les oreillons d'abricots sur le fond de tarte, debout, les uns contre les autres. Saupoudrez de cassonade.
- Mettez au four 15 minutes, faites réduire la température à 180 °C (th. 6) et laissez cuire encore 15 minutes. Démoulez tiède.
- Servez tiède ou froid, en rajoutant du sucre selon son goût.

Suggestion : utilisez des quetsches, mirabelles ou reines-claudes. Ces fruits doivent être dénoyautés. À la sortie du four, saupoudrez la tarte de sucre cristallisé.

VIN BLANC

4,70 € – Cazes, Vin de Pays des Côtes Catalanes 2008 (voir p. 330)

Tarte aux figues et crème d'amande

Pour 6 personnes	
250 g pâte feuilletée *(ou 1 rouleau du commerce, préférez celle préparée au beurre)*	**0,82 €**
1 kg figues fraîches	**3,95 €**
Pour la crème d'amande :	
50 g de beurre ramolli	**0,26 €**
65 g de sucre glace	**0,19 €**
65 g de poudre d'amande	**0,84 €**
1 œuf	**0,18 €**
1 cuillère à soupe de fécule de maïs	**0,05 €**
1 cuillère à café de rhum	**0,06 €**
TOTAL	**6,35 €**
LA PART	1,06 €

• Préparez la crème d'amande : travaillez le beurre en pommade. Versez le sucre glace et la poudre d'amande préalablement mélangés. Ajoutez l'œuf, la fécule de maïs et le rhum.
• Préchauffez le four à 180 °C (th. 6).
• Étalez la pâte feuilletée dans un moule à tarte.
• Garnissez le fond de la crème d'amande.
• Dressez les figues coupées en deux, très serrées, sur le dos.
• Enfournez pour environ 30 minutes.

VIN BLANC

4,70 € – Cazes, Vin de Pays des Côtes Catalanes 2008 (voir p. 330)

Tarte de potiron aux pruneaux

Pour 6 personnes	
230 g de pâte sablée *(voir recette p. 220, ou 1 rouleau du commerce)*	**0,80 €**
400 g de potiron	**0,70 €**
1 demi-litre de lait	**0,36 €**
1 demi-gousse de vanille	**0,75 €**
1 bâton de cannelle	**0,26 €**
200 g de cassonade	**0,40 €**
150 g de pruneaux dénoyautés	**0,70 €**
100 g de beurre	**0,52 €**
10 cl de crème fraîche	**0,20 €**
4 jaunes d'œufs	**0,72 €**
TOTAL	**5,41 €**
LA PART	0,90 €

• Étalez la pâte sucrée sur une tourtière et mettez-la à précuire avec les noyaux des pruneaux sur un papier aluminium pendant environ 10 minutes à 180 °C (th. 6). Sortez du four, retirez le papier et les noyaux.

• Préparez le potiron. Faites infuser quelques minutes la gousse de vanille et le bâton de cannelle dans le lait bouillant. Retirez-les, puis ajoutez le potiron coupé en cubes avec 100 g de cassonade. Faites cuire 15 minutes.

• Passez le potiron au mixeur avec le lait, ajoutez les 100 g de beurre, la crème fraîche et les 4 jaunes d'œufs. Passez cette crème au tamis fin pour enlever les fibres de potiron.

• Disposez cette crème sur le fond de tarte dans la tourtière, puis répartissez les pruneaux en les enfonçant dans la crème. Saupoudrez la tarte avec le reste de cassonade, puis remettez au four (th. 6/7) pendant 30 minutes.

• Retirez du four et faites chauffer le gril. Placez la tarte sous le gril quelques minutes afin de caraméliser la cassonade.

• Servez la tarte tiède sur un plat de service.

Tarte sablée au chocolat

Pour 6 personnes	
150 g de farine	**0,09 €**
185 g de beurre ramolli à la température de la cuisine	**0,95 €**
100 g de chocolat amer	**0,79 €**
80 g de sucre glace	**0,23 €**
30 g de sucre en poudre	**0,02 €**
4 œufs	**0,72 €**
1 cuillerée à soupe d'extrait de café	**0,87 €**
TOTAL	**3,67 €**
LA PART	0,61 €

Pour la pâte sablée :
150 g de farine
125 g de beurre ramolli à la température de la cuisine
1 pincée de sel
80 g de sucre glace
1 œuf entier
1 cuillérée à soupe d'extrait de café

Pour l'appareil à chocolat :
100 g de chocolat amer
60 g de beurre
2 jaunes d'œufs
1 œuf entier
30 g de sucre en poudre

• Préparez la pâte sablée : dans un saladier, mélangez le beurre ramolli, le sucre glace, l'œuf battu, l'extrait de café et le sel.
• Quand le mélange est accompli, ajoutez petit à petit la farine et travaillez légèrement la pâte.

• Mettez en boule dans un linge humide et laissez reposer 2 heures et demie dans le bac à légumes du réfrigérateur.
• Étalez la pâte à l'aide d'un rouleau à pâtisserie.
• Installez-la soigneusement dans un moule à tarte de 20 centimètres de diamètre, très légèrement beurré.
• Bien insister pour que la pâte adhère aux parois du moule. Piquez le fond une dizaine de fois avec une fourchette. Remettez au réfrigérateur pendant 2 heures.
• Enfournez dans un four préalablement chauffé à 180 °C (th. 6) pendant 10 minutes.
• Au sortir de la tarte du four, et seulement à ce moment-là, commencez à préparer l'appareil à chocolat en mettant dans une casserole au bain-marie le beurre et le chocolat, laissez doucement fondre, et opérer le mélange.
• Dans un saladier, battez énergiquement l'œuf entier, les jaunes d'œufs et le sucre. Utilisez de préférence un moulin électrique à grande vitesse pour obtenir une consistance identique à des œufs montés en neige.
• Ajoutez le chocolat et le beurre fondu. Mélangez délicatement pour ne pas faire retomber les œufs montés. Garnissez la tarte avec cet appareil.
• Faites cuire au four, toujours à 180 °C (th. 6) pendant 9 minutes.
• Laissez la tarte refroidir pendant 30 minutes, puis saupoudrez-la de cacao et démoulez-la.

Recette de Mathieu Pacaud donnée dans l'émission « Vivement dimanche prochain » de Michel Drucker pour Liane Foly.

VIN BLANC

4,60 € – Domaine René Rieux, Gaillac doux 2007 (voir p. 334)

Terrine de chocolat

Pour 8 personnes	
4 œufs	**0,72 €**
160 g de beurre mou	**0,82 €**
350 g de chocolat noir pâtissier	**2,76 €**
100 g de sucre en poudre	**0,08 €**
1 sachet de sucre vanillé	**0,13 €**
TOTAL	**4,51 €**
LA PART	0,56 €

• Coupez le beurre en morceaux et laissez-le ramollir à température ambiante dans un saladier.
• Séparez les blancs des jaunes.
• Cassez le chocolat en morceaux et faites-les fondre dans une casserole au bain-marie. Remuez doucement pour obtenir une pâte lisse, puis retirez la casserole du feu.
• Incorporez le beurre dans le chocolat chaud, laissez fondre, puis fouettez jusqu'à ce que le mélange devienne crémeux et léger.
• Ajoutez les jaunes d'œufs un par un, puis le sucre sans cesser de remuer pour obtenir une crème homogène.
• Battez les blancs en neige ferme en ajoutant le sachet de sucre vanillé, puis mélangez à la préparation précédente. Procédez à cette opération avec délicatesse en soulevant la masse de blancs montés pour ne pas les briser.
• Tapissez un moule à cake de film transparent en laissant largement dépasser les bords. Versez la préparation et placez au réfrigérateur pendant 2 heures. Rabattez le film et remettez au frais jusqu'au lendemain.

Suggestions : servez avec une crème anglaise (voir recette p. 278) ou une crème chantilly. On peut aussi incorporer à la préparation des zestes d'orange confits.

Terrine de pommes de ma grand-mère

Pour 8 personnes	
4 kg de pommes	**6,52 €**
450 g de sucre en poudre	**0,37 €**
350 g de beurre mou	**1,80 €**
2 cuillères à soupe de jus de citron	**0,11 €**
4 cl de calvados *(ou 10 cl de pommeau)*	**1,24 €**
8 œufs	**1,44 €**
8 cl de cidre	**0,17 €**
TOTAL	**11,65 €**
LA PART	1,46 €

• Épluchez les pommes, coupez-les en deux, retirez les pépins, puis recoupez-les en deux quartiers.
• Préchauffez le four à 70 °C (th. 2/3).
• Déposez-les dans une casserole, arrosez de jus de citron pour éviter qu'elles ne noircissent, versez le calvados. Faites réduire en compote à feu doux.
• Mettez dans le four tiède pour y faire sécher la compote pendant 30 minutes.
• Laissez le four allumé, portez la température à 160 °C (th. 5/6).
• Versez dans la compote le sucre, le beurre mou, puis les œufs et le cidre. Mélangez bien à la fourchette.
• Versez cette préparation dans un moule préalablement beurré.
• Enfournez dans un bain-marie pour 40 minutes.
• Servez tiède avec une crème anglaise (voir recette p. 278).

VIN BLANC

4,60 € – Domaine René Rieux, Gaillac doux 2007 (voir p. 334)

Tiramisu

Pour 6 personnes	
1 pot de 250 g de mascarpone	**1,93 €**
4 jaunes d'œufs *(choisissez de gros œufs)*	**0,72 €**
50 g de sucre en poudre	**0,04 €**
2 feuilles de gélatine	**0,62 €**
150 g de crème à fouetter en chantilly	**0,42 €**
10 biscuits secs du commerce genre boudoir	**2,20 €**
Cacao en poudre pour le décor	**0,45 €**
1 cuillère à soupe d'eau	
Pour le sirop :	
1 tasse à thé de café fort	
3 cuillères à soupe de cognac ou Marsala	**1,39 €**
50 g de sucre en poudre	**0,04 €**
100 g d'eau	
TOTAL	**7,81 €**
LA PART	1,30 €

• Préparez le sirop (faites-le à l'avance) : dans une petite casserole, versez le sucre et l'eau, à ébullition retirez du feu, ajoutez le cognac ou Marsala et le café fort. Laissez refroidir.

• Préparez la crème : séparez les jaunes des blancs d'œufs. Versez les jaunes dans un bol du mixeur, ajoutez le sucre en poudre, 1 cuillère d'eau froide et travaillez au fouet pendant 5 minutes.

• Trempez la gélatine dans l'eau fraîche pour la ramollir, égouttez et faites-la fondre à feu doux dans une petite casserole sans bouillir. Réservez.

• Fouettez la crème fraîche en chantilly.

• Mélangez en douceur le mascarpone aux jaunes d'œufs battus avec le sucre. Ne travaillez pas trop ce mélange. Ajoutez la gélatine fondue, mélangez, puis ajoutez la crème fouettée très délicatement.

- Versez la moitié de la préparation dans un plat creux.
- Trempez les biscuits dans une assiette creuse avec le sirop de café froid, posez-les au fur et à mesure sur la crème, recouvrez toute la surface avec le reste de la crème. Lissez avec une spatule. Placez pendant au moins 12 heures au réfrigérateur.
- 30 minutes avant de servir, saupoudrez toute la surface avec de la poudre de cacao à travers une passoire fine pour en recouvrir le tiramisu.
- Servez le plat sur la table à la cuillère.

Les bons accords avec les plats de Jean-Pierre Coffe

Sourires sceptiques, voire incrédules, apparaissent sur le visage de mes amis lorsque j'affirme qu'il existe de bons vins à moins de cinq euros. Jean-Pierre et moi en avons dégusté trois cent quarante provenant d'une première sélection de toute la France, des blancs, des rouges, des rosés, des secs et des moelleux... Sévères, nous en avons retenu un petit quart dont nous sommes sûrs de partager les qualités et le plaisir. Mais comment est-il possible qu'existent de bons vins à si bon marché ?

Sans marque, mais humains

Il s'agit pour la plupart de vins non marquetés. C'est pourquoi les prix sont indiqués au départ des domaines. N'hésitez pas à appeler directement les vignerons pour votre commande ou pour prendre rendez-vous.

Mal nés, mais bien aimés

Ces vins à petits prix proviennent de régions souvent méconnues que le vigneron ne peut pas valoriser par le prix. Certes pas de vins du Médoc dans ces pages, mais des bordeaux ou entre-deux-mers. Pas de Volnay ou Nuits-Saint-Georges, mais des bourgognes conçus par les mêmes vignerons qui travaillent des AOC plus prestigieuses. Les vins que nous avons sélectionnés sont moins racés, mais ont reçu autant d'amour de leurs pères et mères. De Corse, du Jura ou de Savoie, nous en avons peu trouvé, car ces régions produisent des vins plus chers, traditionnellement vendus en majorité sur place. La Loire, le Centre, le

Languedoc-Roussillon et les Côtes du Rhône ont été nos meilleures mannes.

Des jeunes ou des vieilles vignes ?

Les vins très abordables, ce sont aussi ceux qui sont issus des plus jeunes vignes d'un domaine. En attendant que les racines des ceps s'enfoncent et prennent l'identité de leur sol pour produire un vin de plus haute tenue, certains vignerons choisissent d'isoler des cuvées pour produire un vin plus léger et plus frais. Quand nos vins à moins de cinq euros sont issus de vieilles vignes, c'est qu'ils sont de cépages moins réputés. Citons le gamay chassé de Bourgogne au XIVe siècle par le duc Philippe le Hardi ou le carignan en Languedoc qui a longtemps été fourvoyé. De même, le melon de Bourgogne, cépage du muscadet, ou le Gros Plant, ont rarement eu bonne presse et quelle erreur ! Goûtez celui que nous avons choisi chez Guy Bossard pour vous en convaincre.

Quel bouchon ?

Nous nous sommes demandé ce que les bouteilles à petits prix nous réservaient comme mode de bouchage. Les bouchons synthétiques ou de liège recomposé dominent (deux tiers). Ce qui n'est pas surprenant pour des vins dont la garde est courte. Le liège, plus onéreux, est réservé aux bouteilles que l'on peut attendre. Quant à la capsule à vis, elle reste anecdotique.

Le prix de la confiance

Avec le vin, pas facile d'avoir confiance. Quel qu'il soit, le prix ne produit aucune assurance. Un vin deux fois plus cher qu'un autre n'est pas garanti deux fois meilleur. Mais avec nos vins à moins de cinq euros, vous êtes presque sûrs de pouvoir dénicher votre vin quotidien.

Laure GASPAROTTO

Vins blancs

Château de la Ragotière,
Muscadet Sèvre-et-Maine-sur-Lie
– AOC – 2008 4,50 €

Château de la Ragotière
La Regripière
44500
Tél. : 33 (0)2 40 33 60 56
Fax. : 33 (0)2 40 33 61 89
Courriel : freres.couillaud@wanadoo.fr
Site internet : www.freres-couillaud.com

Il est si franc et si pur que ce vin s'affiche comme une évidence avec des plats de caractère, de l'aïoli à la terrine de harengs, en passant par les tripes ou un pain de poisson. Ce muscadet minéral et frais, produit par les célèbres trois frères Couillaud, est d'une élégance extraordinaire. À découvrir et faire découvrir absolument ce vin de très belle facture.

Recettes conseillées :
Lapin en gelée aux aromates, Pain de poisson, Terrine de merlans.

André et Michel Bregeon,
Muscadet Sèvre-et-Maine-sur-Lie
– AOC – 2007 3,65 €

André et Michel BREGEON
5, Les Guisseaux
44190 GORGES
Tél. : 33 (0)2 40 06 93 19
Fax : 33 (0)2 40 06 95 91

N'hésitez pas à marier ce vin honnête, rond et gourmand, avec des mets relevés et savoureux. Avec sa colonne vertébrale, basée sur une acidité bien équilibrée, ce muscadet saura les mettre en valeur. Sachez aussi que ce vin de terroir est assez structuré pour vieillir sans problème : oui, même un muscadet ! Voilà un rapport qualité-prix imbattable.

Recettes conseillées :
Velouté de poireaux safrané au cerfeuil, Potage de potiron et carottes au cumin, Bulots en aïoli.

Domaine de la Gaudetterie,
Coteaux du Vendômois blanc 2008 4,30 €

Domaine de la Gaudetterie
Patrice COLIN
5, impasse de la Gaudetterie
41100 THORÉ-LA-ROCHETTE
Tél. : 33 (0)2 54 72 80 73
Fax : 33 (0)2 54 72 75 54
Courriel : colinpatrice41@orange.fr
Site internet : www.patrice-colin.fr

Avec ses notes fleuries et sa minéralité intense, ce blanc contrebalance parfaitement le gras de certains plats de Jean-Pierre, comme sa quiche lorraine, son omelette froide aux rillettes ou sa tarte à l'oignon. Vous obtiendrez un mariage franc, ample et riche. Un ensemble original et agréablement digeste.

Recettes conseillées :
Quiche lorraine, Tarte aux champignons, Tarte aux poireaux ou « flamiche », Tatin au fenouil, Omelette froide aux rillettes.

♥ Domaine de l'Écu,
Gros Plant du Pays nantais 2007 4,10 €

Domaine de l'Écu
Guy BOSSARD
La Bretonnière
44430 LE LANDREAU

Tél. : 33 (0)2.40.06.40.91
Fax : 33 (0)2.40.06.46.79
Courriel : bossard.guy.muscadet@wanadoo.fr

Voilà un vin magnifique réalisé par un grand vigneron, Guy Bossard. Rien qu'au nez, vous serez séduit par ses notes d'aubergine, de miel et d'épices douces. Ce Gros Plant – dont l'élégance est inversement proportionnelle à ce que le nom laisse entendre – est inouï de complexité et vous permet d'imaginer de nombreuses alliances culinaires, du tartare de maquereau au gratin de couennes... Il n'y aura jamais de lourdeur avec ce blanc très tendre.

Recette conseillée :
Rillettes des « Carmet ».

Domaine Bruno Cormerais,
Muscadet Sèvre-et-Maine-sur-Lie,
Cuvée « Chambaudière » 2007 4,60 €

Domaine Bruno CORMERAIS
La Chambaudière
44190 SAINT-LUMINE-DE-CLISSON
Tél. : 33 (0)2.40.03.85.84
Fax : (0)2.40.06.68.74
Mobile : 33 (0)6.12.41.52.18
Courriel : b.mf.cormerais@wanadoo.fr
Site internet : www.domaine-bruno-cormerais.com

Onctueux, plein et frais à la fois : ce muscadet affiche une belle personnalité. Sa finale est longue et riche. Avec lui, restez donc simples et optez pour le poisson. Votre accord sera tout à la grâce et au plaisir. Ici, pas d'agressivité, l'ensemble reste serein, basé sur la minéralité d'un terroir bien travaillé.

Recette conseillée :
Pain de poisson.

Cave du Haut-Poitou, Chardonnay 2008 3,70 €

SA Cave du Haut-Poitou
32, rue Alphonse-Plault

86170 NEUVILLE-DE-POITOU
Tél. : 33 (0)5.49.51.21.65
Fax : 33 (0)5.49.51.16.07
Courriel : c-h.p@wanadoo.fr
Site internet : www.cavehautpoitou.free.fr

Une fraîcheur intense domine ce chardonnay qui exhale aussi bien des notes de genêt que de pêche blanche. Avec ses saveurs pures et sa finale légèrement citronnée, on peut imaginer des alliances amusantes, comme la terrine de ratatouille confite ou le gâteau de pommes de terre à la tomme fraîche. Onctuosité garantie.

Recettes conseillées :
Terrine de ratatouille, Gâteau de pommes de terre à la tomme fraîche.

♥ **La Chapinière de Châteauvieux, Touraine Sauvignon 2008** 4,95 €

La Chapinière de Châteauvieux
4, chemin de la Chapinière
41110 CHÂTEAUVIEUX
Tél. : 33 (0)2.54.75.43.00
Fax : 33 (0)2.54.75.31.60
Mobile : 33 (0)6.67.05.83.41
Courriel : contact@lachapiniere.com
Site internet : www.lachapiniere.com

Une belle découverte ! Un vraiment très beau vin, équilibré, harmonieux. On apprécie sa netteté, sa profondeur, son intensité. Sa texture légèrement grasse se révèle des plus savoureuses. Finale briochée. Gratins, terrines ou pâtés chauds feront bon ménage avec ce vin complexe et d'une gourmandise infinie.

Recette conseillée :
Terrine de lapin au thym.

Lycée Viticole Edgard-Pisani,
Saumur blanc 2008 4,60 €

Lycée Viticole Edgard-Pisani
Route de Méron
49260 MONTREUIL-BELLAY
Tél. : 33 (0)2.41.49.19.24
Fax : 33 (0)2.41.38.72.86
Courriel : montreuil-bellay.expl@educagri.fr
Site internet : www.eap49.educagri.fr

D'abord, des arômes d'agrumes et de fruits exotiques. Puis, un vin d'un beau volume, bien sec. Finalement, un saumur frais, tout en équilibre. Parfait donc pour des plats relevés, comme un chili con carne ou un tajine de poulet aux olives et citron confit. Générosité assurée.

Recette conseillée :
Tajine de poulet aux olives et citron confit.

Vignoble du Chant d'Oiseaux,
Orléans blanc 2008 4,60 €

321, route des Muids
45370 MAREAU-AUX-PRÉS
Tél. : 33 (0)2 38 45 60 31
Fax : 33 (0)2 38 45 62 35
Mobile : 33 (0)6 82 30 38 88
Courriel : montignye@yahoo.fr
Site internet : www.vignobleduchantdoiseaux.com

Ne pas se laisser tromper par le nez discret de ce chardonnay ! Il a juste ce qu'il faut de notes de fruits jaunes et de fleurs blanches pour garder votre attention. Un vin certes simple, mais qui s'impose par sa fermeté. À compenser par un plat dont le gras le rendra plus souple et plus aimable. C'est tout l'art du mariage quand le couple est plus fort que chacun des individus !

Recettes conseillées :
Chou farci, Velouté de poireaux safrané au cerfeuil.

Bitouzet-Prieur, Bourgogne Aligoté 2006 5,00 €

Bitouzet-Prieur
19, rue de la Combe
21190 VOLNAY
Tél. : 33 (0)3.80.21.62.13
Fax : 33 (0)3.80.21.63.39
Courriel : francois@bitouzet-prieur.com

La Bourgogne à petit prix se montre rare. Cet aligoté se révèle une belle entrée en matière, avec son style séduisant et vanillé. Et son origine noble – des vignes de plus de 50 ans à Meursault et à Volnay – lui confère une heureuse minéralité droite et longue. À accorder forcément avec un plat traditionnel, une poule-au-pot, un lapin en gelée, ou bien évidemment un persillé de lapin...

Recettes conseillées :
Poule au pot, Lapin en persillé, Lapin en gelée aux aromates, Pain de poisson.

Domaine Giraudon, Bourgogne Aligoté 2008 4,00 €

Earl GIRAUDON
Marcel, Aurélie, Thibaut
26, rue du Ruisseau
89530 CHITRY-LE-FORT
Tél. : 33 (0)3.86.41.41.28
ou : (0)3.86.41.40.03
Fax : 33 (0)3.86.41.46.83
Courriel : giraudon.chitry@wanadoo.fr
Site internet : www.giraudon-chitry.com

Il est tel qu'on s'imagine un aligoté, celui de Giraudon : d'une belle verticalité et d'une friandise croustillante, il chante ! Ce vin a de la force, de la fraîcheur et de la longueur. Et comme il est aussi un brin impertinent avec ses notes de noisette qui ne se montrent qu'en finale, on ose l'associer non seulement avec un persillé, mais aussi avec une terrine de jarret de porc, un terrine de foie de veau et même un jarret de porc à la cantonaise !

Recettes conseillées :
Travers à l'aigre-doux à la cantonaise, Lapin en persillé, Terrine de jarret de porc en gelée.

André et Michel Quénard,
Vin blanc de Savoie, Cuvée Les Abymes 2008 4,00 €

André et Michel QUÉNARD
Tormery
Cedex 210
73800 CHIGNIN
Tél. : 33 (0)4.79.28.12.75
Fax : 33 (0)4.79.28.09.60
Courriel : am.quenard@wanadoo.fr

Sortons un peu la Savoie de ses tartiflettes, fondues et raclettes ! Avec la matière riche de ce blanc fruité et harmonieux, à la finale friande et riche (mais peu alcoolisé – 11° !), nous voilà face à de multiples possibilités : pour un gâteau de carottes, une omelette à la ratatouille et au chorizo, et aussi, pourquoi pas ? une pastilla.

Recettes conseillées :
Tortilla, Tortilla aux épinards ou au vert de blette, Salade de pâtes sauce au thon.

André et Michel Quénard,
Vin blanc de Savoie Chignin 2008 4,20 €

André et Michel QUÉNARD
Tormery
Cedex 210
73800 CHIGNIN
Tél. : 33 (0)4.79.28.12.75
Fax : 33 (0)4.79.28.09.60
Courriel : am.quenard@wanadoo.fr

Gouleyant, légèrement perlant, ce chignin, issu du cépage traditionnel de Savoie, le jacquère, possède un relief étonnant. Les saveurs de pomme se mêlent joliment aux notes d'acacia. Sa matière est belle, saine, et si profonde qu'on l'associe à des mets divers, à base aussi bien de légumes, de pâtes que de fromages.

Recettes conseillées :
Gâteau de carottes nouvelles, Salade de pâtes sauce au thon.

♥ Domaine de Tanella, Les Perles du Sud 2008 5,00 €

Domaine de Tanella
Jean-Baptiste DE PERETTI DELLA ROCCA
Propriétaire-récoltant
20114 FIGARI (Corse)
Tél. : 33 (0)4.95.70.46.23
Fax : 33 (0)4.95.70.54.40
Courriel : tanella@wanadoo.fr
Site internet : www.domaine-tanella.com

Jean-Baptiste de Peretti Della Rocca produit des vins corses qui s'assument. Ce blanc, réalisé à cent pour cent avec du vermentino, s'impose simplement par sa présence intense, sa personnalité originale et sa longueur étonnante. On aime sa force, sa fraîcheur et même son amertume. Une harmonie qui résiste aux plats musclés : bœuf à la lyonnaise avec des câpres, terrine de porc à l'échalote, ou simplement des anchois.

Recettes conseillées :
Terrine d'anchois crus à l'huile et aux aromates, Pâté pantin à la viande, Gâteau d'omelette à la ratatouille, Tortilla, Tortilla aux épinards ou au vert de blette, Salade de bœuf, Restes de dinde froide.

Château-Majoureau, Côtes de Bordeaux Saint-Macaire moelleux 2007 3,90 €

Château-Majoureau
Vignobles DELONG (SCEA)
Lieu-dit Majoureau
33490 CAUDROT
Tél. : 33 (0)5.56.62.81.94

Fax : 33 (0)5.56.62.75.87
Mobile : 33 (0)6.71.41.36.50
Courriel : familledelong@hotmail.com
Site internet : www.chateaumajoureau.winealley.com

Avec ce vin, ce qui surprend, ce n'est évidemment pas ses notes de fruits exotiques, son équilibre ou sa fraîcheur, mais c'est qu'on peut rester aussi harmonieux avec un moelleux à ce prix-là. Parce que le sucre reste en retrait, ne domine pas l'ensemble, vous pouvez précisément le réserver pour le dessert. La sensation de légèreté préservera la gourmandise de vos invités.

Recettes conseillées :
Cake à l'orange, Compote de coings à la cannelle, Figues marinées, Gâteau à l'ananas aux amandes, Granité à l'orange, Gratin d'ananas.

Château-Majoureau, Côtes de Bordeaux Saint-Macaire sec 2008 4,00 €

Château-Majoureau
Vignobles DELONG (SCEA)
Lieu-dit Majoureau
33490 CAUDROT
Tél. : 33 (0)5.56.62.81.94
Fax : 33 (0)5.56.62.75.87
Mobile : 33 (0)6.71.41.36.50
Courriel : familledelong@hotmail.com
Site internet : www.chateaumajoureau.winealley.com

Simplicité, finesse et équilibre dominent cet assemblage de sauvignon et de sémillon (en minorité, mais utilisé comme une vraie épice de caractère). Né sur un sol argilo-calcaire, sur un coteau face à la Garonne, élevé quelques mois sur lies fines en cuves, les Delong font tout pour préserver à ce vin sa fraîcheur minérale. Et c'est ce qu'on aime.

Recette conseillée :
Terrine de poulet basquaise

Château-Ducla, Entre-Deux-Mers 2008 4,95 €

Château-Ducla
BP 1
33190 GIRONDE-SUR-DROPT
Tél. : 33 (0)5.56.61.54.54
Courriel : info@chateau-ducla.com
Courriel : info@ymau.com
Site internet : www.chateau-ducla.com

Simple, franc et sec, ce sauvignon est un classique. Avec ses notes fleuries au nez, et ses saveurs iodées en bouche, nous le destinons naturellement aux poissons. Un vin qui n'a aucune prétention – tant mieux ! Pas de maquillage boisé par exemple – et donc qui ne manque pas de fraîcheur.

Recettes conseillées :
Brandade de morue, Carrelet ou plie au four, Gravlax.

Domaine de l'Oisellerie, Vin de Pays Charentais 2,70 €

Lycée Agricole de l'Oisellerie
Service Exploitation
16400 LA COURONNE
Directeur : Christophe Moine
Tél. : 33 (0)5.45.67.36.89
Fax : 33 (0)5.45.67.16.51
Mobile : 33 (0)6.74.57.31.64
Courriel : expl.angouleme@educagri.fr
Site internet : www.epl-charente.com

Un rapport qualité/prix inouï ! Fruité, rehaussé de notes de buis, ce blanc est franchement bon, simple et digeste. Issu d'un assemblage typique de sa région, ugni blanc, montils et colombard, son acidité n'enlève rien à sa chair. C'est le vin d'un plat unique, terrine de porc, jambonneau aux lentilles ou fromage de tête.

Recettes conseillées :
Tête de porc de tante Paulette, Terrine de jarret de porc en gelée.

Château de Nages,
Terres de Molines Sauvignon 3,30 €

Vignobles Michel GASSIER
Mas de Nages
Chemin des Canaux
30132 CAISSARGUES
Tél. : 33 (0)4.66.38.44.30
Fax : 33 (0)4.66.38.44.39
Courriel : info@michelgassier.com
Site internet : www.michelgassier.com

Un vin de plaisir que ce vin de pays d'Oc ! Il accompagne facilement tout un repas, du ragoût d'aubergines au Parmentier de boudin en passant par des tripoux… On se laisse charmer par les notes fruitées et herbacées de cet assemblage de sauvignon et de viognier, et par sa finale franche et harmonieuse. On y revient aisément. Surtout à ce prix-là.

Recettes conseillées :
Tripes de Saragosse, Chili au bœuf épicé.

♥ **Castelmaure, Corbières blanc** 4,65 €

CASTELMAURE SCV
Cave Coopérative
4, route des Canelles
11360 EMBRES-ET-CASTELMAURE
Tél. : 33 (0)4.68.45.91.83
Fax : 33 (0)4.68.45.83.56
Courriel : vins@castelmaure.com
Site internet : www.castelmaure.com

Voilà un vin qui en a ! Du jus, de la franchise et de l'harmonie ! Une vraie surprise qui nous donne des envies de poulet Santiago, de tajine d'oignons et de tomates, d'aigre-doux à la cantonaise. Essentiellement issu de grenache blanc et d'un peu de maccabeu, il se revendique paysan à cent pour cent. À boire jeune : il est si fleuri…

Recettes conseillées :
Tajine Makfoul aux oignons et tomates caramélisés, Travers à l'aigre-doux à la cantonaise.

Cazes, Vin de Pays des Côtes Catalanes 2008 4,70 €

CAZES
4, rue Francisco-Ferrer
BP 61
66602 RIVESALTES
Tél. : 33 (0)4.68.64.08.26
Fax : 33 (0)4.68.64.69.79
Courriel : info@cazes.com
Site internet : www.cazes-rivesaltes.com

Un assemblage plus marqué par le muscat que par le viognier qui le compose également. Ce vin sec présente une belle personnalité, nerveuse, équilibrée et fraîche. Ses notes de fruits blancs permettent de le rendre complice aussi bien d'une entrée (asperges), d'un plat (fruits de mer) que d'un dessert (clafoutis d'abricot, ou compotes peu sucrées).

Recettes conseillées :
Coques en vinaigrette, Crabes, Tarte aux figues et crème d'amande, Tarte aux abricots, Soupe de pêches.

Anna et André Durrmann, Sylvaner 2007 5,00 €

Anna et André DURRMANN
11, rue des Forgerons
67140 ANDLAU
Tél. : 33 (0)3 88 08 26 42
Fax : 33 (0)3 88 08 58 85
Courriel : andre.durrmann@laposte.net
Site internet : http://www.agroecologievin.unblog.fr
www.durrmann.fr.st

Un vin simple aux accords néanmoins multiples (quiche, jambonneau et choucroute évidemment). Il est composé d'une belle matière, qui lui donne de la chair. Tendu et rond, il s'achève sur une note d'amertume qui en fait toute la beauté originale. Un sylvaner signé par un savoir-faire exemplaire.

Recettes conseillées :
Pâté pantin à la viande, Quiche lorraine.

Gérard Neumeyer,
Sylvaner Vieilles Vignes 2006 4,85 €

Domaine Gérard NEUMEYER
29, rue Ettore-Bugatti
67120 MOLSHEIM
Tél. : 33 (0)3.88.38.12.45
Fax : 33 (0)3.88.38.11.27
Courriel : contact@gerardneumeyer.fr
Site internet : http://www.gerardneumeyer.fr

Un vin ultra-typé, aussi bien par son cépage que par son terroir. Franc donc et d'une belle minéralité, il est aussi équilibré que digeste, tout en sachant révéler une richesse soutenue par des notes épicées. À déguster absolument avec une cocotte d'hiver quand vous ne servez pas une choucroute.

Recette conseillée :
Cocotte d'hiver.

Gérard Neumeyer, Edelzwicker 2006 4,75 €

Domaine Gérard NEUMEYER
29, rue Ettore-Bugatti
67120 MOLSHEIM
Tél. : 33 (0)3.88.38.12.45
Fax : 33 (0)3.88.38.11.27
Courriel : contact@gerardneumeyer.fr
Site internet : http://www.gerardneumeyer.fr

La modestie à l'état pur et on aime ça ! Un vrai bonheur à goûter car il est gouleyant à souhait, avec son nez floral et ses saveurs fruitées. Un vin qui n'est malheureusement plus à la mode, mais qu'on pourrait contribuer à encourager, surtout quand il est aussi bien fait. On le choisirait bien pour le quotidien.

Recettes conseillées :
Canapota, Chou farci, Poires farcies, Poires confites aux épices, Gratin de bananes.

Albert Seltz, Pinot blanc 2008
(offre spéciale du vigneron) 5,00 €

Albert SELTZ Sarl
21, rue Principale
67140 MITTELBERGHEIM
Tél. : 33 (0)3.88.08.91.77
Fax : 33 (0)3.88.08.52.72
Mobile : 33 (0)6.09.24.61.61
Courriel : info@albert-seltz.fr
Site internet : www.albert-seltz.fr

Parce que précisément ce blanc arbore un côté « sucraillon », on le sert avec des endives au jambon pour en atténuer l'amertume. Malgré tout, cet alsace reste harmonieux, franc et agréable. Sa matière simple et souple témoigne d'un travail respectueux aussi bien à la vigne qu'à la cave. On apprécie aussi sa délicatesse avec un travers de porc à l'aigre-doux.

Recettes conseillées :
Endives au jambon, Travers à l'aigre-doux à la cantonaise.

Albert Seltz, Pinot gris réserve 2008
(offre spéciale du vigneron) 5,00 €

Albert SELTZ Sarl
21, rue Principale
67140 MITTELBERGHEIM
Tél. : 33 (0)3.88.08.91.77
Fax : 33 (0)3.88.08.52.72
Mobile : 33 (0)6.09.24.61.61
Courriel : info@albert-seltz.fr
Site internet : www.albert-seltz.fr

Légèrement moelleux, voilà un vin réalisé dans les règles de la tradition. C'est bien fait, c'est rond et c'est bon. Idéal pour les plats épicés, on le sert aussi avec une tarte à l'oignon ou une flamiche. Sa charpente tient longtemps sur les papilles, mais sans lourdeur.

Recette conseillée :
Tarte aux poireaux ou « flamiche ».

Vincent Stoeffler, Sylvaner 2008 4,40 €

Domaine Vincent STOEFFLER
1, rue des Lièvres
67140 BARR
Tél. : 33 (0)3.88.08.52.50
Fax : 33 (0)3.88.08.17.09
Courriel : info@vins-stoeffler.com
Site internet : www.vins-stoeffler.com

Destination choucroute ! Parce que ce sylvaner est simple, sans grande finale, désaltérant et légèrement végétal (notes d'herbe fraîchement coupée au nez). Aucune revendication ici d'un grand vin, mais il reste naturel (il est agréé « issu de l'agriculture biologique »), sans ajout de levures exogènes. L'ensemble est sain, harmonieux, et tellement rafraîchissant à table.

Recettes conseillées :
Compotée de lapin à l'estragon, Farcis ou galettes de porc, Soupe au chou.

Domaine Régina, Côtes de Toul 2008 4,85 €

Domaine Régina
Isabelle et Jean-Michel MANGEOT
350, rue de la République
54200 BRULEY
Tél. : 33 (0)3.83.64.49.52
Fax : 33 (0)3.83.64.83.84
Mobile : 33 (0)6.83.39.54.10
Courriel : domaine-regina@wanadoo.fr
Site internet : www.domaine-regina.com

Un vin, bâti entièrement avec le cépage local dit « auxerrois », bien sympathique, avec son nez fleuri mais profond. En bouche, ses saveurs sont équilibrées grâce à une acidité due à une belle minéralité. Finale fraîche très agréable. À marier avec une terrine de lapin au thym, une morue majorquine ou un lapin chasseur au vin blanc.

Recettes conseillées :
Lapin sauté chasseur, Terrine de lapin au thym.

Domaine René Rieux, Gaillac doux 2007 4,60 €

Domaine René RIEUX
Tricat Service Production
1495, route de Cordes
81600 GAILLAC
Tél. : 33 (0)5.63.57.29.29
Fax : 33 (0)5.63.57.51.71
Courriel : domainerenerieux@wanadoo.fr
Site internet : www.domainerenerieux.com

On aime ce 100 % mauzac qui ne naît qu'à Gaillac. Avec ses notes de coing, de miel et d'abricots, et malgré tout pas trop axées sur le sucre, ce vin à la robe vieil or se sert, selon nous, avec des desserts. C'est bien réussi, grâce à un équilibre judicieux, entre ampleur et fraîcheur. Bref, voilà une gourmandise qui est aussi une belle découverte.

Recettes conseillées :
Tarte sablée au chocolat, Terrine de pommes de ma grand-mère.

Cave de Saint-Désirat,
Vin de Pays de l'Ardèche 2008 3,25 €

Cave de Saint-Désirat
07340 SAINT-DÉSIRAT
Tél. : 33 (0)4.75.34.22.05
Fax : 33 (0)4.75.34.30.10
Courriel : maisondesvins@cave-saint-desirat.fr
Site internet : www.cave-saint-desirat.com

Ce vin est fait avec un cépage très particulier, planté depuis toujours dans son terroir granitique, la marsanne (le même que pour le saint-joseph blanc par exemple), qui lui donne des nuances légèrement amères. Mais avec ses notes d'agrumes, sa franchise et sa fraîcheur, il est si bien équilibré qu'on l'associe avec de nombreux plats, aussi bien des viandes, tels les pieds de porc ou les joues de bœuf, que des poissons, en soupe ou en pâté.

Recettes conseillées :
Joues de porc confites aux lentilles, Pieds de mouton à la sauce poulette, Pain de poisson, Terrine d'anchois crus à l'huile et aux aromates.

♥ La Cévenole, Coteaux de l'Ardèche, Cuvée « Chanteperdrix » 2008 3,10 €

Cave de Rosières LA CÉVENOLE
Quartier Le Grillou
07260 ROSIÈRES
Tél. : 33 (0)4.75.39.52.09
ou tél. : 33 (0)4.75.39.90.88
Courriel : caveaulacevenole@wanadoo.fr
Site internet : www.cavelacevenole.com

Ce vin est la preuve vivante qu'une cave coopérative peut produire de très bons vins. À boire plutôt vite néanmoins, cet assemblage de viognier et de sauvignon est appétissant à souhait. Vif, franc, croustillant, basé sur une matière simple, il séduit facilement avec ses jolies notes de cassis et de pamplemousse.

Recette conseillée :
Pâté de pommes de terre.

Vins rosés

Château-Suau, Bordeaux rosé 2008 5,00 €

Château-Suau
33550 CAPIAN
Tél. : 33 (0)5 56 72 19 06
Fax : 33 (0)5 56 72 12 43
Courriel : bonnet.suau@wanadoo.fr
Site internet : www.chateausuau.eu

Le rosé convivial par excellence. Issu de vignes situées en premières côtes de Bordeaux, il conserve toute la beauté du raisin, dans sa fraîcheur et avec beaucoup de gourmandise. Un vin qui a du jus autant pour désaltérer que pour accompagner des plats d'été comme une salade niçoise ou une ratatouille. C'est sûr, vous ne vous trompez pas.

Recettes conseillées :
Bœuf au cari, Moussaka, Salade niçoise.

Château-Majoureau, Bordeaux clairet 2007 3,50 €

Château-Majoureau
Vignobles DELONG (SCEA)
Lieu-dit Majoureau
33490 CAUDROT
Tél. : 33 (0)5.56.62.81.94
Fax : 33 (0)5.56.62.75.87
Mobile : 33 (0)6.71.41.36.50
Courriel : familledelong@hotmail.com
Site internet : www.chateaumajoureau.winealley.com

Un rosé tellement soutenu qu'on croirait presque un vin rouge, notamment parce qu'il est obtenu par une « saignée » de cuves de cabernet sauvignon et franc, de merlot et de malbec, vinifiés séparément. Donc, pour ceux qui ont encore des a priori sur le rosé, mais qui ont envie de boire frais, c'est parfait. Ses notes de fruits rouges sont à marier avec un curry, un cake aux olives et aux lardons ou un agneau confit aux aubergines.

Recette conseillée :
Agneau confit aux aubergines et olives noires.

La Cévenole, Chatus rosé 2008 4,50 €

Cave des Vignerons LA CÉVENOLE
Quartier Le Grillou
07260 ROSIÈRES
Tél. : 33 (0)4.75.39.90.88
ou tél. : 33 (0)4.75.39.52.09
Courriel : caveaulacevenole@wanadoo.fr
Site internet : www.cavelacevenole.com

Si vous avez envie de salades de rôti de bœuf, de poulet ou de saucisses, pensez à ce rosé épicé et structuré pour les accompagner. Complexe, gourmand et franc à la fois, il est composé d'une matière riche qui en fait un excellent vin pour la table. Rosé de saignée, il est concentré (grâce à un rendement raisonnable de 40 hectolitres par hectare) et offre donc une jolie persistance. Finale sur des notes puissantes de cassis et de myrtille.

Recettes conseillées :
Lasagnes au porc et aux champignons, Tomates farcies à la viande, Salade de poulet.

Cave de Tain-l'Hermitage,
Vin de Pays des Collines Rhodaniennes,
Syrah rosé 2008 3,30 €

Cave de Tain-l'Hermitage
22, route de Larnage
BP 3
26603 TAIN-L'HERMITAGE Cedex
Tél. : 33 (0)4.75.08.20.87
Fax : 33 (0)4.75.07.15.16

Courriel : contact@cavedetain.com
Site internet : www.cavedetain.com

D'un rose très pâle, ce vin est très marqué par les notes épicées de la syrah. Mais surtout, il offre une belle fluidité et une fraîcheur remarquable. Légèrement axé sur des notes de bonbon anglais, à cause de son côté acidulé, il n'en est pas moins rond et délicieux avec toutes sortes de plats d'été, telles les salades ou les tomates farcies. Osez-le également avec des joues de bœuf, du jarret de veau ou un poulet basquaise.

Recettes conseillées :
Hachis de bœuf à la provençale, Jarret de veau aux tomates, Porc aux olives, Ragoût d'agneau aux olives, Salade de bœuf, Salade de pâtes sauce au thon, Salade niçoise.

Chusclan Vignerons,
Côtes du Rhône Villages Laudun Galets 2008 4,85 €

Laudun & Chusclan Vignerons
Route d'Orsan
30200 CHUSCLAN
Tél. : 33 (0)4.66.90.11.03
Fax : 33 (0)4.66.90.16.52
Courriel : contact@lc-v.com
Site internet : www.laudunchusclanvignerons.com

Un rosé riche, croustillant, qui nécessite un plat solide : des pannequets de lapin au thym sont un bon exemple d'accompagnement. Issu de grenache noir et de syrah, qui marquent bien son origine, il arbore une belle robe grenat et dévoile, entre autres fruits rouges, des notes de groseille. Beaucoup de finesse dans l'ensemble, mais avec de la structure, du gras et de la longueur.

Recettes conseillées :
Tourte aux blettes et aux épinards, Pannequets de lapin au thym.

Exploitation Agricole Louis-Giraud,
Côtes du Ventoux, Cuvée Versant Sud 2008 3,35 €

Exploitation Agricole Louis-Giraud
BP 274
84208 CARPENTRAS Cedex
Tél. : 33 (0)4.90.60.80.80
Fax : 33 (0)4.90.60.13.44
Mobile : 33 (0)6.76.23.17.37
Courriel : expl.carpentras.carpentras@educagri.fr
Courriel : exploit.stvictor@orange.fr
Site internet : campus.louisgiraud.online.fr

Léger, chantant, frais... Couleur de pêche, saveurs de pamplemousse, oui oui, c'est bien du vin. Un vrai rosé même, avec grenache en majorité et cinsault en minorité. Mais on est plutôt dans le côté aérien du vin, ce qui le rend si facile, avec un peu d'allant même. Pour une tatin aux navets donc, ou une tourte aux légumes et volaille.

Recettes conseillées :
Tatin au fenouil, Tatin aux navets caramélisés.

L'Oustal Anne de Joyeuse,
Vin de Pays d'Oc Rosé Camas pinot noir 2008 4,90 €

EURL L'OUSTAL Anne de Joyeuse
34, promenade du Tivoli
11300 LIMOUX
Tél. : 33 (0)4.68.74.79.40
Fax : 33 (0)4.68.74.79.49
Courriel : commercial.france@cave-adj.com

Équilibré, frais et harmonieux. Telles sont les premières sensations que fait naître ce rosé pâle au caractère légèrement épicé. Un vin élégant, aisé à apprécier grâce à ses arômes de fruits rouges soutenus. Nous, on l'aime avec une cantonaise à l'aigre-doux, un tajine aux raisins et au miel ou un ragoût d'agneau.

Recettes conseillées :
Ragoût d'agneau à la grecque, Tajine d'agneau aux fruits secs, Travers à l'aigre-doux à la cantonaise.

Château-La Tour de Béraud,
Costières de Nîmes 2008 2,50 €

Château La Tour de Béraud
Mas Mourgues du Grès
Route de Saint-Gilles
30300 BEAUCAIRE
Tél. : 33 (0)4.66.59.46.10
Fax : 33 (0)4.66.59.34.21
Courriel : chateau@latourdeberaud.com
Site internet : www.latourdeberaud.com

Alors là, il n'y a aucune raison de se priver de ce rosé honnête, bien fait, plein de nuances et même de minéralité. Il exhale des arômes de cerise et de pêche. En bouche, il est charnu et souple. Bref, ce vin, issu de grenache et de carignan, est plutôt facile à marier. On choisit par exemple une omelette à l'espagnole ou des œufs en gelée. À vous d'imaginer ses autres accords !

Recettes conseillées :
Ragoût d'agneau aux olives, Chili au bœuf épicé, Œufs en gelée au jambon, Omelette froide aux rillettes, Tortilla, Tortilla aux épinards ou au vert de blette, Salade niçoise.

Domaine Saint-André,
Vin de Pays d'Oc, Rosé de Saignée 2007 4,70 €

Domaine Saint-André
Route de Marseillan
34140 MÈZE
Tél. : 33 (0)4.99.04.94.73
Fax : 33 (0)4.67.53.41.13
Courriel : domainesaintandre@wanadoo.fr
Site internet : www.domainesaintandre.com

Voilà un vin de pays qui n'est pas seulement un rosé de parasol : on le sert aussi avec son argenterie sans que cela dépareille. Élégant, raffiné, floral, il convient aux plats de résistance. Sa minéralité, sa fraîcheur, sa longue finale, tout est là pour assurer… et pour séduire !

Recettes conseillées :
Agneau confit aux aubergines et olives noires, Jarret de veau aux tomates, Travers à l'aigre-doux à la cantonaise, Lapin en gelée aux aromates.

Domaine Régina,
Côtes de Toul 2008 4,85 €

Domaine RÉGINA
Isabelle et Jean-Michel MANGEOT
350, rue de la République
54200 BRULEY
Tél. : 33 (0)3.83.64.49.52
Fax : 33 (0)3.83.64.83.84
Mobile : 33 (0)6.83.39.54.10
Courriel : domaine-regina@wanadoo.fr
Site internet : www.domaine-regina.com

Extrêmement bien conçu, ce rosé est intense. On sent qu'il provient de vignes bien implantées et parfaitement travaillées. Ce gris de Toul, assemblage de gamay et de pinot noir, fait honneur à sa région. Élégant, frais et digeste, il nous donne envie de l'accompagner de plats simples mais aux saveurs prononcées, comme des petits pâtés, une terrine d'anchois ou une pizza napolitaine.

Recettes conseillées :
Terrine d'anchois crus à l'huile et aux aromates, Terrine de lapin aux carottes, Pizza.

Domaine La Grange Tiphaine,
Touraine Rosé, Cuvée Riage Tournant 2008 5,00 €

Domaine La Grange TIPHAINE
Coralie et Damien DELECHENEAU

La Grange Tiphaine
37400 AMBOISE
Tél. : 33 (0)9.64.04.32.09
Fax : 33 (0)2.47.57.39.49
Mobile : 33 (0)6.80.16.28.93
Courriel : lagrangetiphaine@wanadoo.fr
Site internet : www.lagrangetiphaine.com

Cet assemblage, dominé par le grolleau, est typique de son terroir. On n'est pas étonné de le trouver légèrement sophistiqué. Le travail des parcelles de vignes en culture biologique en assure la minéralité et la finesse aromatique. Mais pas seulement : ce vin est pensé. Damien Delecheneau, le vigneron, ne laisse rien au hasard et on le ressent précisément dans le verre. La finale citronnée est particulièrement à conseiller avec une daube à la niçoise.

Recettes conseillées :
Agneau confit aux aubergines et olives noires, Tajine de poulet aux olives et citron confit.

♥ **Domaine Ogereau, Rosé de Loire 2008** 4,90 €

Domaine OGEREAU
44, rue de la Belle-Angevine
49750 SAINT-LAMBERT-DU-LATTAY
Tél. : 33 (0)2.41.78.30.53
Fax : 33 (0)2.41.78.43.55
Mobile : 33 (0)6.80.02.89.98
Courriel : contact@domaineogereau.com
Site internet : www.domaineogereau.com

Des notes de fruits rouges sains au nez. Une bouche gourmande. C'est bien du vin avant d'être du rosé et c'est vraiment très bon. Équilibré, franc, élégant, que dire de plus sinon qu'il est superbe. Il est si souple que tous les beaux plats l'accompagnent, été comme hiver. Un travail d'assemblage (grolleau noir et gamay) remarquable en tous points.

Recettes conseillées :
Hachis de bœuf à la provençale, Ragoût d'agneau aux olives, Travers à l'aigre-doux à la cantonaise, Lapin en

gelée aux aromates, Œufs en gelée au jambon, Omelette froide aux rillettes, Tortilla, Tortilla aux épinards ou au vert de blette.

Domaine de la Gaudetterie,
Coteaux du Vendômois Gris 2008 4,30 €

Domaine de la Gaudetterie
Patrice COLIN
5, impasse de la Gaudetterie
41100 THORÉ-LA-ROCHETTE
Tél. : 33 (0)2 54 72 80 73
Fax : 33 (0)2 54 72 75 54
Courriel : colinpatrice41@orange.fr
Site internet : www.patrice-colin.fr

Un vin original, plein de nuances, basé sur des notes poivrées, très lié à son terroir et à son cépage local, le pineau d'Aunis. Jolie acidité qui se traduit par une finale fraîche et minérale. La belle verticalité de l'ensemble se prête merveilleusement à des pannequets de lapin au thym ou à un gâteau de carottes nouvelles au cumin. Ce vin ne s'effacera certainement pas face à des plats riches en herbes ou en épices.

Recettes conseillées :
Gâteau de carottes nouvelles, Pannequets de lapin au thym, Salade de poulet, Salade niçoise.

Château du Petit-Thouars, Touraine Rosé 2008 5,00 €

Château du Petit-Thouars
37500 SAINT-GERMAIN-SUR-VIENNE
Tél. : 33 (0)2.47.95.96.40
Fax : 33 (0)2.47.95.80.27
Courriel : chateau.du.petit.thouars@wanadoo.fr
Site internet : www.chateau-du-petit-thouars.com

Franchise et élégance dominent ce délicieux vin de terroir. Il est plutôt rose tendre, mais sa bouche est structurée non seulement grâce à son unique cépage racé, le cabernet-franc, mais aussi grâce à un sol magnifique : un plateau argilo-calcaire calé sur du tuffeau. Ce vin, qui a donc bien les pieds enfoncés dans une terre originale et unique, magnifie naturellement une tourte paysanne à la viande ou un pâté en croûte.

Recettes conseillées :
Terrine de jarret de porc en gelée, Pâté pantin à la viande, Tourte du dimanche soir.

La Chapinière de Châteauvieux,
Touraine Rosé 2008 3,90 €

La Chapinière de Châteauvieux
4, chemin de la Chapinière
41110 CHÂTEAUVIEUX
Tél. : 33 (0)2.54.75.43.00
Fax : 33 (0)2.54.75.31.60
Mobile : 33 (0)6.67.05.83.41
Courriel : contact@lachapiniere.com
Site internet : www.lachapiniere.com

Très joli vin, équilibré, qui offre une belle fraîcheur en finale. Il est structuré, sain, long. Un vrai régal en somme qui s'harmonise avec un poulet basquaise, une pissaladière, une terrine de foie de veau ou même une terrine de canard aux cerises. Florence Veilex, la vigneronne, a procédé ici à un bel assemblage de cabernet-franc pour la structure et de gamay pour la rondeur.

Recettes conseillées :
Terrine de canard aux cerises, Terrine de poulet basquaise.

André et Michel Quénard,
Vin de Savoie Chignin Rosé 2008 4,30 €

André et Michel QUÉNARD
Tormery
Cedex 210
73800 CHIGNIN
Tél. : 33 (0)4.79.28.12.75

Fax : 33 (0)4.79.28.19.36
Courriel : am.quenard@wanadoo.fr

Ce vin naît en plein cœur du parc naturel régional des Bauges dont les collines protègent les vignes du vent du nord. Une exposition idéale qui participe au caractère pur, propre, franc et sain de ce rosé de saignée. Sa faible teneur en soufre préserve ses arômes fraîchement floraux et fruités. Un pain de poisson ou un persillé de lapin en font leur affaire et mettent en valeur son intensité.

Recettes conseillées :
Lapin en persillé, Pain de poisson, Terrine de foies de volaille.

Domaine des Combiers,
Beaujolais, Cuvée Rosé des Granits 2008 4,25 €

Domaine des COMBIERS
Laurent SAVOYE
Les Combiers
69820 VAUXRENARD
Tél. : 33 (0)4.74.04.11.10
Mobile : 33 (0)6.70.46.54.96
Fax : 33 (0)4.74.04.11.06
Courriel : laurent.savoye@aliceadsl.fr

Très joli rosé raffiné qui mérite mieux qu'une salade. Il est assez corsé pour se boire avec un aïoli, assez puissant pour accompagner un fromage de tête. En tout cas, la profondeur (si !) de ce vin offre une persistance rare, due sans doute à l'âge honorable des vignes (55 ans), implantées dans un sol granitique bien drainé. On se régale de toute cette élégance.

Recettes conseillées :
Tomates farcies à la viande, Tête de porc de tante Paulette, Tajine de poulet aux olives et citron confit.

Vins rouges

Domaine des Combiers,
Beaujolais-Villages, Cuvée Élégance 2008 4,75 €

Domaine des COMBIERS
Laurent SAVOYE
Les Combiers
69820 VAUXRENARD
Tél. : 33 (0)4.74.04.11.10
Fax : 33 (0)4.74.04.11.06
Mobile : 33 (0)6.70.46.54.96
Courriel : laurent.savoye@aliceadsl.fr

On croque littéralement dans ce gamay plein de sève, extrêmement fruité. D'une belle fluidité, ce vin de vigneron (il s'agit en l'occurrence de Laurent Savoye qui produit par ailleurs de très jolis Fleurie) s'harmonise avec des plats qui ont de la « matière » : un hachis Parmentier ou un baeckeofe. L'ensemble n'en sera que plus digeste et gourmand.

Recettes conseillées :
Baeckeofe, Parmentier d'agneau, Parmentier de patate douce au boudin.

Dominique Jambon, Régnié 2008 4,95 €

Domaine Dominique JAMBON
Arnas
69430 LANTIGNIÉ
Tél. : 33 (0)4.74.04.80.59
Fax : 33 (0)4.74.04.80.59
Mobile : 33 (0)6.14.74.94.62
Courriel : dominique.jambon@wanadoo.fr

On découvre un vin rustique. Puis, on se laisse vite prendre par ses tanins racés, sa structure bien construite, et ses saveurs de petits fruits noirs. Ce gamay harmonieux et même profond (son vignoble a une cinquantaine d'années et produit donc des raisins qui ont le goût de leur sol, surtout si, comme ici, le travail du vigneron le respecte) possède une vraie mâche, très agréable.

Recettes conseillées :
Gratin de pommes de terre au lard, Cocotte d'hiver.

Lycée Viticole de Beaune,
Bourgogne Passetoutgrain 2008 5,00 €

Domaine du Lycée Viticole de Beaune
16, avenue Charles-Jaffelin
21200 BEAUNE
Tél. : 33 (0)3.80.26.35.81
Fax : 33 (0)3.80.22.76.69
Courriel : francois.domin@educagri.fr
Site internet : www.lavitibeaune.com

Ne soyez pas surpris par ce rouge vermeil, il est on ne peut plus naturel, voire historique ! Voilà un vin de Bourgogne version légère, simple et fruitée parce que c'est le seul, le Passetoutgrain, à résulter de l'assemblage de gamay, habituellement réservé au sud de la région, et de pinot noir (pour moitié ici). Des notes de cassis qui se marient délicieusement avec des plats aux saveurs mêlées comme un tajine.

Recette conseillée :
Haricots aux couennes gratinés.

Domaine Giraudon, Bourgogne Chitry 2008 5,00 €

EARL GIRAUDON
Marcel, Aurélie, Thibaut
26, rue du Ruisseau
89530 CHITRY-LE-FORT
Tél. : 33 (0)3.86.41.41.28
ou tél. : (0)3.86.41.40.03
Fax : 33 (0)3.86.41.46.83

Courriel : giraudon.chitry@wanadoo.fr
Site internet : www.giraudon-chitry.com

Des arômes de pinot noir tout frais, c'est-à-dire des petits fruits noirs tout en élégance et profondeur. Un bourgogne classique, bien fait, basé sur une matière riche et dense. C'est moins cher qu'un autre parce que Chitry est sans doute moins connu, alors profitons-en tant que c'est encore le cas. Idéal avec un petit salé aux lentilles, un navarin d'agneau ou un civet de collier d'agneau.

Recettes conseillées :
Civet d'agneau, Cocotte d'hiver, Navarin ou ragoût de mouton, Petit salé aux lentilles.

Domaine de la Chanaise,
Beaujolais Villages 2007 5,00 €

Domaine de la Chanaise
Dominique PIRON
Morgon
69910 VILLIÉ-MORGON
Tél. : 33 (0)4.74.69.10.20
Fax : 33 (0)4.74.69.16.65
Mobile : 33 (0)6.80.90.53.18
Courriel : dominiquepiron@domaines-piron.fr
Site internet : www.domaines-piron.fr

Un vin qui invite à la gourmandise, du porc braisé au lapin sauté chasseur, en passant par un Irish stew. La matière est saine, les saveurs fruitées intenses, la finale longue. Ce gamay produit à Beaujeu, à boire légèrement frais, est une preuve que la région produit de jolis vins, pour ceux qui en douteraient encore.

Recettes conseillées :
Hachis Parmentier, Irish stew, Jambonneaux aux lentilles, Lapin sauté chasseur, Pot-au-feu de joue de bœuf simplifié.

Thierry Descombes, Beaujolais-Jullié 2007 4,55 €

Thierry Descombes
« Aux Vignes »
69840 JULLIÉ
Tél. : 33 (0)4.74.04.42.03
Mobile : 33 (0)6.89.79.29.46
Fax : 33 (0)4.74.04.42.03
Courriel : thierry.descombes0932@orange.fr

Tendre, avec néanmoins une belle structure, ce vin policé sait produire son petit effet ! Parce qu'il est gourmand avec ses tanins bien arrondis, il est fait pour le plaisir. Avec un paleron de bœuf braisé ou une poule au pot, ce gamay de Jullié donnera toute sa sève. Ce vin est aussi chaleureux que son vigneron qui travaille amoureusement.

Recettes conseillées :
Joues de bœuf en daube, Poule au pot, Joues de porc au vin, Joues de porc confites aux lentilles, Tripes de Saragosse.

♥ Domaine de la Gaudetterie,
Coteaux du Vendômois,
Cuvée Pierre François 2008 4,30 €

Domaine de la Gaudetterie
Patrice COLIN
5, impasse de la Gaudetterie
41100 THORÉ-LA-ROCHETTE
Tél. : 33 (0)2 54 72 80 73
Fax : 33 (0)2 54 72 75 54
Courriel : colinpatrice41@orange.fr
Site internet : www.patrice-colin.fr

Très beau vin, équilibré, harmonieux et plein de fraîcheur. Il chante de ses notes épicées ! Finale longue avec une certaine complexité qui donne envie d'y revenir. Incroyable, le travail qui est fait : ce sol d'argile à silex est soigné par des labours d'hiver et de printemps, ainsi qu'un binage au printemps. La vinification est traditionnelle, sans ajout de levures, pour un résultat précis et net.

Recettes conseillées :
Pâté pantin à la viande, Tatin au fenouil, Tatin aux navets caramélisés, Tourte du dimanche soir, Restes de dinde froide.

Domaine de l'Écu,
Vin de Pays du Jardin de France
Cabernet-franc 2006 4,10 €

Domaine de l'Écu
Guy BOSSARD
La Bretonnière
44430 LE LANDREAU
Tél. : 33 (0)2.40.06.40.91
Fax : 33 (0)2.40.06.46.79
Courriel : bossard.guy.muscadet@wanadoo.fr

S'il est des vins éthiques, celui-ci en est un. Du début à la fin. Ses vignes sont travaillées en biodynamie par Guy Bossard, un vigneron soucieux, méticuleux et rigoureux. Et son prix est on ne peut plus humain. Mais évidemment l'essentiel est là dans votre verre : sentez ce nez intense, légèrement épicé, très nuancé. Goûtez ce vin simple, friand, plein et savoureux. Et vous resterez longuement avec sa finale minérale aux tanins vraiment beaux. Très belle découverte.

Recettes conseillées :
Pizza, Tarte aux champignons.

Domaine de la Gabillière,
Touraine-Amboise 2008 4,10 €

Domaine de la Gabillière
Lycée Viticole d'Amboise
46, avenue Émile-Gounin
37400 AMBOISE
Tél. : 33 (0)2.47.23.35.51

Fax : 33 (0)2.47.57.01.76
Mobile : 33 (0)6.73.88.86.80
Courriel : expl.lpa.amboise@educagri.fr
Site internet : www.epl.amboise@educagri.fr

Un vin élaboré par le lycée viticole d'Amboise, dans les règles de l'art : maîtrise des rendements, récolte manuelle, vinifications traditionnelles pour le cabernet-franc et le côt qui le composent en minorité et vinification plus technologique (macération carbonique) pour le gamay qui domine (80 %). À bonne école donc, ce touraine s'impose par sa gourmandise, sa structure. C'est bon, voilà tout ! Avec une blanquette de veau ou un gigot de sept heures, c'est encore mieux.

Recettes conseillées :
Blanquette de veau, Cassoulet, Terrine de ratatouille, Gigot de sept heures.

Domaine de la Gabillière,
Touraine-Amboise, Cuvée François Ier 2007 4,80 €

Domaine de la Gabillière
Lycée Viticole d'Amboise
46, avenue Émile-Gounin
37400 AMBOISE
Tél. : 33 (0)2.47.23.35.51
Fax : 33 (0)2.47.57.01.76
Mobile : 33 (0)6.73.88.86.80
Courriel : expl.lpa.amboise@educagri.fr
Site internet : www.epl.amboise@educagri.fr

Essentiellement composé de côt, ce vin plaît par sa fraîcheur structurée. Ses saveurs, basées sur des notes de fruits frais, se montrent élégantes et franches. L'ensemble est bien bâti, solide et pourtant fin. Une carbonade de bœuf au pain d'épices, une cocotte d'hiver, des lasagnes aux champignons sont pour lui, assurément.

Recettes conseillées :
Carbonade de bœuf à la bière et pain d'épices, Daube, Cocotte d'hiver, Lasagnes au porc et aux champignons.

La Chapinière de Châteauvieux, Touraine gamay 2007 4,00 €

La Chapinière de Châteauvieux
4, chemin de la Chapinière
41110 CHÂTEAUVIEUX
Tél. : 33 (0)2.54.75.43.00
Fax : 33 (0)2.54.75.31.60
Mobile : 33 (0)6.67.05.83.41
Courriel : contact@lachapiniere.com
Site internet : www.lachapiniere.com

La vigneronne Florence Veilex fait un sans-faute, avec ses trois couleurs de vin. Son 100 % gamay est franchement bon, gourmand et désaltérant. Il est en outre structuré, ce qui signifie que ses tanins sont précis. Un vin harmonieux et simple, sans prétention, avec un goût unique de reviens-y.

Recettes conseillées :
Pizza, Quiche lorraine, Tarte aux poireaux ou « flamiche », Omelette froide aux rillettes.

Domaine du Petit-Bondieu, Bourgueil, Cuvée du Vendôme 2007 5,00 €

Domaine du Petit-Bondieu
EARL Pichet J.M.
30, route de Tours
37140 RESTIGNÉ
Tél. : 33 (0)2.47.97.33.18
Fax : 33 (0)2.47.97.46.57
Mobile : 33 (0)6.81.80.86.50
Courriel : jean-marc-pichet@wanadoo.fr
Site internet : www.thomaspichet.com

Un vin solide, à la matière pleine, et pourtant gouleyant. Le vigneron Thomas Pichet travaille précisément ses vignes et on le ressent sur les papilles. Élégance, structure, fraîcheur et longueur : tout est présent pour que ce bourgueil soit, tel que le disait Jean Carmet, « le carburant du cœur et de l'âme ». Quand vous préparez une poule au pot, un ragoût d'agneau, ou encore une moussaka, pensez à cette belle cuvée.

Recettes conseillées :
Baeckeofe, Carbonade de bœuf à la bière et pain d'épices, Endives au jambon, Hachis de bœuf à la provençale
Joues de bœuf en daube, Moussaka, Poule au vin.

Vignoble du Chant d'Oiseaux, Orléans Orléans-Cléry 2007 4,60 €

321, route des Muids
45370 MAREAU-AUX-PRÉS
Tél. : 33 (0)2 38 45 60 31
Fax : 33 (0)2 38 45 62 35
Mobile : 33 (0)6 82 30 38 88
Courriel : montignye@yahoo.fr
Site internet : www.vignobleduchantdoiseaux.com

À passer en carafe, pour l'assouplir si vous n'avez pas la patience de l'attendre un peu en cave. En tout cas, un bon cabernet-franc, à suivre dans les millésimes à venir puisque récemment repris par le jeune Édouard Montigny. En attendant, à déguster avec des plats généreux, type terrines, pour lui donner un peu de rondeur…

Recette conseillée :
Terrine de foie de bœuf.

Château-Majoureau, Bordeaux Supérieur 2006 4,50 €

Château-Majoureau
Vignobles DELONG (SCEA)
Lieu-dit Majoureau
33490 CAUDROT
Tél. : 33 (0)5.56.62.81.94
Fax : 33 (0)5.56.62.75.87
Mobile : 33 (0)6.71.41.36.50
Courriel : familledelong@hotmail.com
Site internet : www.chateaumajoureau.winealley.com

Un bon compagnon de table. Un brin séducteur (pas mal de merlot), mais pas seulement puisqu'il est bien structuré (il contient aussi du cabernet-franc). Un vin chaleureux qui sait rester frais et léger, ça ne se trouve pas tous les jours. Alors profitons-en avec un jambonneau aux lentilles ou un goulasch.

Recettes conseillées :
Gigot de sept heures, Irish stew, Jambonneaux aux lentilles, Cake aux olives et aux lardons.

Château-Labourdette, Bordeaux 2005 4,50 €

Vignobles Gauthier SCEA
Château-Labourdette
33540 SAINT-SULPICE-DE-POMMIERS
Tél. : 33 (0)5.56.71.50.18
Mobile : 33 (0)6.80.89.33.07
Mobile : 33 (0)6.77.71.42.59
Fax : 33 (0)5.56.71.62.45
Courriel : sarlgauthier@gauthierwanadoo.fr

Un bon bordeaux souple et frais, basé sur une matière riche et saine. Une sensation classique. Ses notes de fruits secs et confits peuvent parfaitement se marier avec un cœur de veau au citron. C'est original mais convaincant. La souplesse de l'ensemble séduit longuement.

Recettes conseillées :
Cœur de veau aux citrons confits et aux carottes, Joue de bœuf à la languedocienne.

Château-La Mothe du Barry,
Bordeaux Supérieur 2007 4,75 €

Vignobles Joël DUFFAU
Château La Mothe du Barry
2, les Arromans
33420 MOULON
Tél. : 33 (0)5.57.74.93.98

Fax : 33 (0)5.57.84.66.10
Courriel : joel.duffau@aliceadsl.fr

Un vin excellent, qui a du relief, joliment rehaussé par des notes épicées. Il a du jus, de la structure, de l'élégance. Une gourmandise facile à associer avec une daube à la bourguignonne, un gratin de couennes, des lasagnes à la parmesane, un jambonneau aux lentilles, un ragoût de mouton... Le travail d'un bon vigneron passe à table avec simplicité.

Recettes conseillées :
Jambonneaux aux lentilles, Navarin ou ragoût de mouton, Poule au vin, Haricots aux couennes gratinés.

Domaine de l'Oisellerie, Vin de Pays Charentais 2,70 €

Lycée Agricole de l'Oisellerie
Service Exploitation
16400 LA COURONNE
Directeur : Christophe Moine
Tél. : 33 (0)5.45.67.36.89
Fax : 33 (0)5.45.67.16.51
Mobile : 33 (0)6.74.57.31.64
Courriel : expl.angouleme@educagri.fr
Site internet : www.epl-charente.com

Un vin évident, qui impose sa simplicité d'elle-même. On aime ce bon vin, gourmand, friand, souple et plein de relief. Cet assemblage de merlot, cabernet-franc et cabernet-sauvignon a même quelque chose d'universel dans sa facilité. Tajine aux amandes ou lapin en gelée en font leur affaire.

Recettes conseillées :
Jambonneaux aux lentilles, Tajine d'agneau aux fruits secs, Tajine Makfoul aux oignons et tomates caramélisés, Lapin en gelée aux aromates, Rillauds maison.

La Vieille Tour de Seguin, Bordeaux 2007 4,00 €

La Vieille Tour de Seguin
Château de Seguin
33360 LIGNAN-DE-BORDEAUX
Tél. : 33 (0)5.57.97.19.71
Fax : 33 (0)5.57.97.19.72
Courriel : nathalie.lagrue@chris-wine.fr
Site internet : www.chateau-seguin.fr

Ceux qui ne voient que par le bordeaux ne seront pas déçus ! Ce vin est pour eux. Ses notes vanillées sont bien présentes, mais légères, et plutôt bien intégrées à la structure de l'ensemble. Au final, le jus est gourmand et fruité. Pour une joue de bœuf caramélisée ou une salade de langue d'agneau.

Recettes conseillées :
Ragoût d'agneau aux olives, joue de bœuf.

Château-Soubiran, Côtes du Marmandais 2006 4,50 €

Cave du Marmandais
Vieille-Église
47250 COCUMONT
Tél. : 33 (0)5.53.94.50.21
Fax : 33 (0)5.53.94.52.84
Courriel : commercial@origine-marmandais.fr
Site internet : www.origine-marmandais.fr

Soutenu, ce vin n'en est pas moins gourmand grâce à de belles notes fruitées (bel assemblage de merlot et de cabernet, relevés par une touche locale d'abouriou). Mais il se destine essentiellement à des mets francs, avec un caractère prononcé. Pour lui, songeons aux tripes, à un gratin de couenne ou un cassoulet.

Recettes conseillées :
Cassoulet, Haricots aux couennes gratinés, Tripes de Saragosse.

Marquis de Seillan, Saint-Mont 2006 4,00 €

Vignoble de Gascogne
32400 SAINT-MONT
Tél. : 33 (0)5.62.69.62.87
Fax : 33 (0)5.62.69.66.68
Courriel : ag.keller@vignoble-de-gascogne.fr
Site internet : www.plaimont.com

Il y a des rouges du Gers à découvrir absolument, à des prix vraiment honnêtes. Celui-ci est l'un d'eux, produit par les Producteurs de Plaimont – une cave exemplaire. Avec sa dominance de tannat, ce vin impose sa personnalité régionale. Il n'en est que plus friand et gourmand. Du coup, c'est aussi un vin qui tient la route face à des plats de caractère : agneau confit, braisé de porc, bœuf au cari...

Recettes conseillées :
Agneau confit aux aubergines et olives noires, Bœuf au cari, Gigot de sept heures.

Producteurs de Plaimont,
Madiran, Terroir de Tilhet 2006 4,00 €

Vignoble de Gascogne
32400 SAINT-MONT
Tél. : 33 (0)5.62.69.62.87
Fax : 33 (0)5.62.69.66.68
Courriel : ag.keller@vignoble-de-gascogne.fr
Site internet : www.plaimont.com

Un vin destiné aux plats consistants de sa région, parce qu'il est plein, riche, puissant et, malgré tout, fruité. Une valeur sûre, même à ce prix-là, ça existe. Ce madiran nous révèle un monde où la franchise est de mise. Une impression de profondeur qui rend sereins ceux qui y goûtent.

Recettes conseillées :
Agneau confit aux aubergines et olives noires, Cassoulet, Gratin de pommes de terre au lard, Moussaka.

Vignoble de Gascogne,
Saint-Mont-Batz-d'Autan 2006 4,70 €

Vignoble de Gascogne
32400 SAINT-MONT
Tél. : 33 (0)5.62.69.62.87
Fax : 33 (0)5.62.69.66.68
Courriel : ag.keller@vignoble-de-gascogne.fr
Site internet : www.plaimont.com

En plein cœur de la Gascogne, les Producteurs de Plaimont, béret vissé sur la tête, préservent jalousement leurs traditions. Créé avec des cépages locaux, tels le tannat et le pinenc, ce cru est à leur image : sain. Ses arômes sont fruités, ses saveurs légères tout en étant structurées. Il donne des envies de manger fraîchement : on l'accompagne volontiers de tomates farcies ou d'une terrine aux trois langues. Résultat : du caractère et de la franchise !

Recettes conseillées :
Agneau confit aux aubergines et olives noires, Tomates farcies à la viande.

Cave de Saint-Désirat,
Vin de Pays de l'Ardèche, Syrah 2006 3,25 €

Cave de Saint-Désirat
07340 SAINT-DÉSIRAT
Tél. : 33 (0)4.75.34.22.05
Fax : 33 (0)4.75.34.30.10
Courriel : maisondesvins@cave-saint-desirat.fr
Site internet : www.cave-saint-desirat.com

On ne va pas demander à ce vin plus que ce qu'il a, car c'est bien. Il possède une belle matière ferme qui donne envie de se mettre à table, et c'est énorme. Voilà un bon compagnon, à promener selon les plats : joues de bœuf ou Parmentier, par exemple. Il restera généreux et sur un côté fruité délicieux. Finale légèrement poivrée qui donne envie de lui rester fidèle (pour ceux qui aiment le poivre).

Recettes conseillées :
Cocotte d'hiver, Parmentier d'agneau, Joue de bœuf à la languedocienne.

Les Vignerons d'Estézargues,
Côtes du Rhône, Les Grandes Vignes 2008 4,05 €

Cave Les Vignerons d'Estézargues
Route des Grés
30390 ESTÉZARGUES
Tél. : 33 (0)4.66.57.03.64
Fax : 33 (0)4.66.57.04.83
Courriel : les.vignerons.estezargues@wanadoo.fr
Site internet : www.vins-estezargues.com

Friand, bien fait, il serait dommage de vous en passer lorsque vous servez un bourguignon (vous pouvez aussi choisir ce vin pour la sauce), une cocotte d'hiver ou des joues de porc confites. Dominée par le cinsault, traditionnel des côtes-du-rhône, cette cuvée est faite pour le plaisir immédiat. Elle possède une suavité élégante grâce à des tanins riches.

Recettes conseillées :
Civet d'agneau, Parmentier de patates douces au boudin, Poule au vin, Joues de porc confites aux lentilles.

Les Vignerons d'Estézargues,
Vin de Pays du Gard, Cuvée des Galets 2008 4,50 €

Cave Les Vignerons d'Estézargues
Route des Grés
30390 ESTÉZARGUES
Tél. : 33 (0)4.66.57.03.64
Fax : 33 (0)4.66.57.04.83
Courriel : les.vignerons.estezargues@wanadoo.fr
Site internet : www.vins-estezargues.com

Dès le nez, ce vin annonce son intention : offrir du plaisir, là, tout de suite ! Alors, on se laisse séduire par sa rondeur et son fruité (mûre surtout). Syrah, grenache et carignan sont assemblés après des cuvaisons courtes, qui ont visé à extraire essentiellement le caractère fruité. Buvez-le légèrement frais pour apprécier sa structure néanmoins présente et qui vous servira à lui faire affronter un plat épicé comme un pâté créole.

Recettes conseillées :
Pâté créole, Gâteau de pommes de terre à la tomme fraîche, Pâté pantin à la viande.

♥ Domaine Rabasse-Charavin,
Vin de Pays de la Principauté d'Orange 2006 3,70 €

Domaine Rabasse-Charavin-Couturier
Quartier La Font d'Estevenas
84290 CAIRANNE
Tél. : 33 (0)4.90.30.70.05
Fax : 33 (0)4.90.30.74.42
Courriel : couturier.corinne@wanadoo.fr

Quel bonheur de goûter un vin aussi épatant ! À la fois solide et élégant. Et puis, riche, puissant et souple. Très, très bien fait. Corinne Couturier, qui l'a élaboré, nous surprend par ses vins de tous les jours. Elle ne néglige rien, ni le rendement (40 hectolitres par hectare, ce qui est vraiment raisonnable), ni le travail de ses vignes de grenache, cinsault, mourvèdre, syrah et vieux carignans (une cinquantaine d'années), ni sa vinification traditionnelle, ni ses élevages. Goûtez-le avec une daube à la niçoise, pour commencer, puis une autre fois avec un cari de bœuf…

Recettes conseillées :
Agneau confit aux aubergines et olives noires, Bœuf au cari.

♥ Domaine Rabasse-Charavin,
Côtes du Rhône 2006 4,40 €

Domaine Rabasse-Charavin-Couturier
Quartier La Font d'Estevenas
84290 CAIRANNE

Tél. : 33 (0)4.90.30.70.05
Fax : 33 (0)4.90.30.74.42
Courriel : couturier.corinne@wanadoo.fr

Un vin de haute facture. Ce qui ne signifie pas qu'il est sophistiqué. Ni le résultat d'une haute technologie. Non, ce côtes-du-rhône résout l'alliance des contraires : il est à la fois couillu (et pourtant, il s'agit d'un vin conçu par Corinne Couturier – alors, qui parle encore de « vin de femme » ?) et élégant, structuré et fruité. Servons-le avec des lasagnes ou un bourguignon pour magnifier son côté convivial !

Recettes conseillées :
Civet d'agneau, Hachis de bœuf à la provençale, Joues de bœuf en daube, Ragoût d'agneau aux olives.

La Cévenole, Coteaux de l'Ardèche
Ducs de Joyeuse 2008 3,00 €

Cave des Vignerons La Cévenole
Quartier Le Grillou
07260 ROSIÈRES
Tél. : 33 (0)4.75.39.90.88
ou tél. : 33 (0)4.75.39.52.09
Courriel : caveaulacevenole@wanadoo.fr
Site internet : www.cavelacevenole.com

Si vous décidez de préparer une pizza ou une terrine de joues aux carottes, optez pour ce vin tout à fait honnête. Avec lui, vous ne vous trompez pas : il est simple et bon, sans prise de tête. Ce 100 % chatus (cépage ardéchois), vendangé manuellement, est facile (notes de griotte et d'épices) et bien fait (jolis tanins). Rapport qualité/prix/plaisir imbattable.

Recettes conseillées :
Porc aux olives, Pizza.

Domaine de la Grande Courtade,
Vin de Pays d'Oc Merlot 2008 4,20 €

Famille FABRE
Château de Luc
11200 LUC-SUR-ORBIEU
Tél. : 33 (0)4.68.27.10.80
Mobile : 33 (0)6.03.78.47.45
Fax : 33 (0)4.68.27.38.19
Courriel : vignoble.louisfabre@wanadoo.fr
Courriel : masviel@aol.com
Site internet : www.chateaudeluc.com

Voilà typiquement le vin qui nécessite un plat relevé ou épicé. Sa matière pleine, riche et bien équilibrée y gagnera. Nous vous suggérons des anchois crus pour le parti pris fort, ou un canard aux cerises pour un choix bien assaisonné. Les notes de cacao, de fraise et de fruits confits de ce vin de pays se marient à merveille avec des formules aigre-doux. Sinon, sachez jouer de la rondeur et de la souplesse de ce vin. À moins qu'il ne vous convienne tel quel.

Recettes conseillées :
Chili au bœuf épicé, Tajine d'agneau aux fruits secs, Tajine de poulet aux olives et citron confit, Terrine d'anchois crus à l'huile et aux aromates, Terrine de canard aux cerises.

Cazes, Le Canon du Maréchal
Vin de Pays des Côtes Catalanes 2008 4,70 €

CAZES
4, rue Francisco-Ferrer
BP 61
66602 RIVESALTES
Tél. : 33 (0)4.68.64.08.26
Fax : 33 (0)4.68.64.69.79
Courriel : info@cazes.com
Site internet : www.cazes-rivesaltes.com

Un assemblage judicieux de syrah et de merlot pour cette cuvée rouge qui se décline également en rosé et blanc, avec d'autres cépages, bien sûr, mais au même prix et avec le même mode de culture en biodynamie. Le vin est sain, passe-partout, facile. Impossible de décevoir vos amis avec lui. Sa matière est franchement belle et veloutée.

Recettes conseillées :
Agneau confit aux aubergines et olives noires, Joue de bœuf à la languedocienne, Joues de porc confites aux lentilles.

Aimery-Sieur d'Arques, Limoux 2006 5,00 €

Aimery-Sieur d'Arques
Avenue de Carcassonne
BP30
11303 LIMOUX Cedex
Tél. : 33 (0)4.68.74.63.00
Fax : 33 (0)4.68.74.63.13
Courriel : a.jimenez@sieurdarques.com
Site internet : www.sieurdarques.com

Dense et ample, ce limoux à la robe noire possède un jus profond qui donne envie de plats travaillés, tels un gigot de sept heures, d'un gratin au lard ou d'un goulasch. Ce vin concentré gagne en souplesse au vieillissement, et son élevage en partie en barriques, en partie en cuves, a permis de lui donner une structure juste.

Recettes conseillées :
Gigot de sept heures, Gratin de pommes de terre au lard.

**Château-Coupe-Roses,
Minervois, La Bastide 2007** 4,20 €

Château Coupe-Roses
Rue de la Poterie
34210 LA CAUNETTE
Tél. : 33 (0)4.68.91.21.95
Mobile : 33 (0)6.75.21.88.18
Fax : 33 (0)4.68.91.11.73
Courriel : coupe-roses@wanadoo.fr
Site internet : www.coupe-roses.com

Son prix ne l'indique pas, mais ce vin est chic – le chic est-il forcément cher ? En somme, servi en carafe, ce vin trompe son monde. Il a de la tenue, il est très bon, et s'achève sur une finale longue. Grenache et carignan font ici bon ménage, grâce à un travail sérieux du sol. Une persistance fruitée à goûter absolument avec un jarret de veau aux tomates, un lapin sauté chasseur ou autre Irish stew.

Recettes conseillées :
Gigot de sept heures, Hachis parmentier, Irish stew, Jarret de veau aux tomates, Lapin sauté chasseur, Tomates farcies à la viande.

Château-Bonhomme, Minervois Tradition 2006 3,60 €

Château-Bonhomme
SARL Les Deux Bonhommes
Domaine de Bonhomme
11800 AIGUES-VIVES
Mobile : 33 (0)6.98.07.71.75
Tél.+Fax : 33 (0)4.68.76.99.64
Courriel : dfrederic@chateau-bonhomme.com

Avec une telle matière veloutée (pourtant dominée par le carignan, généralement robuste et tout juste agrémenté d'un peu de syrah, qui confère de la souplesse au vin), ce minervois ne peut être axé que sur la gourmandise. Sa bouche soyeuse se marie avec un braisé de porc ou un collier d'agneau. Goûtez aussi le minervois cuvée Les Oliviers 2002 (à 4,75 euros) du même château, avec un assemblage différent (plus de syrah et moins de carignan) mais tout aussi intéressant.

Recettes conseillées :
Civet d'agneau, Irish stew.

Château-Bonhomme,
Vin de Pays des Coteaux de Peyriac 2006 2,04 €

Château-Bonhomme
SARL Les Deux Bonhommes

Domaine de Bonhomme
11800 AIGUES-VIVES
Mobile : 33 (0)6.98.07.71.75
Tél.+Fax : 33 (0)4.68.76.99.64
Courriel : dfrederic@chateau-bonhomme.com

Ce vin de pays est le moins cher de toute notre sélection. On comprend que vous puissiez douter de son existence. Eh bien, ce n'est même pas mauvais ! C'est même plutôt très bon ! Donc une belle surprise, à découvrir avec une joue de bœuf, un ragoût d'agneau à la grecque, du boudin aux pommes, un salé aux lentilles... Ce vin, issu en partie de vignes jeunes mais dominé par un carignan de 50 ans, offre une harmonie éclatante. À essayer sans hésitation.

Recettes conseillées :
Irish stew, Parmentier de patates douces au boudin, Petit salé aux lentilles, Joues de porc confites aux lentilles, Pot-au-feu de joue de bœuf simplifié, Ragoût d'agneau à la grecque.

Table des recettes

Mes traditionnels à partager…
J'ai le temps, je m'y mets !

Les abats, on aime ça, on partage !

Soupes

Poissons et coquillages

Cuisiner, manger, voyager !

Pâtés, terrines, pain et basta

Quiche, tartes salées et autres tourtes

Œufs et autres omelettes

Grosses salades et plats froids

Desserts

Les bons accords avec les plats de Jean-Pierre Coffe

Bienêtre

9678

Composition : Nord Compo
Achevé d'imprimer
par Black Print CPI (Barcelone)
le 7 août 2011.
Dépôt légal août 2011.
EAN 9782290036709

Éditions J'ai lu
87, quai Panhard-et-Levassor, 75013 Paris
Diffusion France et étranger : Flammarion